KB040770

흄의 『자연종교에 관한 대화』 입문

흄의 『자연종교에 관한 대화』 입문

앤드류 파일 지음 | 이태하 옮김

이 책은 Andrew Pyle의 *Hume's Dialogues Concerning Natural Religion*(Bloomsbury Publishing Plc., 2006)을 완역한 것이다.

흄의 『자연종교에 관한 대화』 입문

앤드류 파일 지음
이태하 옮김

펴낸이 | 이숙
펴낸곳 | 도서출판 서광사
출판등록일 | 1977. 6. 30.
출판등록번호 | 제406−2006−000010호

(10881) 경기도 파주시 회동길 77−12 (문발동)
Tel: (031) 955−4331 | Fax: (031) 955−4336
E-mail: phil6161@chol.com
http://www.seokwangsa.co.kr | http://www.seokwangsa.kr

제1판 제1쇄 펴낸날 · 2022년 6월 30일

ISBN 978−89−306−1054−4 93160

옮긴이의 말

『자연종교에 관한 대화』는 흄이 거의 일생을 두고 집필했으며 임종 직전까지도 수정을 했기에 결국 사후에 출간된 유작이다. 그런 점에서 이 책은 흄의 저작 중 가장 논리적으로 정교하고 깊이 있는 작품이라고 할 수 있다. 흄은 우리나라 철학계에 칸트의 길을 예비한 회의론자 정도로 알려져 있으며, 그가 언급되는 것도 주로 인식론 분야나 윤리학 분야이다. 그러나 흄이 가장 관심을 갖고 주력했던 연구 분야는 종교였다. 이는 흄뿐이 아니라 영국경험론의 앞선 선배들, 즉 로크나 버클리의 경우도 마찬가지였다. 그들이 살았던 17-8세기 유럽의 시대적 배경을 돌아보면 그들의 철학적 사유의 주제가 종교일 수밖에 없었던 이유가 드러난다.

17세기의 전반은 종교개혁으로 인해 발단이 된 30년 전쟁(1618년-1648년)으로 얼룩졌다. 16세기 '오직 성서로, 오직 믿음으로'를 기치로 내걸고 일어난 종교개혁은 뜻하지 않게도 무엇을 믿느냐는 교리 논쟁을 유발하게 되었으며, 이는 안타깝게도 800여만 명이 죽고 유럽이 황폐화되는 참혹한 전쟁으로 이어졌다. 물론 그 배후에는 정치적이고 경제적인 이유가 깔려 있었지만 전면에 드러난 것은 교리적인 이유였다. 이웃에 대한 사랑과 인류의 공존과 평화를 추구해야 할 종교가 인류를 파멸로 이끄는 주역이 되었던 것이다. 따라서 17세기 지성인들이 고민하고 해결해야 할 일차적 과제는 종교분쟁이었다. 이 종교분쟁을 해결하는 방법으로 지성인들이 모색한 것이 바로 최소 교리를 주장하는 이신론이었다. 신이 세계와 인간을 창조하였으며, 신은 창조 시에 물질인 세계에는 자연의 법칙을, 영혼인 인간에는 도덕의 법칙을 심어 놓았기에 세계는 자연의 법칙에 따라 운행하고, 인간은 마음에 심어져 있는 도덕법칙, 즉 양심대로 살아가면 된다는 것이 이신론의 교리인 것이다. 이신론의 신은 세계를 창조한 이후에 세계의 운행에 관여하지 않기에 인간의 종교적 제의나 기도에 응답하지 않으며 신이 인간에게 요구하는 유일한 종교적 실천은 창조 시 인간의 영혼에 각인된 양심대로 사는 것이다.

17세기 후반에서 18세기 중반까지 유럽은 한마디로 이신론의 시대였다. 흄의 『자연종교에 관한 대화』는 바로 이 이신론에 대한 면밀한 철학적 검토였던 것이다. 자연종교(natural religion)란 오늘날 사용되는 용어가 아니라 낯설게 들리는데, 이 용어는 계시종교(revealed religion)의 반대어다. 계시종교가 종교적 믿음의 근거를 신의 계시에 두는 데 반해, 자연종교는 인간의 자연적인 인식능력인 이성과 경험에 두는 종교이다. 계시종교가 믿는 신관을 유신론(theism)이라고 한다면, 자연종교가 믿는 신관이 바로 이신론(deism)인 것이다. 그러므로 '자연종교에 관한 대화'란 바로 이신론에 관한 대화인 것이다. 이신론 대신에 자연종교란 말을 사용했던 것은 당시 사람들이 이신론을 단순히 신에 관한 철학적 이론으로 수용하였던 것이 아니라 계시종교인 기독교를 대체하는 대체적 종교로 인식하고 있었기 때문이다.

17-8세기 지성인들 사이에는 계시종교인 기독교가 신이 세계를 창조한 이후에도 끊임없이 인간사에 관여한다고 주장하는 이른바 유신론을 믿는 한, 기독교는 성직자의 부패를 막을 수 없고, 교리 해석으로 빚어지는 종교적 분쟁을 막을 수 없다는 인식이 확산되어 있었다. 구교인

가톨릭의 종교적인 억압과 부패를 경험했던 유럽의 지식인들은 종교개혁이 새로운 시대를 열 것이라 기대했으나 기대와는 달리 교리 논쟁으로 인한 종교적 분쟁을 몰고 온 것에 큰 충격을 받았던 것이다. 그러나 기독교로부터 마음을 돌려 무신론으로 가기에는 여전히 기독교가 미치는 힘이 적지 않았다. 그래서 그들이 선택한 것이 바로 신의 존재에 대한 믿음과 양심에 따라 사는 도덕적인 삶을 유일한 종교적 실천으로 요구하는 자연종교였던 것이다.

흄은 『자연종교에 관한 대화』를 통해 이신론의 핵심 교리인 신의 존재와 본성에 대한 논의를 이끌어 간다. 그리고 인간의 이성과 경험만으로는 신의 존재와 본성을 알 수 없다고 결론을 내린다. 마지막으로 회의론자인 필로의 입을 빌려 인간 이성의 한계를 올바로 깨달은 사람은 신에게 계시를 구하게 된다고 말하며, 철학적 회의론자가 되는 것은 건전하고 독실한 기독교인으로 나가는 첫걸음이자 가장 중요한 과정이라고 말한다. 흄은 『인간의 이해력에 관한 탐구』에서도 기독교는 이성이 아닌 신앙에 기초를 두고 있다고 말한다.

많은 연구자들이 흄을 무신론자이며 반종교론자라고 말한다. 그러나 우리가 관심을 가져야 할 것은 그가 무신론자이며 반종교론자였다는 사실이 아니라 그가 어떤 근거로 무신론과 반종교론을 주장했느냐 하는 점이다. 흄이 무신론자이며 반종교론자라고 주장하는 대부분의 연구자들이 제시하는 근거는 주로 흄의 서간집이나 역사서인 『영국사』, 최초의 비교종교학 저술인 『종교의 자연사』와 같은 저술에 들어있는 종교의 역기능에 관한 언급들이다. 그러나 흄의 서간집은 학술적 견해가 아닌 사적인 의견을 담고 있으며, 『영국사』나 『종교의 자연사』는 기성 종교의 역기능에 대한 언급일 뿐이다. 또한 『자연종교에 관한 대화』는 대화체라는 점에서 흄이 무신론자나 반종교론자였다고 판단할 어떠한 근거도 없다. 독자들은 자신의 입장에 따라 이들 흄의 원전에서 유신론이나 무신론, 또는 계시종교나 자연종교 그리고 반종교론의 논거를 취할 뿐이다.

예전에 『자연종교에 관한 대화』를 읽으며 이 책보다 더 깊이 있는 종교철학 저술은 더 이상 나올 수 없을 것 같다는 생각을 한 적이 있다. 다시 말해, 이 책이야말로 종교철학의 완결판이라고 생각했다. 철학을 공부하는 사람에게 흄의 대표작이 무어냐고 물으면 대부분이 『인간 본성에 대한 연구』나 『인간의 이해력에 관한 탐구』라고 말한다. 그러나 흄 연구자로서 진정한 흄의 대표작은 『자연종교에 관한 대화』라고 생각한다. 흄의 인식론 분야의 저술은 이미 낡은 이론이 되었지만 종교철학 분야의 견해는 여전히 논리적이고 비판적이며 설득력이 있기 때문이다.

오늘날 대중들은 철학자를 제대로 대접해주지 않는다. 철학을 하는 사람을 자기만의 문제에 갇혀 사는 사람, 관념의 유희를 즐기는 사람 정도로 생각하고 있기 때문이다. 그러나 과거 철학자들은 자기만의 문제에 갇혀 있지도, 관념의 유희만을 즐기던 사람도 아니었다. 그들은 자신들이 살던 시대, 가장 중요한 정치 사회적인 문제, 즉 삶의 문제와 씨름하며 그 답을 찾던 현실적인 사람들이었다. 오늘날 철학이 대중들로부터 외면받는 것은 더 이상 아무도 관심을 갖지 않는 지나간 문제를 다루고 있기 때문일 것이다. 오늘날 우리가 왜 데카르트의 코기토, 로크의 경험주의 인식론, 흄의 회의론, 칸트의 비판철학을 공부해야 하는 것일까? 우리의 철학 공부가 오늘날 우리의 현실적 문제에 답을 주지 않는다면 왜 군이 시간을 내어 이런 어려운 책을 보며 힘든 공부를 해야 하는 것일까?

　『자연종교에 관한 대화』는 철학을 전공하는 학생이나 연구자가 아니더라도 평소 종교에 대해 관심을 갖고, 신과 종교의 문제에 고민을 했던 사람들에게는 유익한 사유의 길잡이가 되리라 생각한다. 이 책을 읽다보면 세 사람의 대화를 곁에서 엿듣고 있는 느낌이 들며, 이들의 대담에 끼어들고 싶은 마음까지도 생겨난다. 본 해설서는 영국의 흄 연구자인 앤드류 파일이 쓴 것으로 다른 어떤 해설서보다 자세하며 논리적으로 명쾌하다. 적어도 역자가 읽어본 다수의 해설서 중에 최고의 해설서라고 생각한다. 사실 『자연종교에 관한 대화』는 쉽게 읽을 수 있는 책이 아니다. 그러기에 먼저 원전을 읽던 나중에 읽던 이 해설서를 일독한다면 원전을 이해하는 데 많은 도움이 될 것이라 생각한다.

　14년 전에 『자연종교에 관한 대화』를 번역해 책으로 출간한 바 있다. 이 해설서에는 거의 원전의 절반 정도를 읽었다고 할 정도로 수많은 원전 인용문이 나오는데 이 인용문을 번역하는 과정에서 과거의 번역에 오류가 있었음을 알게 되었다. 혹여 이 책과 번역본을 함께 읽는 독자라면 두 책의 번역이 상이한 것을 발견하게 될 것이다. 가까운 시일에 원전을 다시 꼼꼼히 읽고 과거 번역의 잘못된 부분을 바로잡으려 한다. 번역은 반역이라는 말이 있다. 혹여 이 해설서에 대한 번역에도 오류가 있을까 우려가 되지만 후일 이 책을 읽은 누군가 바로잡아 주리라 생각한다.

2022년 2월 15일

이태하

차례

서문

이 책은 원전에 대한 상세한 해설서로 기획되었다. 학생들이 이 책과 함께 보기에 가장 적합한 원전은 개스킨의 옥스퍼드 세계의 고전(Oxford World's Classics, 1998) 판본이다. 개스킨의 판본을 추천하는 데는 이유가 있다. 『자연종교에 관한 대화』는 흄의 자서전인 『나의 인생(*My Own Life*)』, 『종교의 자연사(*the Natural History of Religion*)』, 『인간의 이해력에 대한 탐구(*Enquiry concerning Human Understanding*)』 11절, 그리고 그의 친구인 길벗 엘리엇에게 보낸 중요한 서간들과 밀접한 연관이 있는데, 이들 중요한 원전 자료가 모두 이 합리적인 가격의 단행본에 들어 있기 때문이다. 게다가 이 책에는 많은 귀중한 편집 자료와 해설 노트가 들어 있다. 따라서 여기서 인용한 원전은 개스킨의 판본을 사용했다(그래서 G93식으로 표기했다). 그러나 다른 판본을 본다고 해도 인용된 원문을 찾기가 어렵지 않을 것이다. 『자연종교에 관한 대화』는 짧게 여러 부분으로 나누어져 있다. 따라서 이 책 역시 그 순서를 따를 것이다. 그리고 이 책은 대화록이기에 인용문의 화자가 누구인지를 알 수 있도록 각 인용문의 첫 부분에 대화의 참여자들의 이름인 [클레안테스], [데미아], [필로]를 써놓았다. 흄의 정교한 논변을 이해하기 위해서는 어느 시점에 누가 한 말인지를 아는 것이 중요하기 때문이다.

1장

배경 지식

I. 흄의 생애

데이빗 흄은 1711년 4월 26일 영국의 에든버러에서 소지주(젠트리)의 둘째 아들로 태어났다. 그의 형 존은 스코틀랜드 변방의 버릭어폰트위드 근처인 나인웰즈에 있는 가족의 부동산을 유산으로 물려받았으며 데이빗은 약간의 유산을 받고 그곳을 떠났다. 그는 1723년에 에든버러 대학에 입학해 공부를 시작했으나 1725년(또는 1726년)에 학위를 받지 못한 채 대학을 떠났다. 그리고 1726년부터 1734년까지 법률가가 되기 위해 법학 공부를 했다. 그러나 실상은 그 기간에 철학과 고전을 공부하는 데 전념했다. 생계를 위해 브리스톨의 상가에서 일을 했으나 곧 그 일을 그만두고 프랑스로 건너가 1734년부터 1737년까지 차례로 인간의 이해력, 감성 그리고 도덕을 다루는 3권의 책으로 된 『인간 본성에 관한 연구(*Treatise of Human Nature*)』를 집필했다. 이후 흄은 영국으로 돌아와 1739년에서 1740년에 이르는 기간에 이 책을 출간했다. 그러나 큰 호응을 얻지 못했다. 그는 목사들로부터 신랄한 공격을 받게 되면 학계의 주목을 받을 것이라 기대했으나 관심을 받지 못하고 무시를 당했다.

그러나 종교의 문제에 있어서는 회의론자라는 평을 받음으로써 이후 학계에서 자리를 잡을 수 없었다. 1744-5년, 그는 에든버러대학의 도

덕철학 학과장에 지원을 했지만 보수적인 목사들이 그의 임명을 반대
하고 나섬으로써 결국 자리를 얻지 못했다(1752년에 글래스고대학에
서도 같은 일이 벌어졌다). 그는 정신병자인 젊은 귀족의 가정교사로
일 년 동안 일을 했다. 그리고 생 클레어 장군의 비서가 되어 1746년
브리타니 연안에 해군 원정으로 동행했으며 이후에는 외교적인 일로
비엔나와 투린에 가게 되었다. 이런 여행을 통해 그는 범세계적인 사고
방식을 지니게 되었고 정치, 군사, 법률에 조예가 깊고, 세상 물정에 밝
은 사람이 되었다. 뿐만 아니라 그 일을 통해 그는 재정적인 안정과 독
립을 누리는 한편 연구에 몰두할 수 있게 되었다.

　흄은 『인간 본성에 관한 연구』의 출간이 성공을 거두지 못한 것은 책
의 내용보다는 너무 많은 분량과 이해하기 어려운 문체 때문이라고 생
각했다. 그래서 『인간 본성에 관한 연구』를 좀 더 짧고 이해하기 쉬운 2
권의 책으로 다시 출간하기로 했다. 그렇게 해서 출간된 책이 바로 『인
간의 이해력에 관한 탐구(*Enquiry concerning Human Understanding*,
1748)』와 『도덕의 원리에 관한 탐구(*Enquiry concerning the Principles
of Morals*, 1751)』이다. 이 두 작품과 더불어 대중적인 성격을 지닌 다
수의 소론을 통해 흄은 인식론 분야에서 대표적인 경험론의 주창자이
자, 종교에 대한 회의론자로 그리고 윤리학에 있어서는 감성을 기반으
로 한 자연주의자로서 명성을 얻게 되었다. 『인간의 이해력에 관한 탐
구』의 10절 '기적에 대하여'와 11절 '특별섭리와 미래에 대하여'에서
그는 자신의 반성직주의의 입장을 분명히 드러냈다. 이 두 개의 절을
읽어보면 그가 자연종교와 계시종교의 토대를 강력하게 공격하고 있
음을 알 수 있다. 10절은 기적에 대한 보고를 믿는 것은 결코 합리적이
지 못하다(대부분의 경우 기적을 증언하는 사람들은 그들이 본 것을
거짓으로 증언하거나 오해한 경우가 많았으며 또한 사건에 대한 증언

이 전달되는 과정에도 늘 실수가 있었다)는 것이고, 11절은 자연은 (신의) 정의나 자비에 대한 증거를 제공하지 않는다는 것이다. 특히 이 11절은 신이 도덕적임을 주장할 수 있는 근거를 자연에서 찾아낼 수 있는지를 논의하고 있는『자연종교에 관한 대화』10부, 11부와 함께 읽어야 한다.

　1752년부터 1757년까지 흄은 에든버러의 변호사 도서관의 관리자로 지냈다. 일이 많지 않았기에 임금은 적었으나 대신에 방대한 분량의 책과 공문서를 접할 수 있었다. 이 기간에 그는『영국사(History of Great Britain)』의 집필을 시작했는데 1754년에 나온 첫 권은 스튜어트가의 왕들인 제임스 1세와 찰스 1세에 관한 것이었다. 이 책에서 흄은 극한 대립을 보이고 있는 휘그와 토리의 사이에서 중립적이며 객관적인 입장을 취하고자 하였다. 그러나 이런 중도적인 입장은 양측 모두로부터 공격을 받았다.『영국사』는 1762년에 완성되었다. 이 책은 종교에 대한 회의론과 기독교인에 대한 편견을 담고 있다는 이유로 성직자들로부터 강한 공격을 받았으나 출판은 상당한 성공을 거두었다. 역사나 정치에 관한 흄의 저작물이 다루고 있는 핵심 주제 중 하나는 종교적 극단주의의 위험을 알리고, 시민 정부가 성직자들의 정치적 권력을 제한해야 한다는 내용이었다. 기성종교의 위험에 대한 이러한 정치적 우려는『자연종교에 관한 대화』에 담겨 있는 주제 중의 하나이기도 하다.

　1763년부터 1765년까지 흄은 파리 주재 영국 대사인 허트포드 경(Lord Hertford)의 비서직을 맡았다. 파리에서 그는 프랑스 철학자들로부터 열렬한 환영을 받았고 그들의 일원이 되어 그들과 가깝게 지냈다. 진정한 세계인이었던 흄은 영국보다 프랑스를 더 좋아했으며, 런던 주점과 커피숍보다는 파리의 살롱들이 지닌 지적인 분위기를 더 좋아했다. 그는 프랑스인들은 순수하게 지적인 담론에 의미를 두고 시간을 보내는 데 반해 영국인들은 늘 정치적인 파벌과 논쟁에만 빠져 있다고 생각했다. 당시 흄은 부플레 백작 부인과 사랑에 빠져 있었기에 만약 프랑스와 영국 간에 전쟁의 위협이 없었더라면 흄은 프랑스에서 더 오래 체류하였을 것이다. 그는 허트포트 경과 함께 정치적인 음모가 소용돌이치는 혼란한 런던으로 돌아와 잠시 머물다가 1769년 마침내 에든버러에 정착하게 되었다. 1776년 그는 심각한 병에 걸렸고 죽음이 임박했음을 감지했을 때 자신이 원고로 갖고 있던 중요한 작품 하나를 책으로 출간하기로 결심했다. 바로 그 작품이 『자연종교에 관한 대화』이다.

『자연종교에 관한 대화』는 1751년에 초고가 완성되었다. 그러나 흄의 친구들은 이 책의 출간을 말렸다. 하지만 흄은 이 책이 출간하기에는 너무 급진적이며 반체제적이라고 생각하지는 않았다. 여러 서간에서 그는 이 책에 대한 애착을 드러냈으며 이 책을 출간하기 위해 매우 세심하게 글을 썼음을 밝히고 있다.[1] 그러면서도 그는 자신이 신앙이 없다는 이유로 어떤 심각한 해를 당하리라고는 생각하지 않았다. 그의 예상대로 스코틀랜드에서는 그에 대한 어떠한 종교적 심문도 없었다. 그는 1761년에 이 책을 수정했으며, 죽음을 앞두고 또 다시 수정했다. 그가 죽던 해인 1776년에 쓴 다수의 편지를 보면 그가 이 책에 얼마나 애착이 있었는지 알 수 있다. 그의 친구인 아담 스미스는 책의 출간에 대한 책임을 지는 것을 꺼렸기에 흄의 조카에게 이 일을 떠넘겼다. 이로 인해 흄의 사후인 1779년이 되어서야 비로소 책이 출간될 수 있었다.

---

1   Letter to Adam Smith, 15 August 1776, *Letters*, Vol. 2, 334.

II. 사회적 배경: 스코틀랜드 계몽주의

흄은 18세기 스코틀랜드를 특징짓는 이질적인 다양한 지적 사조가 만개했던 스코틀랜드 계몽주의를 대표하는 인물 중 하나이다. 문명화된 세계의 북쪽에 있는 추운 변방의 벽지에 불과했던 스코틀랜드는 18세기에 들어서면서 세계적으로 이름을 알린 수학자, 과학자, 엔지니어, 철학자, 역사학자 그리고 시인과 소설가를 배출했다. 에든버러대학 시절, 10대였던 흄은 뉴턴학파의 수학자이자 자연신학의 열렬한 신봉자로서『자연종교에 관한 대화』에서 클레안테스의 모델이 되는 콜린 매클로린(Colin Maclaurin, 1698-1746)[2]과 그의 절친 중 하나로서 도덕철학자이며 경제학자인 아담 스미스(Adam Smith, 1723-1790)[3]를 만났다. 아담 스미스의 유명한 저작인 『국부론(*Wealth of Nations*)』 (1776)은 상당 부분 흄의 영향을 받은 책이다. 에든버러에서 병이 든 흄은 의사를 찾았다. 그가 불러서 온 조지프 블랙(Joseph Black, 1728-1799)[4]은 고정공기(탄산가스)와 잠열(潛熱)을 발견한 저명한 화학자였는데 양식이 있는 사람답게 그에게 오래 살지 못할 것이라고 솔직하게 말하였다.[5]

스코틀랜드 계몽주의의 역설 중 하나는 커크(Kirk)로 알려진 스코틀

2　[옮긴이 주] 글래스고대학을 졸업하고 에버딘의 매리셜 칼리지를 거쳐 에든버러대학의 교수가 되었다. 그는 매클로린 정리, 매클로린 급수, 매클로린 부등식 등으로 수학계에서 널리 알려져 있다.

3　[옮긴이 주] 글래스고대학과 옥스퍼드대학을 졸업했으며 그의 나이 28세인 1751년부터 1763년까지 글래스고대학에서 논리학과 도덕철학을 가르쳤다. 1759년 『도덕감정론』을 출간했으며, 흄이 사망한 1776년에 『국부론』을 출간했다.

4　[옮긴이 주] 글래스고대학을 거쳐 에든버러대학을 졸업했다. 1756년 글래스고대학의 의학교수가 되었고, 1766년에는 화학과 교수가 되었다.

5　Letter to John Home, 13 August 1776, *Letters*, Vol. 2, 332.

랜드 장로교회의 역할이다. 명예혁명(the Glorious Revolution, 1688-9) 후 영국인들은 자신들의 예배 형식을 스코틀랜드에 도입하려던 시도를 포기했다. 그 결과 스코틀랜드에서는 주교와 국교회의 기도서가 사라졌고 커크는 잉글랜드 북쪽에서 국교(established religion)가 되었다. 그리고 신실한 스코틀랜드 성직자들은 성경의 말씀을 기독교 신앙의 최고 규범으로 받아들였다. 그들이 가르친 모든 스코틀랜드 양민들은 성서를 읽고 그 의미를 진지하게 성찰해야 했다. 따라서 그들은 글을 배워야만 했으며 그 결과 잉글랜드보다 스코틀랜드가 문맹률이 훨씬 낮았다. 그런데 대중들이 글을 읽을 수 있게 하기는 쉬웠으나 계몽된 대중들이 아무거나 읽지 않도록 하기는 쉬운 일이 아니었다. 잉글랜드와 프랑스로부터 스코틀랜드로 반종교적인 저작들이 물밀듯 들어왔고, 이것은 성직자들에게 골치 아픈 문제가 되었다. 그들은 기독교를 권위로 지킬 것인지 아니면 이성으로 지킬 것인지 고민에 빠졌다. 다시 말해 그들은 신앙에 반기를 드는 사람들을 다스리기 위해 권력을 사용할지, 즉 검열이나 파문의 방법을 사용할지 아니면 이성과 경험에 호소하는 합리적인 설득의 방법을 사용할지 선택해야만 했다. 스코틀랜드 교회는 이 문제로 보수적이며 권위주의적인 입장과 진보적이며 계몽주의적인 입장으로 갈라섰다. 『자연종교에 관한 대화』는 이 두 개의 상반된 입장을 권위주의자인 데미아(Demea)와 자유주의자인 클레안테스(Cleanthes)를 통해 대변하게 하고 있다.

흄 자신은 스코틀랜드 교회에서 착한 아들로 성장했으며 주변에는 몇몇의 진보적인 성직자 친구들이 있었다. 1750년대에 여러 번 그에 대한 파문이 시도될 때마다 이 친구들이 그를 변호해 주었다. 1755년 6월에 흄은 유머를 담은 이런 편지를 보냈다.

존경하는 교황님, 여기에 당신을 공격하는 사람들이 많이 있습니다. 아마 그들이 당신과 같은 권력을 갖고 있다면 훨씬 더 심한 박해자가 될 겁니다. 의회에서 나를 조사했습니다. 그런데 그들은 나에 대한 화형판결을 내리지 않았습니다. 그렇게 할 수 없었기 때문입니다. 그들은 내게 죄를 덮어씌우려 했습니다. 그들이 그럴 수 있는 힘이 있다고 생각했나 봅니다. 그러나 내 친구들이 이겼고, 이 빌어먹을 재판은 12개월이나 연기되었습니다.[6]

스코틀랜드의 진보적이며 계몽주의적인 성직자들과의 친분을 유지하는 것은 흄에게 여러 가지로 중요한 일이었다. 그들은 적으로부터 그를 보호해 주었으며 그가 학계에서 친분을 쌓는 데 도움을 주었다. 그로 인해 흄은 청교도들에 맞서 극장을 옹호하는 것과 같은 문제(흄이 특히 관심을 가진 문제였다)에서 그들과 한편이 되었다. 흄이 진보적인 신학자인 클레안테스를 『자연종교에 관한 대화』의 영웅이라고 했을 때 그의 말은 농담이 아니었다.[7] 이 책에서 클레안테스는 지적으로 뛰어났으며 도덕적이었다. 그는 매우 솔직하였고, 논쟁을 통해 도달한 결론을 기꺼이 수용할 만큼 개방적이었다. 그는 또한 회의주의자인 필로에 맞서 비난이나 욕설을 퍼붓지 않고 종교에 관한 가장 핵심적인 주제들과 관련된 자신의 주장을 펼칠 수 있었다. 이런 까닭에 그는 진보적 신학자의 전형—실제 진보적 신학자는 이런 모습과는 거리가 멀다—이 되었다.

---

6   Letter to Allan Ramsay, June 1755, *Letters*, Vol. 1, 224
7   Letter to Gilbert Elliot, 19 March 1751, *Letters*, Vol. 1, 153.

III. 학문적 배경: 경험론과 자연신학

흄의 대표적 철학적 저작인 『인간 본성에 관한 연구』와 『인간의 이해력에 관한 탐구』는 매우 엄격한 경험론을 주장하고 있다. 경험론은 의미와 이해에 관한 이론인 관념에 대한 이론(theory of ideas)과 증거의 성격과 우리 인식의 기원과 한계에 관한 이론인 인식론(theory of knowledge)으로 설명할 수 있다. 관념에 관한 경험론자들의 이론에 따르면, 우리의 모든 단순 관념(simple idea)은 경험으로부터 받은 인상(impression)으로부터 오며, 그리고 복합 관념 또는 복합 개념은 (단순 관념들의) 조합으로 생겨난다: 우리는 한 번도 본 적이 없는 유니콘이나 황금산을 상상할 수 있다. 그러나 우리가 눈으로 본 것은 단지 말, 뿔, 산 그리고 황금으로 만들어진 여러 사물뿐이다. 인식에 관한 경험론자들의 이론에 따르면, 우리의 모든 인식, 즉 사태(matter of fact)와 실재(real existence)에 대한 우리의 모든 유용한 지식은 경험으로부터 온다. 경험론의 이 두 가지 이론(관념과 인식에 관한)은 흄 철학을 구성하는 핵심적 요소이기에 이것을 떠나 흄 철학을 생각할 수 없다. 만약 다른 입장에 서 있는 철학자가 경험을 넘어선 주장을 할 경우 흄은 그것이 검증 가능하지 않다고, 즉 우리가 그것을 이해한다고 해도 그것이 참인지 거짓인지 알 방도가 없다고 말하거나, 아니면 그런 주장에 대해 우리가 어떤 관념도 갖고 있지 않기에 그것은 사실상 무의미한 주장이라고 강력하게 이의를 제기할 것이다. 『인간 본성에 관한 연구』와 『인간의 이해력에 관한 탐구』에서 흄은 의미-경험주의(meaning-empiricism)를 옹호하는 매우 강력한 논증을 제시하고 있다. 그러나 그것을 엄격하게 적용하는 데는 주저하고 있는 것으로 보인다.

이 점에 대해 좀 더 구체적으로 설명하기 위해 인간의 영혼은 비물질적 실체이다, 즉 물체와 독립하여 그 자체로 존재할 수 있는 것이라는 형이상학의 핵심 논제를 살펴보도록 하자. 고대와 현대의 어떤 철학자들(플라톤과 데카르트)은 이 명제가 참이라고 생각했으며, 반면에 어떤 철학자들(에피쿠로스와 홉스)은 그것을 거짓이라고 생각했다. 한편 존 로크는『인간의 이해력에 관한 소고(Essays concerning Human Understanding)』(1690)에서 우리는 그것이 참인지 거짓인지 알지 못한다고 말했다. 흄은『인간 본성에 관한 연구』1권에서 이 주제를 다루면서 이런 이중적 태도 또는 망설임을 비판한다.[8] 그는 모든 형이상학적 문제를 무의미한 것으로 간주하고 양편의 논변을 비판적으로 검토하고 나선다. '영혼은 비물질적 실체이다'라는 명제가 '지글저녁녘 나긋미끈한 토브들이 해시변덕에서 휙윙돌며 뾰족파네(twas brillig, and the slithy toves did gyre and gimble in the wabe)'[9]와 같은 말이라면 우리는 이런 주제와 관련된 논변이나 논쟁에 끼어들어서는 안 된다고 말한다 (결국 그것은 실체가 없는 사이비 문제임이 밝혀질 것이다).

신과 그의 속성에 대한 주장 역시 동일한 문제를 야기한다. 의미에 관해 엄격한 주장을 하는 경험론자들은 이런 명제들의 경우 그 안에 들어 있는 핵심 용어에 대해 우리가 어떤 관념도 갖고 있지 못하기에 사실상 무의미하다고 말한다.[10] 그러나 경험론자들은 지식에 대해서는 이런 주장들이 의미가 있을 수 있음을 인정한다. 그러나 그런 주장들이 참인지 거짓인지를 경험에 의해 밝힐 수 있다고 보지 않는다. 따라서

---

8   *Treatise*, Book 1, Part IV, Section 5, 'Of the Immateriality of the Soul'.

9   [옮긴이 주] 1871년 루이스 캐럴이 쓴『거울 나라의 엘리스(*Through the Looking-Glass, and What Alice Found There*)』에 나오는 넌센스 시 재버워키(Jabberwocky)에 나오는 시의 한 구절이다.

10   에이어(A. J. Ayer)는『언어, 진리 그리고 논리(*Language, Truth and Logic*)』, 6장에서 신학을 전적으로 무의미한 것으로서 거부하고 있다.

자연신학이 학문으로 입지를 구축하려면 다음 두 가지 문제를 해결해 야만 한다. 자연신학자라면 그가 사용하는 용어(예를 들어, 계획, 섭리 와 같은)가 일상적인 의미를 넘어 사용될 때는 그것이 어떻게 해서 의 미가 있는지[11] 밝혀야만 한다. 이를 위해 유비의 방식이 도입될 수 있 다. 만약 하나님의 계획과 섭리가 장인(匠人)의 그것과 유사하다면 우 리는 하나님을 '세계를 창조한 위대한 건축가'라고 말할 때 그 말의 의 미를 이해할 수 있다. 따라서 우주가 하나님의 장인 정신이 만들어낸 산물이라는 (신학적) 주장은 자연을 설명하고 있다는 점에서 과학적 가설로 간주될 수 있다. 『자연종교에 관한 대화』에서 회의론자인 필로 는 [형이상학적 주장의 의미와 존재에 대해] 문제점을 제기하고 있으 며 자연신학의 옹호자이자 '실험적 유신론자(experimental theist)'인 클레안테스는 이것에 대해 답변을 하고 있다.

'자연신학'이란 용어는 일반적으로 계시신학(Revealed Theology)의 대립된 의미로 사용되어왔다. 계시신학은 특별한 경험의 형태로 전해 지거나 또는 하나님의 말씀이라고 주장하는 어떤 특별한 텍스트(성경 이나 꾸란)로 제시되는 하나님의 특별계시를 근거로 한다. 계시신학의 문제는 참된 계시를 판별하는 기준이 무엇이냐는 것이다. 다수의 주장 들이 서로 신의 계시라고 경쟁을 벌이는 상황에서 그중에 참인 계시가 있다면 믿지 않는 사람은 어떻게 그것을 알 수 있을까? 계시된 진리라 고 주장되는 교리가 다른 교리와 상충한다면 우리는 이 중에서 어떤 것 을 믿어야 할까? 기독교인들은 하나님은 (신비롭게) 세 분이자 한 분 이며, 인간(예수 그리스도)이자 하나님이기도 하다고 말한다. 한편 무 슬림은 하나님은 한 분뿐이시며 인간은 하나님일 수 없다고 말한다. 이

---

11 [옮긴이 주] 어떻게 검증 가능한지를

두 종교의 교리는 둘 다 거짓일 수는 있지만 둘 다 참일 수는 없다. 그래서 우리는 참인 계시와 거짓 계시를 구별할 수 있는 기준이나 근거를 찾는다. 일반적으로 우리는 기적과 성취된 예언을 그 기준으로 여겨왔다. 그러나 흄이 지적하고 있듯 이것들 또한 문제를 해결하기보다는 의혹을 일으킬 뿐이다.

자연신학은 특별계시에 관심을 두지 않으며 보편적인 인간 이성과 경험에 근거해 신학적 주장을 한다. 자연신학자라면 (제일원리로부터) 선험적(a priori)으로 또는 (경험으로부터) 후험적(a posteriori)으로 논증을 전개해야 한다. 자연신학자는 신학을 자명한 제일원리로부터 시작해 신의 존재를 선험적으로 논증하는 형이상학의 한 분과로 다룰 수 있다. 성 토마스 아퀴나스(St. Thomas Aquinas, 1224/5-74), 르네 데카르트(René Descartes, 1596-1650), 고트프리트 빌헬름 라이프니츠(Gottfried Wilhelm Leibniz, 1646-1716), 그리고 사무엘 클라크(Samuel Clarke, 1675-1729)가 바로 이런 유(類)의 신학자에 해당한다. 한편 자연신학자는 경험으로부터 시작해 자연이 지적 설계에 대한 명백한 증거를 보여주고 있기에 지적 설계자(신)가 존재한다고 논증할 수 있다. 데미아가 선험적 논변 중 하나(사무엘 클라크가 제시한 우주론적 증명)를 소개하고 있는 9부를 제외하고 흄의 『자연종교에 관한 대화』는 자연신학의 이 두 번째 유형, 즉 자연에 대한 경험을 근거로 하여 신의 존재와 속성을 논증하는 방식을 주로 다루고 있다. 이 논증은 '설계로부터의 논변(argument from design)'으로 명명되고 있으나 이는 잘못된 것이며 '설계로의 논변(argument to design)'이 올바른 명칭이다. 설계는 논증의 전제가 아니라 결론이기 때문이다. 신의 존재에 대해 무신론을 주장하거나 불가지론을 주장하는 사람을 설득하려고 하면 그들이 동의하는 전제, 다시 말해 세계에 대한 명백한 경험적 사실

로부터 출발해야만 한다. 로버트 보일(Robert Boyle, 1627-91), 아이
작 뉴턴(Isaac Newton, 1642-1727), 이 밖에 수많은 추종자들이 바로
이런 유(類)의 자연신학자에 해당한다. 종종 실험과학자들에 의해 자연
신학이 시도되었고, 그들은 자연신학적 주장을 하나의 과학적 가설처
럼 생각하였다. 이런 자연신학은 '뉴턴주의적' 유신론(Newtonian the-
ism) 또는 '실험적' 유신론(experimental theism)[12]으로 알려져 왔다.

　18세기 유럽에서 기독교를 옹호한 지식인들은 일반적으로 자연신학
의 온건하면서도 부수적인 역할을 인정했다. 자연신학은 신의 존재(때
로는 비물질적 영혼의 존재)를 입증하고자 했다. 그러나 여기서 더 나
아가지 않고 인류를 향한 신의 섭리와 죽은 후 우리 영혼의 운명에 대
해 설명을 해줄 계시신학의 여지를 남겨놓았다. 만약 내가 나의 이성과
경험에 근거해 인간의 운명을 관장하는 신이 존재하며 육체의 죽음 후
에도 살아 있는 영혼이 있음을 믿게 된다면 기본적인 교리에 대해 의심
이 드는 경우 (이런 것에 관해 계시적 진리를 알고 있다고 주장하는)
사제들의 말에 더 귀를 기울이고 순종할 것이다. 그러나 자연신학이 이
런 부수적인 역할을 제대로 수행하려면 어떠한 신학도 전제로 삼지 않
아야 하며, 신학적인 교리도 현상을 근거로 타당하게 도출하는 등, 공
정하게 논의를 이끌어가야만 한다. 그러므로 자연신학을 통해 우리가
기독교의 신, 즉 하나님을 입증할 수 있을지는 끝까지 알 수 없는 문제
이다.

12　클레안테스의 '뉴턴주의적' 유신론은 헐버트를 참고. 클레안테스는 전형적인 자
연신학자이지만 헐버트는 콜린 맥클로린이 흄의 작품에 등장하는 클레안테스의 모델
이라고 보는 주장을 펼친다.

2장
책의 개요와 쟁점

『자연종교에 관한 대화』는 팜필루스가 그의 친구인 헤르미푸스에게 보내는 짧은 편지 형식의 도입부와 1부에서 11부까지 3명의 논객, 즉 보수주의자인 데미아, 진보적 자연신학자인 클레안테스, 회의론자인 필로 간에 이루어지는 논쟁으로 구성되어 있다. 그리고 11부 끝부분에서 데미아는 화를 내며 자리를 떠나고 12부에서 자리에 남은 필로와 클레안테스는 대화를 마무리한다. 이 개요는 책의 순서를 따를 것이나 각각의 부(part)를 설명하는 데 1장씩 할애하지는 않을 것이다.

I. 팜필루스가 헤르미푸스에게 보낸 도입부 성격의 편지

대화의 서술자인 팜필루스는 클레안테스의 제자이며 토론은 클레안테스의 서재에서 이루어진다. 팜필루스는 대화체 형식으로 철학을 저술하는 이점과 자연신학이 이 대화체 형식에 특별히 적합하다는 점을 이야기한다. 이 도입부는 철학에서 그리고 특별히 자연신학에서 대화체 형식을 사용하는 것과 관련해 우리가 갖게 되는 궁금증에 관해 설명하고 있다. 철학자들이 대화체 형식으로 글을 쓰는 이유는 무엇일까? 그리고 이들 이유 중 어떤 이유로 인해 흄이 대화체 형식을 선택했을까? 『자연종교에 관한 대화』에서 누가 흄을 대변하고 있는 것일까? 특정한한 인물이 저자의 생각을 대변한다고 보아야 할까 아니면 모든 등장인물이 모두 저자의 생각을 대변하고 있다고 보아야 할까? 앞으로 살펴보겠지만 이런 의문들에 대해 학자들이 동의하는 일치된 답은 없다.

II. 1부

『자연종교에 관한 대화』는 데미아가 자신의 교육에 대한 견해를 밝히는 것으로 시작한다. 그는 학생들에게 인간 이성이 나약하며 개인의 판단보다는 신앙의 권위를 우선해야 함을 가르쳐야 한다고 말한다. 필로는 인간 이성의 나약함과 불확실함을 주장하는 데미아의 견해에 동의한다. 클레안테스는 필로가 철학적 회의주의의 토대 위에 종교적 믿음을 세우려 하나 실제 삶에서는 회의주의가 불가능하다며 그의 주장을 반박한다. 회의주의자는 판단중지를 권하나 현실의 일상적인 삶에서 판단중지란 전적으로 황당한 주장이라는 것이다. 필로는 클레안테스의 반론을 인정한다. 그러면서 그의 회의주의는 일상적인 경험과는 거리가 먼 추론에 국한된 것이라고 말한다. 그러자 클레안테스는 필로에게 '자네는 경험적으로 완벽하게 뒷받침된 자연과학의 이론을 믿지 않느냐?'라고 반문한다. 분명 이 경우에는 판단중지를 하기보다는 증거에 근거하여 판단하는 것이 합리적이다. 만약 유신론도 과학적 가설처럼 경험적 증거에 의해 뒷받침된다면 유신론에 대해서도 증거에 의해 판단해야 하는 것 아닐까?

1부의 핵심 주제는 일반적 의미에 있어서의 회의주의와 종교에서의 그것의 적용이다. 가장 극단적인 회의주의는 피론주의자들인데 그들은 판단중지를 통해 모든 믿음을 버릴 것을 권고한다. 그들은 모든 주제와

관련해 판단을 보류하는 법을 배워라. 그러면 실수를 피하게 되고 결국
에는 아타락시아(*ataraxia*) 또는 마음의 평화를 얻게 될 것이라고 가르
쳤다. 그러나 많은 경우 믿음은 자의적인 것이 아니며 따라서 판단중지
가 불가능해 보인다. 보다 온건한 다양한 형태의 회의주의자들은 이 같
은 사실을 인정하고 그들의 회의적인 주장을 일상적 경험과는 거리가
먼 주제들로 제한한다. 얼핏 보면 회의주의가 종교에 위협이 되는 것처
럼 보일 수 있다. 어떤 기독교 신자들(신앙주의자들)은 회의주의를 이
용하는 법을 배웠다. 이들에 따르면 종교적 믿음은 신앙의 문제이며,
이성이 아닌 권위의 문제이며, 회의주의의 열매인 지성의 겸손은 두려
워할 것이 아니라 반겨야 할 것이다.

III. 2부

2부에서 데미아는 신의 존재와 속성을 구분한다. 그는 신의 존재에 대
해서는 우리가 확실히 알고 있으나 그의 본성에 대해서는 이해할 수 없
다고 생각한다. 이에 필로는 경험론의 의미 이론에서 볼 때 우리는 신
의 속성에 대해 아무런 관념도 갖고 있지 않기에 데미아의 말이 맞다고
말한다. 우리는 신이 '선하다', '지혜롭다', '의롭다'고 말하나 실상 이
단어들은 일상적인 의미로 사용되고 있지 않다는 것이다. 이에 클레안
테스는 신의 지성과 장인의 지성 간에 유비 또는 유사성이 있음을 입증
하는 데 초점을 맞추고 있는 '설계로의 논변(the argument to design)'
을 끌어들여 필로의 주장을 반박한다. 그러자 필로는 클레안테스의 논
변에 대해 두 가지 반론을 전개한다. 유비로부터의 논변(argument
from analogy)은 유사성은 물론이고 차이점도 고려해야 하는데 클레

안테스는 유사성만 강조했지 차이점은 외면했다는 것이다. 그리고 결과로부터 원인으로의 논변(arguments from effects to causes)은 궁극적으로 경험으로부터의 일반화에 달려 있다고 말한다. 시계는 시계공을 함의하고 있는데 이는 우리가 시계를 만드는 시계공에 대해 많은 경험을 갖고 있기 때문이다. 그런데 우리는 세계를 만든 신을 경험해 본 적이 없다는 것이다.

　여기서 다루는 두 개의 중요한 핵심 쟁점은 (1) 종교적 언어의 의미와 (2) 유비적 논변을 수용하거나 거부하는 근거이다. 첫 번째 쟁점과 관련된 데미아의 견해에 대해 보인 필로의 동의는 진실성이 담긴 것인지 의심스럽다. 이 우주에 질서를 부여한 원인(그것이 무엇이든)을 '신'이란 이름으로 부르는 데 동의한다면 우리는 명목상으로 유신론자가 되지만 이때 유신론이란 말은 사실상 아무것도 의미하는 바가 없기 때문이다. 클레안테스가 신이 우리와 유사한 정신이나 지성임을 입증하려고 하는 시도는 우리에게 친숙한 기성종교의 신을 입증하고자 하는 것이다. 두 번째 쟁점과 관련해 필로는 우리가 자연스럽게 유비나 유사성에 기초해 주장을 한다('유사한 결과는 유사한 원인을 알려준다')는 점을 인정하면서도 클레안테스의 논변은 유비 추론의 좋은 사례가 아니라고 생각한다.

IV. 3~4부

필로의 반론에 대해 클레안테스는 3부에서 어떤 인과적 판단은 일반화 없이 일회적인 사례만으로도 설득력이 있다고 말한다. 설계로의 논변이 바로 그런 경우인데 '불규칙한(즉 법칙에 부합하지 않는) 것'이 발견

된다고 할지라도 설계로의 논변은 여전히 설득력이 있다는 것이다. 데미아는 클레안테스의 유비 논변이 지닌 신인동형론(anthropomorphism)에 대해 문제를 제기한다. 클레안테스는 4부에서 데미아의 '신비주의'를 비난하며 반격에 나선다. 필로는 설계 논변을 새로운 시각에서 강력하게 비판하면서 다시 싸움에 끼어든다. 필로는 질서가 있으면 우리는 그것을 설명하려고 한다고 말한다. 그런데 신의 정신 안에 있는 관념들의 질서에 대해서는 세계의 질서와 달리 자기 설명적이라고 생각해 아무런 설명도 하지 않는데 만약 그것 역시 설명이 필요한 것이라면 무한후퇴에 빠지게 된다고 말한다.

여기에는 3개의 난해한 철학적 쟁점이 걸려 있다. (1) 설계에 대한 믿음은 인간에게 자연적 믿음, 즉 감각에 의해 촉발되는 믿음이라는 클레안테스의 주장이다. 이것이 사실이라면 그것에 대해 진지하게 회의적인 의심을 가질 수도 없다. (2) 클레안테스의 신인동형설과 데미아의 신비주의의 대립, 그리고 그것으로 인해 유신론자들이 직면하게 된 난처한 딜레마이다. 경험론적 의미론(meaning-empiricism)이 옳다면 신학자들은 신을 인간적으로 생각하거나 아니면 신에 대한 모든 언급은 엄격히 말해서 무의미하다는 것을 인정하거나 둘 중 하나를 선택해야 하는 딜레마에 빠진다. (3) 필로의 무한후퇴의 문제와 그것이 제기하는 설명의 본질에 대한 문제 제기이다.

V. 5부

5부는 클레안테스와 필로가 경험적 탐구에 있어 적절한 방법이 무엇인지 그리고 유사한 결과는 유사한 원인을 입증한다는 핵심 준칙에 대해서 대체적인 의견의 일치를 보이는 것으로 시작된다. 그러나 필로는 클레안테스가 옹호하는 경험적 논변이 기성종교의 교리를 지지하는 데 쓸모가 없음을 지적한다. 왜냐하면 그것은 유일신의 전통에서 바라보는 신의 일반적 속성인 무한성, 완전성, 단일성 그리고 섭리를 입증할 수 없기 때문이다. 우리가 단순히 현상을 근거로 유비 추론을 한다면 견습생 수준의 신(an apprentice god), 부재하는 신(an absentee god), 또는 신의 무리(a team of gods), 또는 고대 그리스-로마의 인간적인 남신들과 여신들을 추론할 수 있을 뿐이다. 이런 무수히 많은 허구적인 가설들이 경험과 일치한다고 해서 그것들을 개연적이라고 말할 수 있을까? 데미아는 필로의 반론에 충격을 받았고, 필로는 그것은 자신의 견해가 아니라 클레안테스의 원리로부터 귀결되는 것이라고 말한다.

여기서 핵심적인 문제는 경험론적인 자연신학이 클레안테스가 보여준 것 이상일 수 있느냐 하는 점이다. 과연 다신론에 맞서 유일신론을 지지하거나 또는 세상사에 관심이 없는 부재하는 신의 개념에 맞서서 섭리로 세상을 다스리는 신의 존재를 입증할 수 있는 경험적 근거를 찾을 수 있을까? 필로는 설계로의 논변이 기성종교의 유일신론자를 옹호해 줄 것이라고 생각하는 신학자들에게 문제를 제기하고 있다. 만약 기대와 달리 기성종교의 신을 입증할 수 있는 좋은 논변이 나오지 않는다면 신학자들은 형이상학적 논변에 매달리거나 아니면 결국 신앙주의로 돌아가야만 한다.

VI. 6~8부

6에서 8부까지 필로는 우주의 질서가 지적 설계를 뒷받침하지 않는다는 것을 지적함으로써 설계 논변에 대해 이의를 제기한다. 세계는 동물이나 식물과 더 유사성을 지니기에 생장(vegetation)이나 생식(genera-tion)으로 생겨난 것일 수 있다는 것이다. 필로에 따르면, 경험은 우리에게 질서란 오직 지성으로부터만 생겨난 것임을 알려주지 않는다. 반대로 우리는 매일 비지성적 원인에서 고도로 복잡한 유기체가 생겨나는 것을 목격한다. 8부에서 필로는 에피쿠로스학파가 제시하는 이론인 원자의 무작위한 결합이 또 하나의 가설이 될 수 있다고 말하면서도 그것을 지지하는 어떤 논거도 없다는 점을 인정한다.

이 논의에서 어려운 문제는 필로의 동기와 그의 일관성에 관한 것이다. 회의론자로서 그는 어떤 가설이든 환영하며 ― 많으면 많을수록 좋아하며 ― 그중 특정한 가설에 대한 지지를 표명하지 않는다. 더 많은 가설이 있을수록 각각의 가설에 부여되는 개연성은 낮아지고 그와 더불어 판단중지는 더 쉬워지기 때문이다. 이것이 바로 그가 공언한 전략이다. 한편 우리는 그가 철학적 자연주의로 기울어지고 있음을 눈치챌 수 있다. 여러 곳에서 필로는 만약 우리가 진지하게 경험주의를 받아들인다면, 다시 말해 경험과 경험에 근거를 둔 유비에 의해서만 논변을 전개한다면 세계의 질서가 자연과는 분리되어 존재하는 정신이나 지성의 산물이라는 가설을 결코 믿지 않을 것이라고 말한다.

VII. 9부

9부에서 데미아는 다시 싸움에 끼어든다. 그는 경험적 논변은 정통 유일신교를 지지하는 데 성공을 거둘 수 없음을 인정한다. 오직 선험적인 형이상학적 논변(a priori metaphysical argument)만이 신의 단일성과 무한성을 입증할 수 있다는 것이다. 데미아는 사무엘 클라크로부터 빌려온 논변을 개략적으로 이야기하고 있다. 이것은 모든 우연적인 존재의 존재를 설명하려면 필연적 존재(신)가 있어야만 한다고 주장하는 일종의 우주론적 논변이다. 이 선험적 논변에 대한 비판은 전적으로 클레안테스의 몫이다. 그는 여기서 자신이 일관된 경험론자임을 천명하고 있기 때문이다. 클레안테스는 일련의 비판을 시작하는데, 이것은 사실 『인간 본성에 관한 연구』와 『인간의 이해력에 관한 탐구』에서 찾아볼 수 있는 흄 자신의 논변이다.

9부에서 제기된 난해한 쟁점은 '설명'에 관한 것이다. 과학에서는 어떤 사건에 대해 그것에 앞선 관련된 초기조건들과 그것에 적용된 법칙을 제시했을 때 그것에 대해 설명했다고 말한다. 그러나 이때 초기조건이나 법칙에 대해서는 아무런 설명도 하지 않는다. 만약 초기조건에 대해 설명을 하려고 한다면 원인에 대한 원인을 탐구하는 무한후퇴에 빠지게 된다. 법칙에 대해서는 설명할 수 있지만 과학에서 법칙에 대한 설명이란 중력법칙과 같이 좀 더 일반화된 법칙에 그것을 포함시키는 것을 의미한다.[1] 따라서 초기조건이나 법칙 모두, 그렇지 않았을 수 있는 사실들, 즉 우연성에 속한 것이 된다. 이처럼 우연적 사실을 보다 더 우연적인 사건으로 설명하는 것으로는 형이상학자를 만족시킬 수 없다. 따라서 우주론적 논변은 형이상학적으로 필연적인 궁극적 원인이나 궁극적 설명을 제시하고자 한다. 경험론자들이 과연 '궁극적인 설명(*ultimate* explanation)'이란 개념을 이해할 수 있을지 아니면 그것을 무의미한 것으로서 여겨 받아들이지 않을지는 9부의 다소 형식적인 논

---

1 [옮긴이 주] 중력법칙은 현 상황을 설명하는 하나의 가설에 지나지 않는다. 세계가 지금과는 달리 존재할 수 없다는 것을 입증할 수 없는 한 초기조건이나 중력법칙은 궁극적인 설명이 되지 못한다.

변 뒤에 숨어 있는 난해한 쟁점인 것이다.

VIII. 10~11부

10부와 11부의 주제는 가장 폭넓은 의미의 악, 즉 도덕적인 악을 포함해 우리가 세상에서 불평하는 수많은 다양한 불완전함에 대한 것이다. 필로는 악에 대해 두 개의 철학적 문제가 있다고 본다. 첫 번째 문제는 양립 가능성의 문제(consistency problem), 즉 악의 존재가 전능하며, 전지하며, 지극히 자애로운 신의 존재와 어떻게 양립하느냐 하는 것이다. 이 양립 가능성의 문제를 최초로 제기한 사람은 그리스 철학자인 에피쿠로스였다. 아우구스티누스에서부터 라이프니츠에 이르는 기독교 변증론자들은 이 문제에 대한 답으로 우리가 경험하는 악은 더 큰 선을 위해 필요한 것이라고 주장하고 나섰다. 그러나 양립 가능성의 문제는 (기성종교의) 전승에 따라 믿어온 전지전능하고 자애로운 신을 믿는 경우에만 생겨나는 문제이다. 악에 관한 두 번째 철학적 문제는 우리가 자연현상으로부터 신의 도덕적 특질을 추론하기 위해 열린 마음으로 자연을 바라본다면 [원하는 결과를 얻을 수 없는] 추론의 문제(inference problem)에 직면하게 된다는 것이다. 그것은 클레안테스와 같은 자연신학자들이 직면하게 되는 문제로서 필로는 만약 이 세계에 지적인 설계가 있다고 한다면 그것은 자애로운 설계는 아님이 분명하다고 말한다. 필로에 따르면, 가장 합리적인 가설은 신들은 비도덕적이며 인간의 행복과 고통에는 관심이 없다는 것이다.

　여기서 자연신학자는 심각한 난점에 직면한다. 일단 양립 가능성의 문제는 해결될 수 있다. 아우구스티누스와 라이프니츠의 주장이 옳다면 에피쿠로스가 제기한 문제는 해결될 수 있다. 적어도 논쟁을 이어가기 위해 필로는 이 가능성을 인정할 준비가 되어 있다. 그러나 신의 속성에 대한 지식을 오직 경험으로부터만 얻을 수 있다고 할 경우 과연 자연 세계에 대한 우리의 지식과 경험으로부터 전적으로 자애로운 신을 추론할 수 있을까? 필로는 분명 그럴 수 없다고 말한다. 그러면서 평소 매사에 회의적이었던 필로는 갑자기 독선적이 되어 자신의 승리를 주장하고 나선다.

IX. 12부

10~11부에서 악에 대한 논의를 마친 후 데미아는 자리를 뜨고 클레안테스와 필로는 남아서 논쟁을 마무리 짓는다. 필로는 자신의 입장을 바꾸어 동식물에게서 설계의 흔적을 찾아볼 수 있다고 말한다. 클레안테스의 논변에 대해 의문을 제기하고 반박을 해왔던 그가 사실상 클레안테스의 지적 설계에 대한 믿음을 수용한 것이다. 우주 질서의 원인 또는 원인들은 아마도 인간 지성과 어느 정도 거리가 있지만 유비적 관계를 갖는다는 공식적인 결론에 도달한 것이다. 한편에서 볼 때 설계로의 논변은 많은 반론에 직면해 있다는 이유에서 실패한 논변이라고 할 수 있다. 그러나 다른 한편에서 보면 많은 반론에도 불구하고 그 나름 설득력을 지니고 있기에 성공을 거두었다고도 볼 수 있다.

12부는 이런 점에서 이 책을 해석하는 사람들을 당황하게 하고, 그들로 하여금 여러 가지 상이한 해석을 내놓게 만든다. 과연 필로가 자신의 입장을 순수하게 바꾼 것일까? 그는 『자연종교에 관한 대화』에서 시종 일관된 입장을 유지했던 걸까, 아니면 생각을 바꾼 걸까? 그의 최종적인 입장을 유신론으로 볼 수 있을까, 아니면 불가지론(agnosticism)이나 위장된 무신론(a disguised atheism)으로 보아야 할까? 클레안테스의 견해에 대한 그의 동의는 단지 언어적인 것으로서 단어들에 대한 합의적 사용에 국한된 것일까? 어떤 학자는 필로의 유신론을 깊이 있고 진지한 것이라 생각하지 않는다. 또 어떤 학자는 종교적 논변과 종교적 믿음을 구분한다. 그러면서 필로는 [종교적 믿음에 있어] 진지했고 처음부터 일관되었다고 주장한다. 만약 종교적 믿음이 우리에게 자연적인 것이라면(귀납이나 외적인 세계에 대한 믿음처럼) 우리의 믿음이 의존하고 있다고 생각되는 논변이 비록 타당하지 못함을 알게 되었다 해도 믿음을 버리지는 않을 것이다. 이것이 마지막 대화에서 필로가 자신의 입장을 바꾼 이유일 수도 있다.

3장
본문 해제

I. 대화체 철학

A. 팜필루스가 헤르미푸스에게 보낸 도입부 편지

『자연종교에 관한 대화』에서 서술자인 팜필루스는 지적인 취향과 무한한 호기심을 지닌 젊은이다. 그는 클레안테스의 제자로서 그의 선생의 서재에 자유롭게 드나들면서 대화를 엿듣게 된다. 그는 대화체 형식으로 철학을 저술하는 이유에 대해 언급하면서 편지를 시작하고 있다. 그는 대화체 형식으로 철학을 하는 것이 고대 세계에서는 흔한 일이었으나 오늘날은 거의 사용하지 않고 있음에 주목한다.

오늘날 철학 연구에서 요구되는 정확하고 정연한 논변은 방법론적인 면과 교육적인 면에서 장점이 있다. 연구자가 자신이 주장하는 내용의 핵심을 설명함과 동시에 그것에 대한 증거를 제시할 수 있기 때문이다. 그러나 대화 형식으로 어떤 학설을 전달하는 것은 자연스럽지 않다. 그럼에도 글을 쓰는 사람이 대화체를 선택하는 것은 저자가 독자에게 일방적으로 자신의 생각을 전달하는 모습을 피하면서 보다 자유롭게 자신의 생각을 전달하기 위해서이다. 그러나 자칫 선생이 학생을 가르치는 듯한 더 안 좋은 상황이 될 수도 있다. (G29)

그런데 특별히 대화체 형식으로 다루는 것이 적합한 주제가 있다. 첫째는 주제가 명확하고 중요한 경우인데, 이 경우 반복해서 진실을 가르쳐야 할 필요가 있기에 다양한 방식으로 주제를 논의하는 것이 득이 될 수 있다. 둘째는 주제가 모호하고 명확하지 않은 경우이다. 이 경우 합리적인 사람이라면 다른 의견이 있을 수 있음을 알기에 독자들은 상충되는 견해나 의견으로부터 즐거움과 교훈을 얻을 수 있다. 팜필루스에 따르면 자연종교의 주제가 바로 이 두 가지 요소를 모두 갖추고 있다.

> 인류가 가장 무지했던 시절, 사람들은 신의 존재를 너무도 명백하고 확실한 진리로 인정했기에 대부분의 천재적인 인물들은 야심차게 신의 존재에 대한 새로운 증명과 논증을 시도하곤 했네. 우리에게 있어 모든 희망의 근거이고, 도덕의 가장 확실한 토대이며, 사회의 가장 확고한 지주이고, 한순간도 우리의 생각과 사유 속에 없어서는 안 될 유일한 원리인 이것만큼 그렇게 중요한 진리가 어디 있겠는가? 그러나 이처럼 명백하고 중요한 진리를 다룸에 있어서 신의 본성이나 속성, 의지 그리고 섭리에 관해서는 얼마나 모호한 의문들이 생겨나고 있는가? 이러한 문제들은 늘 논쟁에 부쳐졌고 지금까지 인간의 이성으로는 어떤 결론에도 도달할 수 없었네. 그러나 이들 주제는 너무도 흥미로운 것이라서 그것에 관한 우리의 끝없는 탐구심을 억제할 수는 없었네. 그런데 지금까지 엄밀하게 탐구를 해서 얻은 것은 의심, 불확실, 모순뿐이었네. (G30)

팜필루스는 지난 여름 클레안테스와 그의 손님인 데미아와 필로 간에 있었던 자연종교에 관한 주제를 놓고 벌인 논쟁을 생생하게 기억에 떠올리고 있다. 그가 흥미를 가졌던 것은 주제만이 아니었다. 그는 클레안테스의 '정치한 철학적 사고(accurate philosophical turn)', 데미

아의 '엄격하고 경직된 교설(rigid inflexible orthodoxy)' 그리고 필로
의 '경솔한 회의주의(careless scepticism)' 간의 충돌에 흥미를 가졌다.
3명의 등장인물들에 대한 팜필루스의 평가를 우리는 어떻게 받아들여
야 할까? 『자연종교에 관한 대화』를 주의 깊게 읽은 독자라면 데미아
의 '엄격하고 경직된 교설'이란 표현에 동의할 수 있을 것이다. 그러나
클레안테스와 필로에 대한 평가와 관련해서는 의문이 든다. 클레안테
스가 '정치한 철학적 사고'를 지녔다고 볼 수 있을까? 그는 자주 엉성
한 사고를 펼쳤으며 논점 회피적 논변(question-begging argument)을
보여주지 않았는가? 필로가 단지 '경솔한 회의주의자'일까? 필로는 실
제로는 긍정적이며 자연주의적인(반유신론적인) 생각을 지닌 사려 깊
은 사람이 아니었을까? 그는 드러내놓고 주장하고 싶지 않은 생각을
영리하게도 완곡하게 표현하고 있는 것은 아닐까? 다행히 독자들은 팜
필루스가 흄을 대변하고 있다고 생각할 수 있는 어떤 근거도 찾을 수
없다. 팜필루스는 소박한 젊은이로 묘사되고 있으며 클레안테스에게는
양자와도 같은 제자이다. 따라서 그의 생각에는 개인적인 편견과 그가
받은 교육의 영향이 담겨 있다. 위에서 언급한 인용문을 보면 분명히
그는 흄을 대변하고 있지 않음을 알 수 있다. 그는 종교를 '도덕의 가장
확실한 토대'이자 '가장 확고한 지주'라고 말하고 있는데 도덕철학자로
서 흄은 윤리 이론을 종교와 분리하여 다루고 있으며, 역사가로서 흄은
사회에 대한 종교의 해롭고 파괴적인 영향에 대해 기술해 왔다. 한편
팜필루스는 당시 경건한 모습의 기성종교인들처럼 상투적인 말투를 사
용하고 있을 뿐 아니라 대화에 참여하는 중요한 인물도 아니었다. 그런
점에서 그는 흄을 대변하는 인물일 수 없으며, 한 걸음 더 나아가 클레
안테스를 승리자라고 한 팜필루스의 말을 『자연종교에 관한 대화』의
공식적인 결론으로 받아들여서도 안 된다.

B. 왜 대화체로 썼을까?

철학자들이 대화체로 작품을 쓰는 데는 여러 이유가 있을 수 있다. 무엇보다 먼저 문체상의 다양한 이유가 있다. 잘 짜인 대화는 체계적인 논문보다 생생하고 인상적이어서 흥미 있게 읽을 수 있다. 또한 지식은 물론이고 흥미를 끄는 재치와 풍자를 담을 수 있는 이점이 있다. 그리고 대화체는 다양한 견해와 상이한 형식의 논변과 주장들을 소개할 수 있는 손쉬운 방법이다. 또한 대화체는 등장인물의 성격묘사가 가능하여 사람의 유형에 따라 그것에 맞는 특정한 철학적 견해를 부여할 수 있는 이점이 있다. 예를 들어, 플라톤적 성격유형, 스토아적 성격유형, 회의론적 성격유형 그리고 에피쿠로스적 성격유형이 있을 수 있다.[1] 사람은 성격유형에 따라 특정 논변이나 견해를 선호하는 경향이 있다. 따라서 대화체는 인간 이성의 한계를 돌아보게 할 수 있고 우리가 생각하는 것보다 인간은 합리적이지 않다는 것을 보여줄 수 있다. 지금까지 언급한 모든 것들이 흄이 대화체를 선택한 이유였을 수 있다.

그런데 대화체로 쓴 데는 문체상의 이유와는 별개로 어떤 철학적 이유가 있지 않을까? 최소 5가지 이유가 떠오르는데 이들 중 일부 또는 전부가 흄에게 영향을 주었을 것이다. (물론 또 다른 이유가 있을 수 있다. 다시 말해 내가 언급하는 다섯 가지 이유가 전부라는 말이 아니다.) 이 절에서는 이 이유들을 고대철학으로부터 사례를 들어가며 설명할 것이며, 다음 절에서는 이 이유들 중에서 어떤 것이 흄이 자신의 생각을 대화체로 전하게 한 요인이었는지를 검토해 보려고 한다.

대화체를 선택하는 첫 번째 가장 명확한 이유(R1)는 순전한 불확실성(simple and genuine uncertainty)이다. 철학자가 난해하고 모호한

1　흄의 소론집에 있는 이 주제의 소론을 참고하라. *Essays*, 138-80.

주제에 대해 글을 쓸 경우 하나의 질문에 대해 그럴듯한 상반된 주장이나 또는 사실일 수 있는 여러 상반된 의견이 있다는 생각이 들면 진실이 무엇인지 알 수 없는 혼란에 빠질 수 있다. 로마의 유명한 연설가이자 철학자인 키케로(106-43 BC)의 저작인 고전 『신들의 본성에 관하여』는 흄이 『자연종교에 관한 대화』를 쓸 때 모델로 삼았던 책이다. 키케로는 이 작품에서 단정적이며 독선적인 견해를 대변하는 스토아학파의 철학자인 발부스(Balbus)와 에피쿠로스학파의 철학자인 벨레이우스(Velleius), 그리고 회의론적 견해를 대변하는 대학자인 코타(Cotta)를 등장시킨다. 책의 서론에서 키케로는 다음과 같이 썼다:

철학에는 만족할 만한 답변이 아직 나오지 않은 문제가 많이 있다. 그중에서 신들의 본성에 관한 문제는 다른 어떤 문제보다 파악하기 어려운 난해한 문제이다. 그러나 이 질문에 대해 답변을 할 수 있다면 그것은 우리의 정신의 본질이 무엇인지를 밝혀줄 것이며 우리가 종교를 통해 바라는 인생의 지침을 줄 수 있을 것이다. 철학은 무지의 자식이라는 말이 참이라고 할 만큼 이 문제에 대한 식자들의 견해는 매우 다양하며 때론 모순되기도 하다. 그래서 아카데미의 철학자들은 현명하게도 입증되지 않은 주장을 받아들이지 않았다.[2]

인간이 신에 대해서 갖는 생각의 범위와 다양성, 그리고 이 영역에서 진실과 거짓을 구별하는 명확한 어려움(아마도 불가능함)을 고려할 때 대화체는 이 주제에 관한 글을 쓰는 키케로에게 있어 가장 자연스럽고 적합한 방식인 것이다.

---

2   Cicero, 69.

철학자들이 글을 쓸 때 대화체를 선택하는 두 번째 이유(R2)는 그의 입장을 드러내지 않기 위함이다. 민감한 문제라 쉽게 논란이 되는 종교나 윤리, 그리고 정치와 관련된 문제에 대해 글을 쓸 경우 등장인물들을 통해 자신의 입장을 숨기기 위해 대화체를 선택할 수 있다. 이 대화체 방식은 고금을 통해 이단적인 입장이나 일반인들이 받아들이기 어려운 입장을 주장하는 사람들이 검열과 핍박을 피하기 위해 선택하던 전술이었다. 우리는 과학사를 통해 그 고전적인 사례를 찾아볼 수 있다. 이탈리아의 천문학자이자 물리학자였던 갈릴레오 갈릴레이(Galileo Galilei, 1564-1642)는 태양이 우주의 중심에 있으며 지구는 태양의 위성 중 하나로서 그 주위를 돌고 있다는 코페르니쿠스 이론을 옹호하지 말라는 명령을 받았다. 이에 대응해 그는 그의 위대한 저서인 『두 우주 체계에 관한 대화(*Dialogue Concerning the Two Chief World Systems*)』(1632)를 썼다. 이 책에서 살비아티(Salviati)란 인물은 코페르니쿠스의 이론을 주장하고 있고 또 다른 인물인 심플리치오(Simplicio)는 지구가 정지해 있으며 우주의 중앙에 있다는 낡은 이론을 옹호하고 있다. 갈릴레오는 코페르니쿠스의 이론을 가르치지 말라는 명령을 따르지 않았다는 이유로 기소되자 자신은 코페르니쿠스 이론을 참이라고 가르친 적이 없으며 그는 단지 천문학자들 사이에서 논의되는 여러 가설 중 하나로 그것을 가르쳤을 뿐이라고 답변하였다. 불행히도 그의 이 같은 변론은 받아들여지지 않았다. 누가 보아도 살비아티는 설득력 있는 논변을 전개한 데 반해 심플리치오는 바보 같은 주장을 했기 때문이다. 따라서 거리두기 전략은 실패했고 갈릴레오는 핍박을 피할 수 없었다.

대화체로 철학적 저술을 하는 세 번째 이유(R3)는 독자들의 마음속에서 자연스럽게 떠오를 수 있는 반론들을 수용하고 그것들을 해결하기 위함이다. 이렇게 하는 이유는 교육적인 데 있다. 특정한 인물이 저자의 입장을 설명하고 옹호하며, 다른 인물들은 처음에는 반론을 제기하나 나중에는 설득을 당한다. 철학사에서 대화체로 된 가장 유명한 작품 중 많은 작품이 이 같은 형태로 되어 있다. 프랑스의 형이상학자인 니콜라스 말브랑슈(Nicolas Malebranche, 1638-1715)의 『형이상학과 종교에 관한 대화(*Dialogues on Metaphysics and on Religion*)』(1688)에서 테오도르(Theodore)란 등장인물은 저자를 대변하고 있는데 선생으로 나오고 있으며 아리스테(Ariste)는 그의 학생으로 나온다. 그리고 버클리의 『힐라스와 필로누스의 3개의 대화(*Three Dialogues between Hylas and Philonous*)』(1713)에서 필로누스란 인물은 버클리의 형이상학적인 견해를 설명하고 있으며, 반면에 힐라스는 필로누스가 자신의 입장을 전개하고 그것에 관해 제기되는 반론에 답변할 수 있도록 그를 돕는 유용한 조력자의 역할을 하고 있다. 그런데 이 두 고전은 두 사람 간에 참된 의견 교환을 통해 서로의 입장이 조율되는 것을 보여주지 못했다.

　대화체로 철학적 저술을 하는 네 번째 이유(R4)는 철학적 논쟁을 이끌어가는 적절한 방식에 대해 특정한 도덕적 견해를 피력할 수 있다는 점이다. 특정한 등장인물로 하여금 상대방이 말하는 것을 경청하게 하고 그것에 대해 진지하게 답변을 하게 하며, 한 걸음 더 나아가 상대방의 견해 중 그가 옳다고 생각한 것을 수용해 자신의 입장을 수정하게 함으로써 상대에 대한 인내심과 존중을 보이게 할 수 있다. 반면에 다른 등장인물에 대해서는 성급하고, 참을성이 없으며 독선적이며 화를 잘 내며, 자신의 견해에 대해 지나치게 확신을 갖고 상대방의 견해를 전혀 경청하지 않게 할 수 있다. 이런 식으로 등장인물을 설정한 사례를 우리는 플라톤의 대화편에서 찾아볼 수 있다. 소크라테스라는 등장인물은 철학적 미덕이 무엇인지를 보여주고 몸소 그것을 실천해 보여주고 있다. 『국가(Republic)』와 『고르기아스(Gorgias)』에서 소크라테스는 트라시마코스(Thrasymachus)와 칼리클레스(Callicles)라는 인물과 만난다. 이 두 사람은 부도덕한 견해를 옹호하고 있는데 대화편을 읽는 독자들은 이들이 생각만이 아니라 성품까지도 사악하다고 생각할 수 있는 그런 방식으로 대화가 전개된다. 이들은 자신의 견해를 피력함에 있어 퉁명스럽고 독선적이어서 소크라테스가 한 질문에 마지못해 대응을 하며, 자신들의 주장이 잘못되었음을 알게 되면 토라져서 화를 내고, 논쟁에서 졌을 때는 상대를 위협하기까지 한다. 플라톤이 대화체로 저술을 한 것은 단순히 어떤 견해를 반박하고 다른 어떤 견해를 옹호하기 위함이 아니었다. 그는 이런 방식을 통해 철학적 논쟁이 어떠해야 하는지 그 전범을 보여주고자 했던 것이다.

대화체로 철학적 저술을 하는 다섯 번째 이유(R5)는 대화체 형식은 독자들로 하여금 스스로 결론을 내릴 수 있도록 결론을 내리지 않는다는 점이다. 따라서 독자들은 등장인물 중 어느 한 사람이 전적으로 옳다고 보지 않으며 등장인물들이 서로 부분적으로 진리를 이야기하고 있다고 생각하게 된다. 그러므로 주의 깊고 비판적인 독자라면 등장인물 X로부터 하나의 근거를 그리고 등장인물 Y로부터 또 다른 근거를 받아들여 등장인물 중 어느 누구도 주장하지 않은 견해를 피력할 수 있다. 그런데 철학사에서는 이런 사례를 찾아보기 어렵다. 결론부터 말하자면 흄은 『자연종교에 관한 대화』를 집필할 때 이 점을 염두에 두고 있었다.

C. 흄은 왜 이 작품을 대화체로 썼을까?

지금까지 대화체로 저술을 하는 5개의 중요한 철학적 이유에 대해 설명을 했다. 여기서 우리는 이 이유들 중 어떤 것이 흄이 대화체를 선택하게 된 이유인지 묻게 된다. 이 이유들 중 하나만을 선택해야 하는 것은 아니다. 이 모든 이유가 흄으로 하여금 대화체로 저술을 하게 한 원인이라고 볼 수도 있다. 그럼 하나하나 살펴보도록 하자.

흄의 경우에 순전한 불확실성(R1)은 일단 배제될 수 없다. 흄이 대화체를 선택한 것은 키케로가 말한 이유 때문일 수도 있고 자신의 철학 원리 때문일 수도 있다. 흄이 인간 경험의 한계를 넘어서는 모든 사변을 전적으로 무의미한 것으로 배척한 엄격한 경험론적 의미론자(meaning-empiricist)가 아니었다고 가정해 보자. 그러나 인식론에서는 엄격한 경험주의자였다고 가정해 보자.(이 두 개의 가정은 『인간 본성에 관한 연구』와 『인간의 이해력에 관한 탐구』에 대한 개연적인 해석이다.) 그렇다면 자연신학에서 주장하는 것들은 비록 경험에 의해 검증 가능(verifiable)하지도 위증 가능(falsifiable)하지도 않지만 완벽하게 의미 있는 주장일 수 있다. 다시 말해 우리는 자연신학자들이 주장하는 것을 이해할 수 있다. 따라서 초자연적인 세계에 대해 아무것도 알고 있지 못하면서도 우리는 경험적으로 입증도 반증도 할 수 없는 추측적 가설을 만들어낼 수 있게 된다. 그러므로 필로가 이야기한 바대로 회의론자의 판단중지가 적절해 보이며, 현명한 사람이라면 불가지론을 취할 것이다. 12부에서 보여준 갑작스러운 반전을 제외한다면 필로는 『자연종교에 관한 대화』에서 시종일관 이 같은 입장을 견지하였다.

흄은 그의 친구인 아담 스미스(Adam Smith)에게 『자연종교에 관한 대화』를 조심스럽게 그리고 기술적으로 썼기에 안심하고 출간할 수 있다고 편지를 보냈는데 그가 그렇게 생각한 이유 중 하나는 대화체 형태가 주는 이점인 등장인물과 저자 간의 거리두기(R2) 때문이었음이 분명하다. 흄은 『인간의 이해력에 관한 탐구』 11절에서 비록 속내가 다

들여다보이지만 이와 유사한 거리두기를 해본 경험이 있다. 여기서 그
는 '회의적인 역설을 사랑하는' 익명의 친구를 등장시켜 위험스럽게도
섭리에 관해 불온적인 견해를 이야기하게 하고 있다.[3]

흄이 『자연종교에 관한 대화』에서 추가적으로 취한 안전조치는 필
로로 하여금 입장을 180도로 바꾸게 한 것과 이 논쟁의 승리자는 필로
가 아니라 클레안테스라고 팜필루스가 결론을 내린 것이다. 조지프 프
리스틀리(Joseph Priestley, 1733-1804)[4]와 같은 동시대의 비평가는 이
말에 전혀 속지 않았다. 『흄의 대화편에 대한 검토(Examination of Mr
Hume's Dialogues)』(1780)라는 책에서 그는 다음과 같이 논평하고 있
다:

비록 필로는 신의 믿음에 대해 상투적인 반론을 펴고 신의 섭리에 대해 진
부한 열변을 늘어놓지만 그의 상대자들은 좀처럼 만족스러운 답변을 하지
못하고 있다. 그리고 한껏 승리감에 부풀어 있던 논쟁의 말미에서 필로는
본심과 다르게 자신의 주장을 거두어들이는데 그는 이것에 대해 납득할 만
한 설명을 하지 않는다. 그 결과 저자의 의도대로 필로의 주장은 독자들의
마음에 남아 그들의 생각을 휘저어놓게 된다. 따라서 이 논쟁은 유신론자
를 옹호하기 위한 것처럼 보이지만 실상은 무신론자의 손을 들어 주기 위
함이었던 것이다.[5]

---

3   *Enquiry*, Section XI, 132 of the Selby-Bigge edition.
4   [옮긴이 주] 유니테리언파 목사이자 화학자, 신학자, 철학자였다. 그는 화학자로
서 산소를 발견했으며 소다수를 발명하기도 했다. 『전기학의 역사와 현상』(1767년),
유물론적 형이상학을 주장한 『물질과 정신에 대한 논구』(1777년)를, 국교회를 비판하
는 『그리스도교의 퇴폐의 역사』(1782)를 저술했다. 미국의 독립전쟁이나 프랑스혁명
에 우호적인 입장으로 인해 1794년 미국으로 이주하였다.
5   From Tweyman (ed.), *Hume on Natural Religion*, 81.

따라서 거리두기는 흄이 대화록을 쓰게 된 가장 중요한 이유였음이 분명하다. 이 작품은 익명으로 출간되었으나 이것은 그의 의도가 아니었음을 그가 보낸 서신들을 통해 알 수 있다. 그는 자신의 생전에 이 책을 출간하려고 했다. 그래서 말년에 또 다시 원고를 수정했다. 우리는 흄이 자신의 입장을 감추기 위해 상당한 노력을 기울였다는 사실을 알 수 있는데 바로 그 점으로 인해 우리는 그의 견해가 극도로 급진적이며 불온한 것이 아니었나 의심하게 된다.

『자연종교에 관한 대화』에서는 명확한 교육적 동기(R3)가 눈에 띄지 않는다. 클레안테스는 청년 팜필루스의 선생이며 그의 태도는 다분히 학교 선생님 같은 분위기를 느끼게 한다. 그러나 그는 데미아나 필로와 같이 다루기 힘든 학생들을 가르칠 수 있는 선생이 될 수는 없다. 물론 그가 가르칠 수야 있겠지만 그들이 고분고분 그의 가르침을 받아들이지는 않을 것이다. 그런데 조금 상이한 관점, 즉 부정적인 관점에서 보면 필로와 같은 철학적 회의주의자가 오히려 선생이 될 수 있다. 『변론 (Apology)』을 보면 소크라테스가 신탁에 아무것도 모르는데 어떻게 해서 자신이 가장 현자이냐고 물었을 때(신탁이 그렇게 말했다는 것이다) 신탁의 대답은 그가 아무것도 모른다는 것을 알고 있었기 때문이라는 것이었다. 다시 말해 지식이란 신만이 알 수 있으며 우리 인간은 단지 소견(opinion)[6]을 가질 수 있을 뿐임을 그가 깨닫고 있었기 때문이다. 소크라테스는 변증법적인 방식으로 동료 아테네인들에게 지혜를 가르쳐주는 일을 했는데 그 일이란 다름 아닌 그들도 자신처럼 덕, 정의, 지식이 무엇인지 모른다는 것을 깨닫게 해주는 것이었다. 이런 가르침을 통해 사람들은 통찰력을 얻게 되고 겸손을 배우게 되는 것이다.

---

6 [옮긴이 주] 그리스어 'doxa'를 번역한 말로서 객관성과 확실성이 없는 소견 또는 억견으로 번역된다.

『자연종교에 관한 대화』에서 필로는 클레안테스(배우려는 사람)에게 이같이 부정적인 방식으로 교육을 하고 있는 것이다. 그러나 데미아(배우려 하지 않는 사람)에 대해서는 그렇지 못하다.

『자연종교에 관한 대화』의 도덕적인 측면은(R4) 최근의 학자 중 한 사람에 의해 강조되고 있는데[7] 그는 도덕적 측면이 흄에게 중요하다고 말한다. 팜필루스는 잘 쓴 대화록은 '우리를 하나로 묶어주며, 인생에서 가장 크고 순수한 두 가지 즐거움인 학문과 교제를 한꺼번에 하게 해준다'(G30)라고 말하고 있다. 여기서 팜필루스는 분명 흄을 대변하고 있다. 알다시피 흄은 배움(좋은 책)과 친교(좋은 친구와 대화)를 좋아한 사람이었기 때문이다. 『자연종교에 관한 대화』에서는 데미아의 심술궂으며 반사회적인 모습과 클레안테스와 필로의 사교적인 성격이 대조를 보이고 있다. 데미아가 11부의 끝에서 자리를 뜨자 필로와 클레안테스는 화기애애한 분위기에서 그들이 서로 동의할 수 있는 것과 동의할 수 없는 것에 대해 이야기를 나눈다.

대화체로 저술을 하는 다섯 번째 이유(R5)와 관련해서는 이 시점에서는 단지 추측일 뿐이다. 나는 『자연종교에 관한 대화』를 자세히 읽어보면 이 책이 자연주의와 무신론 편으로 기울어 있음을 책의 여기저기 산재해 있는 단서들을 통해 알 수 있다고 생각한다. 그러나 이 같은 주장은 매우 주관적인 해석이라 독자들이 스스로 판단해야 한다.

D. 흄의 대변자는 누구인가?

대화체로 된 철학책을 읽을 때 대부분 어떤 인물이 저자의 견해를 대변하고 있는지 묻게 된다. 종종 그 답변은 너무 뻔하다. 플라톤의 대화편

---

7   William Lad Sessions을 참조하라

대부분에서(분명 모든 작품에서는 아니다) 등장인물 소크라테스는 플라톤의 대변자였다. 그리고 앞서 살펴보았듯이 갈릴레오, 말브랑슈, 버클리의 대화편에서는 어떤 인물이 저자의 입장을 대변하고 있는지 명확하게 드러난다. 『신들의 본성에 관하여』란 키케로의 대화편 서문을 보면 이런 식으로 질문하는 것을 문제 삼고 있다:

사사건건 내 의견이 무언지 묻는 사람들이 있는데 이는 불필요한 호기심이다. 이런 종류의 토론에서 우리가 역점을 두어야 하는 것은 누가 말하느냐가 아니라 말하는 내용이어야 한다. 실제로 가르치는 사람의 권위가 제대로 배우기를 원하는 사람에게 장애가 되는 경우를 흔히 보게 된다.[8]

키케로는 여기서 독자들에게 사람의 권위를 신뢰하지 말고 제시된 논변에 주목하라고 말하고 있는 것이다. 우리는 흄 역시 그의 독자들에게 같은 이야기를 하고 있다고 생각할 수 있다.

본문의 내용과는 별도로 이 같은 해석을 뒷받침해 줄 만한 다른 어떤 증거를 흄이 남겼을까? 흄이 1751년에 그의 친구인 길벗 엘리엇(Gilbert Elliot, 1722-1777)[9]에게 보낸 편지가 있다. 매우 잘 알려져 있을 뿐 아니라 자주 논의가 되는 이 편지에서 흄은 그의 등장인물들에 대해 다음과 같은 이야기를 하고 있다:

자네는 내가 보내준 초고를 통해 내가 클레안테스를 대화의 영웅으로 만들

---

8 Cicero, 73.
9 [옮긴이 주] Sir Gilbert Elliot, 3rd Baronet, 스코틀랜드의 정치인이며 시인이자 철학자이다. 그는 그리스와 라틴 고전을 섭렵한 당시 최고의 고전학자였다. 흄과는 에든버러대학 시절부터 친교를 가졌고 평생 동안 우의를 지켰다.

고 있음을 알 것이네. 그의 논변을 강화하기 위해 생각나는 것이 있으면 무
엇이든 내게 보내주었으면 하네.

내가 자네 근처에 살았다면, 나는 대화에서, 자네도 수긍하겠지만, 내가 쉽
게 도움을 줄 수 있는 필로의 역을 맡고, 그리고 자네에게는 클레안테스의
역을 맡겼을 것이네.[10]

　대부분의 학자들은 이 편지의 행간을 읽어보면 흄은 필로의 편에 서
있으며, 인물들 간의 적절한 균형을 잡기 위해 클레안테스가 이야기할
좀 더 나은 논변을 찾고 있었을 뿐이라고 말한다.
　그렇다면 '누가 흄을 대변하는가?' 라는 질문을 계속해야 할까? 만약
단 한 사람이 저자를 대변한다면 그는 분명 필로일 것이다. 이는 위대
한 흄 연구가인 노만 켐프 스미스(Norman Kemp Smith, 1872-1958)[11]
가 자신이 편집한 『자연종교에 관한 대화』의 편집자 서문에서 밝힌 의
견이기도 하다. 그는 클레안테스가 흄의 대변인이라고 말한 많은 학자
들의 글을 인용하면서 그들의 의견을 노골적으로 반박하고 있다:

나는 처음부터 끝까지 필로가 흄을 대변하고 있으며, 클레안테스는 그가
필로와 의견의 일치를 보이거나 또는 데미아를 반박하는 경우 그리고 필로
가 공정한 결론에 이르도록 도울 경우에만 흄을 대변한다고 생각한다.[12]

10　Ibid., 154.
11　[옮긴이 주] 프린스턴대학과 에든버러대학에서 철학과 교수로서 재직했던 스코
틀랜드 철학자였다. 그가 1905년에 *Mind*지에 발표한 'The Naturalism of Hume'은
흄을 단순한 회의주의자가 아닌 건설적 회의주의자 또는 자연주의자로 해석하게 된
기념비적인 논문이다.
12　Kemp Smith, 59.

나는 켐프 스미스의 주장이 맞다고 생각한다. '클레안테스가 흄이다'
라는 해석은 본문을 통해 적절하게 논거가 뒷받침되지 않으며 또한 흄
이 자신의 견해를 감추어야 했던 맥락적 요인을 고려하지 않은 것이다.
논변을 전개함에 있어 양적으로나 질적으로나 필로가 클레안테스를 이
겼다는 것은 의심의 여지가 없다. '클레안테스가 흄이다'라는 해석은
켐프 스미스의 편집본이 나온 1935년 이래 설 자리를 잃어왔으며 오늘
날 이 같은 해석을 지지하는 학자는 거의 없다. (또한 내가 아는 한 어
느 누구도 데미아를 흄을 대변하는 인물로 언급하지 않았다.) 그런데
우리가 '클레안테스가 흄이다'라는 해석을 받아들이지 않는다면 '필로
가 흄이다'라는 해석을 받아들여야 할까? 아니다. 오늘날 학자들 사이
에서 폭넓게 수용되고 있는 해석에 따르면, 『자연종교에 관한 대화』는
대화록으로 읽혀야 한다는 것이다. 다시 말해 저자의 생각을 대변하는
인물이 있다는 생각에서 그가 누군지를 밝히려고 애쓸 필요가 없다는
것이다. 이런 주장을 하는 사람이 바로 윌리암 래드 세센즈(William
Lad Sessions, 1943-)[13]이다:

> 흄은 자연종교가 너무 복잡한 것이어서 인간의 생각으로는 이해할 수 없는
> 것이라고 생각했기 때문에, 그 주제에 대한 자신의 견해를 강요하기보다는
> 독자로 하여금 스스로 생각하게 하고 싶었던 것 같다. 아마도 흄은 등장인
> 물 중 한 사람의 편을 들기보다는 이 어려운 문제들에 대해 영리한 독자들
> 이 스스로 생각해 보기를 원했던 것 같다.[14]

---

13 [옮긴이 주] 그는 워싱턴 앤 리대학의 철학과 교수이며 그의 대표 저술로는 다음
두 권이 있다. *The Concept of Faith: A Philosophical Investigation* (Cornell Universi-
ty Press, 1994), *Reading Hume's Dialogues: A Veneration for True Religion* (Indi-
ana University Press, 2002).

14 William Lad Sessions, 212.

미셸 말레르브(Michel Malherbe, 1941-)[15] 역시 그의 논문 '흄과 대화의 기술(Hume and the Art of Dialogue)'에서 좀 더 장황하게 유사한 견해를 피력하고 있다:

> 그 대화록은 종교의 토대와 관련해 합리적이긴 하나 아무 소득도 없는 탐구이기에, 다시 말해 우리가 그 책에서 볼 수 있는 것은 철저히 회의적인 내용뿐이라 신의 존재와 본성에 관해 긍정적이든 부정적이든 우리는 어떠한 교설도 도출해 낼 수 없다. 따라서 그 책을 통해서 종교에 대한 흄의 생각이 무엇인지 알 수 없으며 우리가 알 수 있는 것은 단지 그 문제에 대해 어떤 결론도 내릴 수 없다는 것뿐이다.[16]

나는 필로가 흄을 대변한다는 주장이나 『자연종교에 관한 대화』는 대화로 보아야 하기에 누가 흄을 대변하는지를 찾을 필요가 없다는 주장이나 둘 다 모두 타당하며 합리적인 해석이라 생각한다. 그러나 최종 판단은 여러분의 몫이다.

질문

1. 대화체로 저술을 한 또 다른(위에서 언급한 다섯 개의 이유 외에) 철학적 이유가 있다고 생각하는가? 왜 그것을 흄이 대화체를 선택한 이유라고 보는가?
2. 흄이 『자연종교에 관한 대화』를 그의 생전에 출간하기를 원했다는

---

15 [옮긴이 주] 그는 프랑스 번역가이자 철학자이다. 영국경험론 전문가로서 베이컨, 로크, 흄의 책들을 많이 번역하였으며 분석과 철학 시리즈의 편찬자이다.
16 Malherbe, 'Hume and the Art of Dialogue', in M. A. Stewart and John P. Wright (eds), *Hume and Hume's Connexions*, 201-23, 219.

사실을 (그의 서신을 통해서) 알게 되었을 때 그것이 우리가 이 책을 읽는 데 어떤 영향을 주는가?

II. 『자연종교에 관한 대화』 1부: 회의론

『자연종교에 관한 대화』는 데미아가 팜필루스를 교육하는 데 기울인 클레안테스의 노고에 대해 치하하고 교육 방식에 대한 자신의 견해를 피력하는 것으로 시작한다. 데미아는 자연신학은 가장 심오하며 난해한 학문이기에 가장 늦게 공부해야 한다고 말한다. 이에 필로는 종교에 대한 교육을 나중으로 미루는 것은 위험하지 않냐고 묻는다. 그러자 데미아는 '규율로서의 종교(religion as a discipline)'와 '학문으로서의 종교(religion as a science)'를 구분하면서 다음과 같이 말한다.

[데미아] 내가 자연신학 공부를 가장 뒤로 미룬 것은 추론과 논쟁을 일삼는 학문으로서의 종교네. 내 주된 관심은 아이들을 일찌감치 신앙에 익숙해지게 하는 것이네. 지속적으로 가르치고, 훈육하고, 본을 보임으로써 모든 종교의 원리에 대해 몸에 밴 경외심을 갖게 하고 싶네. 아이들이 여타의 학문을 배우는 동안 나는 그들에게 모든 학문은 불확실한 것이기에 인간의 영원한 논쟁거리가 되며, 모든 철학은 모호할 뿐 아니라 위대한 천재들이 한낱 인간의 이성으로부터 끌어낸 결론 역시 얼마나 이상하고 터무니없는 것인지를 알려줄 것이네. 이렇게 하여 아이들의 정신이 적절히 순종과 겸손에 길들면 종교의 심원한 신비를 보여주는 데 있어 더는 망설일 필요가 없으며, 기존의 학설과 견해를 거부하게 만드는 철학의 주제넘은 오만에 대해서도 걱정하지 않아도 되네. (G32-33)

위 인용문은 데미아에 관해 많은 것을 이야기해 주고 있다. 그는 자기 제자들이 기독교의 교리를 의심 없이 받아들이기를 원하며, 이를 위해 그들에게 인간 이성의 나약함과 한계를 가르치고자 한다. 데미아는 제자들이 지적인 오만에서 깨어나면 교회의 교리를 순종적으로 받아들일 것이라고 생각한다. 여기서 주목할 점은 데미아가 철학자가 아니라 철학을 좋아하지 않는 반철학자(anti-philosopher)라는 점이다. 그는 논변이 이끄는 데로 따라가기보다는 제자들을 어디로 이끌고 가야 할지를 사전에 정해놓고 논변을 그곳으로 이끌고 가기 위한 도구로 사용하고자 한다.

필로는 데미아의 교육철학과 그 방법에 대해 칭찬을 하고 인간 이성의 나약함에 대한 그의 강조가 종교에 도움이 된다는 점을 강조하면서 논쟁을 시작한다. 데미아와 필로의 전략적 동맹은 데미아가 철학적 회의주의는 위험한 동맹자임을 깨닫게 되는 11부의 마지막까지 이어진다. 필로는 데미아가 불경스러운 반종교 시대의 질병을 치료할 적절한 비법을 갖고 있다고 말한다:

[필로] 데미아의 원리를 여기서 적용해 보세. 일단 인간 이성이 얼마나 취약하고, 맹목적이고, 시야가 좁은지를 철저히 깨달아야 하네. 일상생활이나 업무적인 문제에서 이성이 보여주는 불확실함과 끝없는 모순을 생각해 보게. 우리가 신뢰하는 감각이 저지르는 오류와 기만을 생각해 보게. 모든 학문 체계의 제일원리가 수반하고 있는 해결할 수 없는 난점들, 질료, 원인과 결과, 연장, 공간, 시간, 운동의 개념에 들어 있는 모순들, 그리고 확실함이나 증거로 간주될 수 있는 학문의 대상인 모든 종류의 양(quantity)들을 생각해 보게. (G33)

여기서 필로가 염두에 두고 있는 학문은 기하학이며, 그가 생각하는 모순은 어떤 연속적(시공간적인) 크기의 합성에 관한 것이다. 기하학자는 연속적인 크기를 두 부분으로 정확히 나눌 수 있다고 가정한다. 다시 말해 정확히 같은 두 개의 부분으로 나눌 수 있다는 것이다. 하지만 이 분리 과정이 무한히 계속될 수 있을까? 한 개의 선을 두 개의 같은 길이로 나누어보자. 이 나누어진 선을 다시 나누어 4개의 선으로 만들어보자. 계속해서 이렇게 나누어보자. 유한하겠지만 이렇게 무수히 나누다 보면 마침내 한계에 이르러 더는 분할할 수 없는 부분에 도달하게 되지 않겠는가? 그렇다면 (우리의 원초적인 직관과는 달리) 모든 외연을 지닌 크기가 분할될 수 있다는 주장은 거짓이 된다. 그렇지 않다면 모든 연속적인 크기는 무한한 수의 같은 크기의 부분들로 구성되어야 한다. 그러나 이 경우 난제가 제기된다. 이 부분들의 크기가 얼마냐 하는 것이다. 만약 그것이 연장이 없는 점이라고 한다면 우리가 어떤 상상을 한다고 해도 그것들이 외연을 지닌 크기를 만들어낼 수는 없다. 그것들이 비록 미세하나 외연을 갖고 있다면 무한한 그들의 수는 무한한 크기를 만들어낼 것이다. 이러한 역설은 고대 그리스인들에게 풀 수 없는 난제였으며 19세기 후반까지도 수학자들에 의해 해결되지 못했다. 흄은 피에르 베일(Pierre Bayle, 1647-1706)의 유명한 『역사비평사전』(엘레아의 제논에 관한 설명)[17]을 읽고 연속체의 역설을 알고 있었다. 『인간 본성에 관한 연구』에서 그는 이 역설과 관련해 공간, 시간 그리고 운동은 무한하게 분할되지 않으며 최소 부분, 즉 최소 미립자로 구성되어 있다는 유한론자(finitist)의 견해를 옹호하였다.[18] 그러나 『인간의 이해력에 관한 탐구』에서는 공간과 시간의 구성에 대한 이

---

17   Bayle, *Historical and Critical Dictionary*, article 'Zeno of Elea', 350-88.
18   *Treatise*, Book 1, Part II, Sections 1 and 2.

같은 설명이 빠져있다. 왜 그런지는 모른다. 아마도 흄은 연속체의 구
성에 대한 모든 설명은 필연적으로 역설에 빠지게 된다는 결론에 도달
했던 것 같다. 필로는 기하학마저 모순을 낳는다고 한다면 철학이나 신
학은 참으로 암울하다고 말한다:

> [필로] 철학자나 신학자들이 지금껏 해오던 것처럼 이러한 주제들에 관해
> 충분한 논의를 한다고 해도 일상생활이나 경험과는 거리가 먼 심오하고 난
> 해한 주제에 대해 나약한 이성이 어떤 결론을 내릴 수 있다고 확신할 수 있
> 는 사람이 과연 있을까? 우리는 늘 보는 돌멩이 하나조차도 작은 부분들이
> 결합해 어떻게 연장을 지닌 돌덩어리가 되었는지 설명하지 못할 뿐 아니라
> 난처하고 모순된 상황에 직면하게 되는데 하물며 우리가 어떻게 세계의 기
> 원이나, 영원에서 영원으로 이어지는 세계의 역사에 대해 확신에 찬 결론
> 을 내릴 수 있겠는가? (G33-4)

클레안테스는 필로가 철학적 회의론의 토대 위에 종교적 신앙을 세
우려 하고 있는데 이는 기독교계에 존재하는 회의론적인 신앙주의의
전승(sceptical fideist tradition)과 손을 잡는 것이라고 지적한다. 신앙
에 대한 전석인 순종을 위해서 이성의 능력을 비하하는 이 전승은 특히
프랑스에서 매우 영향력이 있었는데 미셸 몽테뉴(Michel Montaigne,
1533-92), 블레즈 파스칼(Blaise Pascal, 1623-62), 다니엘 위에(Daniel
Huet, 1630-1721), 피에르 베일(Pierre Bayle, 1647-1706)의 저술에서
이런 전승을 찾아볼 수 있다. 신앙주의자들에 따르면, 종교란 이성이
아닌 신앙의 문제이다. 따라서 자연신학적 논변에 대한 회의론자의 공
격은 두려워할 일이 아니라 오히려 환영할 일인 것이다. 흄은 이런 전
승을 매우 잘 알고 있었기에 자신의 속내를 숨기기 위해 신앙주의에서

사용하는 언어를 자주 사용하였다. 『인간의 이해력에 관한 탐구』 10절에서 그는 교활하게도 기적에 대한 믿음이 기적의 결과일 수 있는 양이야기하고 있다[19](그러나 공정하게 조사하면 그럴 수 없다). 따라서「영혼의 불멸성에 관하여」라는 유명한 소논문에서 영혼의 불멸성을 옹호하는 철학적 논변을 반박하고 우리가 불멸하는 영혼을 갖고 있다고가르치는 것은 이성이 아닌 복음이라고 결론을 내리고 있다.[20] 『자연종교에 관한 대화』를 읽는 독자들은 필로가 자주 신앙주의자처럼 말하는것이 그의 진심에서 우러나오는 확신 때문이 아니라 전술적 필요에 따른 것임을 알아야 한다.

클레안테스는 필로를 반박하고 나선다. 회의론자들이 자랑스럽게 말하는 판단중지란 사실상 오랜 시간 지속될 수 없으며, 학문이 아닌 실생활에서 주장될 수 없다는 점에서 단지 위선에 불과하다는 것이다:

> [클레안테스] 자네의 회의론이 자네의 이야기처럼 절대적이고 진실한 것인지는 이 모임이 끝날 때쯤이면 알게 될 것이네. 그때 자네가 문으로 나가는지 아니면 창문으로 나가는지 보면 되네. 다시 말해, 오류에 빠지기 쉬운 감각과 더 오류에 빠지기 쉬운 경험에 근거하고 있는 상식적인 견해에 따르면 자네의 몸은 중력을 받고 있네. 그래서 높은 데서 떨어지면 다치게 되네. 그런데 과연 자네가 그 사실을 의심할 수 있을까? (G34)

클레안테스는 이어서 사람들은 완전한 판단중지를 주장할 수 있으나이를 지속하는 것이 불가능함을 알게 될 것이라고 말한다:

---

19 *Enquiry*, Section X Part II, 131 of the Selby-Bigge edition.
20 *Essays*, 590.

[클레안테스] 외부의 사물이 그를 압박하고, 정념이 그를 유혹하면 철학적 우울은 사라져버릴 것이네. 자신의 기분이 극도로 안 좋은데도 짐짓 회의론자인 양 가장할 수는 없네. 대체 무슨 이유로 스스로 그런 상황을 연출하겠는가? 바로 이 점이 회의론자조차도 자신의 회의주의 원리에 대해 일관성을 유지할 수 없는 이유이네. 그러므로 고대 피론주의자들의 원리보다 더 우스꽝스러운 것은 없네. (G34-5)

여기서 클레안테스는 필로가 피론주의학파[21]의 회의론자로서 고대 회의론자인 엘리스의 피론(Pyrrho of Elis, c. 365-270 BC)과 그보다 더 유명한 그의 제자, 섹스투스 엠피리쿠스(Sextus Empiricus, c. 200 AD)를 대변하고 있는 것으로 보고 있다. 피론주의자들은 고대 회의론자들 중에서 가장 극단적인 입장을 갖고 있었다. 그들은 어떤 주제와 관련해서든 상이한 경험과 관점에 따라 상충하는 입장이 있을 수 있다고 말한다. 어떤 명제에 대해 그것을 참이라고 생각할 수 있는 이유를 제시할 수 있다면 (절박한 경우) 그 이유와는 상충되는 또 다른 이유를 들어 그것이 거짓이라고 생각하게 할 수 있다는 것이다. 우리에게는 참과 거짓을 구분할 수 있게 해주는 신뢰할 수 있는 증거나 표지, 즉 진리의 기준이 없다는 것이다. 그러한 기준이 없는 상황에서 우리는 각자 상충하는 이유를 놓고 저울질을 하는 것이다. 피론주의자들은 어떤 것이 참인지를 평가할 수 있는 신뢰할 만한 방법이 부재한 상황에서는 찬반의 이유를 동등하게 다루어야 한다고 말한다. 이 경우 어떤 명제에 대한 믿음을 옹호하거나 반박하는 이유는 저울 양쪽에 같은 무게를 달 때처럼 서로를 상쇄하게 된다. 그 결과 모든 논쟁은 판단중지로 끝을

---

21 퓌론주의학파에 대해 알고 싶으면 Sextus Empiricus, Annas and Barnes, 그리고 Richard Popkin의 책을 참고하라.

맺게 되며 그 결과 '아타락시아(*ataraxia*, 마음의 평화)'라는 축복의 상태에 도달하게 되는 것이다.

클레안테스는 모든 주제에 대한 이러한 판단중지를 스토아학파가 자랑스럽게 내세웠던 모든 세속적인 재화에 대한 경멸처럼 영웅적인 또는 초인적인 미덕과 같은 것이라고 말한다. 그는 우리가 때론 그런 덕에 도전할 수는 있으나 그런 상태를 유지할 수는 없다고 말한다. 필로는 클레안테스의 지적에 동의한다. 그러나 우리가 높은 경지의 철학적 원리를 진심으로 받아들인다면 우리의 사유와 행동이 어느 정도는 달라질 수 있다고 생각한다. 그러나 극단적이며 보편적인 회의론이 실행 가능하지 않음을 분명하게 인정한다. '자신의 사변적인 회의주의의 원리를 어느 정도까지 밀고 나가든 회의론자도 다른 사람처럼 행동하고 생활하고, 말해야 한다는 점을 나도 인정하네. 그리고 그도 이같이 행동하는 것에 대해 그것이 절대적으로 필요했다는 것 외에 달리 다른 이유를 댈 수 없을 것이네.'(G36) 필로는 여기서 한 걸음 더 나아가 우리 주변의 친숙한 사물들에 대해 우리가 지닌 일상적인 믿음들이 효과적으로 회의적인 의심을 막아준다는 점을 인정한다. 사실 우리는 경험을 근거로 자연스럽게 일반화를 하는 경향이 있다:

[필로] 우리가 철학이라고 부르는 것은 좀 더 규칙적이고 방법론적인 작업에 불과한 것이네. 이런 유(類)의 철학은 일상적인 삶에 대한 추론과 본질적으로 다르지 않네. 우리는 더 큰 진실은 아닐지라도 그것이 지닌 정확성 때문에 우리의 철학으로부터 더 큰 안정을 기대할 수 있네. (G36)

필로는 여기서 '철학'이란 용어를 과거에 사용되던 의미대로 사용하고 있는데 그는 오늘날 우리가 자연과학이라고 부르는 것을 염두에 두고 있다. 필로는 클레안테스에게 자신의 회의론이 보편적인 것이 아님을 시인하고 있다. 우리는 자연스럽게 주변의 친숙한 사물들에 대해 우리의 감각적 증거를 기초로 하여 판단을 내린다. 그리고 우리는 경험을 기반으로 하여 자연스럽게 일반화를 하며, 그런 일반화에 의지해 행동을 취한다. 자연과학은 경험에 기반한 일반화를 체계적이며 방법론적으로 발전시킴으로써 탄생되었다. 그런데 필로는 다음과 같이 말하고 있다.

> [필로] 우리가 일상사와 주변 사물 너머로 시선을 돌릴 때는, 다시 말해 사물의 현재 상태의 전과 후, 우주의 창조와 형성과 같은 양극단의 영원(eternities)이나 영(또는 정신)의 존재와 속성, 시작도 끝도 없이 존재하며, 전능하고, 전지하며, 불변적이고, 무한하고, 이해할 수 없는 단일한 보편적인 영의 권능과 행사에 대해 생각을 하게 될 때는 회의론적인 소극적 성향을 버리고 그것이 우리의 능력을 넘어선 것은 아닌지 염려하지 말아야 하네. (G36-7)

요컨대, 필로가 옹호하고 있는 회의론은 보편적 회의론이 아니라 일상적인 인간의 경험에 기초하지 않는 사변에 관한 것이다. 인간사에 있어서는 우리에게 유추를 끌어낼 풍부한 경험이 있으며 그것을 통해 우리는 경험을 확장할 수도 있다. 그러나 신학의 경우에는 그럴 수가 없다:

> [필로] 우리는 흡사 모든 것이 수상쩍은 낯선 나라에 온 나그네와 같네. 그들은 그들과 함께 살며 이야기를 나누는 그곳 사람들의 법과 관습을 어길 위험이 있네. 우리는 신학적 주제를 다룸에 있어서 세속적인 추론 방식을

어디까지 신뢰할 수 있는지 알 수가 없네. 일상생활뿐 아니라 그런 추론 방식이 특별히 적합한 분야에서조차도 우리는 그 방식을 신뢰하고 있지 못하며 전적으로 본능이나 필요성에 따라 사용할 뿐이네. (G37)

보편적인 판단중지가 황당하고 실현 불가능하다고 할지라도 우리의 능력을 벗어난다고 생각하는 문제에 있어서는 판단을 보류하는 것이 합리적이라는 것이다. 필로는 이처럼 상식적인 판단과 사변의 문제를 분리함으로써 회의론의 실행 불가를 주장하는 클레안테스의 반론을 피할 수 있다고 생각한다. 그러나 클레안테스는 자연과학을 사례로 들어 회의론자들의 이러한 반론이 자연과학의 경우에는 적용되지 않는다고 말한다:

[클레안테스] 자네는 평소 회의론을 주장하면서도 증거가 있는 경우에는 그것을 받아들이네. 따라서 나는 자네와 같은 회의론자들이 확실성이나 확신을 언급하는 사람들과 마찬가지로 단정적(decisive)임을 알 수 있네. 예를 들어, 무지개라는 경이로운 현상에 대해 뉴턴은 빛의 광선에 대해 상세한 분석을 하고 있는데 그것을 인간이 이해하기에는 너무 정밀한 주제라는 이유로 받아들이지 않는다면 이 얼마나 우스꽝스러운 일인가? 지구의 운행에 대한 코페르니쿠스나 갈릴레오의 주장에 대해 아무런 반박도 하지 못하면서 이러한 주제는 편협하고 오류에 빠지기 쉬운 인간의 이성으로는 설명할 수 없는 너무나 방대하고 어려운 문제라는 아주 원론적인 이야기를 하며 자신은 그 이론을 받아들일 수 없다고 말하는 사람이 있다면 자네는 그에게 무슨 말을 하겠는가? (G38)

클레안테스는 여기서 두 개의 중요한 사안을 지적하고 있다. 첫째는 의심을 하는 일반적 이유와 구체적인 이유를 구분하는 것이다. 클레안테스는 만약 네가 어떤 특정한 과학 이론에 대해 의문을 제기하고 싶다면 인간의 능력에 대한 일반적인 우려를 이야기할 것이 아니라 그 이론을 반증하는 증거를 제시해야만 한다고 말한다. 현명한 사람이라면 증거에 따라 믿음의 여부를 결정할 것이다. 다시 말해 어떤 이론이든 그것을 지지하는 증거에 비례해 그것에 대한 동의 여부를 판단할 것이다. 클레안테스는 여기서 증거주의라는 인식론의 이론을 원용하고 있다. (증거주의라는 말이 상식을 미화하고 그것에 그럴듯한 명칭을 붙인 것이라고 생각할 수도 있다.) 이 경우 증거주의가 원용되고 있음은 명백하다. 우리가 어떤 이론에 대해 상세한 경험적 증거를 갖고 있으나 다른 한편으로 그것에 관해 누구나 일반적으로 가질 수 있는 회의론적인 우려도 있는 경우 현명한 사람이라면 문제가 되는 그 이론을 받아들일 것이다.

　클레안테스가 두 번째로 지적하는 사안은 실제 이것이 자연과학에서는 매우 흔한 경우라는 점이다. 태양계에 대한 코페르니쿠스의 이론과 백색광의 구성에 대한 뉴턴의 이론은 수많은 증거를 통해 검증되었으며, 관련 과학 단체는 그 증거들이 그 이론을 확증해 주었다고 판단하였다. 그러나 이들 증거가 이론을 완벽하게 증명하거나 논증해 주었다고 말할 수는 없다. 왜냐하면 어떤 증거는 문제가 있었으며 어떤 사실은 충분히 설명이 되지 않았기 때문이다. 물론 잘 확립된 이론도 때로는 새로운 증거가 밝혀지면서 반박이 되고 다른 이론으로 교체가 된다. 그러나 인간이 오류에 빠지기 쉽다는 사실을 인정하는 것을 피론주의자들의 등가주의(Pyrrhonist doctrine of equipollence)를 지지하는 것으로 생각할 이유는 없다. 피론주의자의 주장은 완전히 근거가 없는 것은 아니지만 부자연스럽고 과장된 것처럼 보인다. 상식에 따르면 어떤 명제에 대해 우리에게는 그것을 믿어야 할 이유도 있고 그것을 거부해야 할 이유도 있다. 만약 믿어야 할 이유가 그것을 거부해야 할 이유를 압도할 경우 우리는 그것에 대해 확고한 동의를(만약 그 반대라면 확고한 반대를) 하게 된다.

클레안테스의 반박은 한마디로 회의론자들이 이중 잣대를 사용하고 있다는 것이다. 자연과학에서는 각각의 가설이 지닌 장점을 고려하고 그것에 대한 긍정적이고 부정적인 증거를 비교하나 신학에서는 이 같은 열린 자세를 취하지 않는다는 것이다:

[클레안테스] 회의론자들은 사안마다 그것과 연관된 구체적인 증거들을 고려하며, 나타난 증거에 따라 자신의 동의 여부를 결정하네. 그들은 자연과학, 수학, 도덕학, 그리고 정치학을 이런 식으로 하네. 그런데 왜 신학이나 종교에서 그렇게 하지 않는 것인지 묻고 싶네. 왜 이런 분야의 주장에 대해서는 증거에 대한 아무런 구체적인 논의도 없이 그저 인간의 이성이 나약하다는 일반적인 가정만으로 받아들이지 않는가? 이러한 공정하지 못한 처사가 바로 편견과 격정의 명백한 증거가 아니겠는가? (G39)

클레안테스는 일상적인 경험을 넘어선 상식에 어긋난 난해한 추론은 신학의 전유물만은 아니며 자연과학에서도 흔히 볼 수 있다고 말한다:

[클레안테스] 코페르니쿠스의 체계는 매우 놀라운 역설을 담고 있는데, 우리의 자연적인 신념들, 자연현상들 그리고 우리의 감각에 반하는 것이네. 그러나 이제는 사제나 종교재판관들도 그것에 대한 반대를 철회할 수밖에 없게 되었네. 그런데 필로! 천재이자 박식한 자네가 어떻게 가장 단순하며 가장 명백한 논증에 근거할 뿐 아니라 방해가 없다면 인간의 마음에 쉽게

들어와 우리의 동의를 끌어내는 종교적 원리에 대해서는 바보같이 주저하고 있는가? (G40)

필로는 여기서 딜레마에 빠졌다. 그는 자연과학 전체를 거부하든가 (이론을 지지하는 강력한 경험적 증거를 인정하지 않은 채) 아니면 자연신학의 주장들을 그것이 지닌 장점을 고려하여 판단해야 한다. 이 딜레마에서 첫 번째 뿔보다는 두 번째 뿔을 잡는 것이 더 나은 선택이 될 것이다. 클레안테스는 분명 첫 번째 라운드에서 승리함으로써 2절에서 설계로의 논변(argument to design)을 전개하기 위한 발판을 마련하였다.

질문

1. 어떤 종교(예를 들어 기독교)를 회의론적 신앙주의의 관점에서 수용할 때 어떤 문제점이 있을 수 있는가?
2. '현명한 사람은 증거에 따라 믿음을 갖는다' 증거주의의 반례가 있다면 말해 보라.
3. 상식적 판단과 사변적 판단을 구분하는 어떤 원리가 있는가? 그 기준은 무엇이고 그것의 근거는 무엇인가?

III. 『자연종교에 관한 대화』 2부:
설계로의 논변에 대한 첫 번째 진술

2부는 데미아가 신의 존재와 그의 본성을 명확하게 구분하면서 시작한다. 그에 따르면, 신이 존재함은 전적으로 확실하나 신의 본성은 전혀

알 수가 없다. 데미아는 클레안테스에게 다음과 같이 말한다:

[데미아] 자네가 무신론자와 이단자들의 트집에 맞서 신의 존재를 주장하
며, 모든 종교의 근본원리에 대한 수호자가 되려고 하는 것 같네. 그러나
신의 존재는 전혀 문제가 되지 않는다고 생각하네. 적어도 상식을 지닌 사
람이라면 누구도 그렇게 확실하고, 자명한 진리에 대해 진지하게 의문을
갖지는 않을 걸세. 문제는 신의 존재가 아니라 신의 본성이네. 인간 이해력
의 한계를 고려할 때 우리는 신의 본성을 이해할 수도 그리고 알 수도 없
네. 최고의 정신의 본질, 그의 속성, 그의 존재 방식, 지속성 등, 신과 관련
된 모든 것들이 우리 인간에게는 신비스러울 뿐이네. 유한하며, 나약하고,
무지한 피조물에 불과한 인간은 신의 존엄한 현존 앞에서 겸손해야만 하
며, 자신의 나약함을 깨닫고, 눈으로 볼 수 없고, 귀로 들을 수 없고, 마음
으로 헤아릴 수도 없는 신의 무한한 완전성을 조용히 찬미해야만 하네.
(G43)

위 인용문의 마지막 부분에서 데미아는 철학을 버리고 성서를 인용
하고 있는데 이는 그가 사도 바울의 영향력을 받았음을 명확하게 보여
준다.[22] 기독교 신학에서는 신이 어떤 존재인지를 말하기보다는 신이
어떤 존재가 아닌지를 말함으로써 신의 특성을 설명하는 '부정의 길
(*via negativa*)'이란 오래된 전승이 있다. 데미아는 이 전승이 단순히
신앙에서 뿐만이 아니라 철학에서도 옹호를 받는 방식이라고 말한다.
이를 위해 그는 신앙에서나 철학에서나 추앙을 받던 프랑스 철학자 니
콜라 말브랑슈(Nicolas Malebranche, 1638-1715)가 신과 인간의 유사

---

22   1 Corinthians 2.9.

성에 대해 언급한 단호한 비판을 인용하고 있다. 말브랑슈에 따르면 우리가 신을 영이라고 할 때 그것은 신이 물질이 아니라는 것을 의미하는 것이지 신의 무한한 정신과 인간의 유한한 정신 간에 유사성이 있음을 주장하는 것이 아니다.

데미아의 이런 주장이 받아들여질 수 있을까? X가 무엇인지 말할 수 없다면 그것에 대해 존재론적 주장('X는 존재한다')을 하는 것이 명백히 불합리해 보이기 때문이다. 그래서 데미아의 주장은, 이런 유(類)의 신학을 반대하는 사람들이 비판하듯이, 내용이 없는 주장처럼 보인다. 아일랜드의 이신론자인 존 톨랜드(John Toland, 1670-1722)는 『신비하지 않은 기독교(Christianity not Mysterious)』(1696)라는 악명 높은 책을 썼는데 그는 이 책에서 기독교의 신비를 공격하고 있다. 톨랜드는 기독교의 계시가 우리에게 의미가 있으려면 그것에 대응하는 관념이 있어야 한다고 말한다. 'Blictri라고 불리는 것이 자연 가운데 있다고 확고하게 믿으면서도 그것이 무엇인지 모르는 사람이 과연 그의 이웃보다 자신이 더 현명하다고 말할 수 있을까?'[23]

'신이 존재한다'는 말이 'Blictri가 존재한다'는 말처럼 공허하고 무의미한 말이 아니라면 데미아는 어떤 방식으로든 그의 주장을 납득시켜야 한다. 그는 경험론적 의미론(meaning-empiricism)을 거부하고 우리는 신에 대한 생득적 관념(innate idea)을 갖고 있기에 그것을 일깨워줄 감각적 자극이 필요할 뿐이라고 주장할 수 있다. 아니면 신과 인간 사이에 어떤 유사성도 없다는 주장을 철회하고 어느 정도 유사성이 있음을 인정할 수도 있다. 그러나 '신은 물질이다'거나 '신은 영이다'는 말은 모두 잘못된 주장이다. 왜냐하면 신과 피조물 간에는 어떠한 유사

---

23 Toland, 81-2.

성도 없기 때문이다. 그러나 '신은 물질이다'는 주장이 더 잘못된 것이다. 왜냐하면 '신은 영이다'라고 할 때보다 그 차이가 더 크기 때문이다. 데미아는 나중에 9부에서 신의 존재에 대한 증명을 시도하고 있는데 그는 자신이 입증하고자 하는 신에 대해 어떤 관념을 갖고 있었다. 그러나 그것은 경험을 통해 얻은 관념이 아니라 '필연적 존재'라는 추상적인 형이상학적 개념이다.

여기서 필로는 토론에 끼어들어 데미아의 주장을 옹호하는 듯한 주장을 한다. 필로에 따르면, 합리적인 사람이라면 이런 주제를 다룰 경우 '문제는 신의 존재가 아니라 신의 본성이다.'라고 말한다는 것이다. 알다시피 신의 존재는 의심할 수 없는 자명한 진리이다. 원인 없이는 어떤 것도 존재하지 않으며, 우리는 우주의 원초적 원인(그것이 무엇이 되었든)을 신이라 부르면서 모든 종류의 완벽함을 그에게 돌린다.(G44) 그러나 신을 '선하다' '현명하다'라고 말할 때 우리가 이들 용어를 제대로 이해하며 사용하고 있다고 생각해서는 안 된다. 다시 말해 이 용어들을 신에게 사용하면서 그 용어의 일상적인 의미를 떠올려서는 안 된다:

[필로] 신의 속성을 이해한다고 상상하거나 그의 완벽함이 인간의 완벽함과 닮았다거나 어떤 유사성을 갖고 있다고 생각해서는 안 되네. 우리가 지혜, 사상, 섭리, 지식 등을 신에게 돌리는 것은 옳은 일이네. 이런 용어들은 인간에게는 영예로운 것들이기 때문이며 우리가 신을 경배하기 위해 달리 쓸 언어나 개념이 없기 때문이네. 그러나 지혜라는 우리의 관념이 그의 완벽함에 부합한다든가 그의 속성이 인간의 속성과 어느 정도 닮았다고 생각하지 않도록 주의해야 하네. (G44)

독자들은 여기서 주의를 해야 한다. 필로는 신이 어떤 존재이든 그것을 '우주의 원초적 원인'이라고 정의하고 있다. 만약 모든 사람이 우주를 있게 한 어떤 궁극적인 원인이나 이유가 있다고 믿는다면 모두가 유신론자인 것이다. 이것은 논쟁 대신에 개념에 대한 재정의를 통해 무신론자를 반박하는 것이 된다. 물론 이것은 말로 하는 속임수에 불과하다. 참된 유신론자는 우주의 원초적 원인이 권능과 지혜와 자비를 지닌 정신적인, 또는 지적인 존재라고 믿는다. 필로는 우리가 이런 용어들을 사용할 수는 있지만 종교적인 맥락에서는 이 용어들이 일상적인 의미로 사용되지 않는다고 말한다. 그러나 그는 이들 용어가 우리의 정서를 표현하거나 일깨우는 일상적인 방식과는 달리 다른 어떤 의미로 사용될 수 있는지 설명하지 않는다. 따라서 필로가 여기서 명시적으로 옹호하고 있는 유신론은 '우주는 어떤 궁극적 원인을 갖고 있다'라는 하나의 명제에 불과하며, 결국 그의 유신론은 경건을 위장한 무의미한 찬사에 불과함이 드러난다. 그 실제 내용을 들여다보면 그것은 완벽하게 무신론과 일치하기 때문이다. 정상적인 무신론자라면 그런 찬사를 늘어놓지 않았을 것이다. 그렇다고 필로가 무신론자들이 반박할 만한 어떤 말을 한 것도 아니다.[24] 물론 필로는 무신론을 옹호하고 있지 않다. 그러나 유신론에 대한 그의 정의는 모든 사람을 유신론자라고 할 만큼 지나치게 넓고 모호하다.

필로는 이에 경험론의 의미 이론(the doctrine of meaning-empiricism)을 끌어들인다:

---

24 설득력 있는 재정의를 통해 무신론을 없애려는(무신론 자체가 아니라 무신론이란 말을 없애려는) 흄의 시도에 대해 좀 더 알고 싶다면 David Berman, 101-5를 참조하라.

[필로] 우리의 관념은 우리의 경험을 넘어서지 못하며, 우리는 신의 속성과 그의 역사를 경험하지 못하네. 내가 여기서 굳이 삼단논법을 해야 할 필요는 없는 것 같네. 자네 스스로 추론해 볼 수 있네. 나는 올바른 추론과 경건한 신앙이 같은 결론에 도달하며, 추론과 신앙 모두 신비롭고 이해하기 어려운 신의 본성을 찬미할 수 있게 해준다는 사실에 마음이 즐겁네(그리고 자네 또한 그러기를 바라네). (G44-5)

그러자 클레안테스는 설계로의 논변을 처음으로 언급하는데 그가 이 논변을 언급한 것은 신의 존재를 입증하기 위함이 아니라 신의 본성이 우리에게 신비에 가려진 것이 아니며 인간의 지성과 중요한 측면에서 유사함을 보여주기 위함이다. 그는 필로가 말하는 추상적이고 애매한 신의 개념보다 더 구체적인 내용을 지닌 신의 개념을 옹호하고자 한다. 따라서 그는 우리가 어떻게 그런 개념을 가질 수 있는지 경험론적 의미론에 부합하게 설명해야 한다. 그런 후에는 그런 신이 실제로 존재한다고 믿을 만한 납득할 만한 경험적 근거를 보여주어야 한다. 설계로의 논변은 바로 이 두 개의 요청을 동시에 해결해 준다. 클레안테스가 제시하려고 하는 논변은 독창적인 것은 아니다. 그것은 17세기 보일과 뉴턴으로부터 시작해 18세기 윌리엄 페일리(William Paley, 1743-1805)와 브릿지워터 논문(the Bridgwater Treatise)을 쓴 저자들[25]에 이르기

---

25 [옮긴이 주] 브릿지워터 8세 백작이 제공한 기금에 의해 1833년에서 1836년까지 창조에서 드러난 신의 권능과 지혜 그리고 선하심을 다루는 8편의 논문이 작성되었다. 여기에 참석한 8명의 저자는 왕립학회 회장이던 데이비스 길버트(Davies Gilbert 1767-1839))가 추천한 사람들로서 그들은 다음과 같다. 목사이자 과학사가인 윌리엄 휴얼(William Whewell, 1794-1866), 목사이자 정치경제학자인 토마스 찰머스(Thomas Chalmers, 1780-1847), 의사인 피터 마크 로젯(Peter Mark Roget, 1779-1869), 지질학자이자 고생물학자인 윌리엄 버클랜드(Willliam Buckland, 1784-1856), 화학자인 윌리엄 프라우트(William Prout, 1785-1850), 외과 의사이자 신경

까지 이어져온 대영제국의 자연신학의 전통을 통해 수없이 등장하는 논변이며, 그것의 핵심 개념이 바로 유비(analogy)이다:

> [클레안테스] 세계를 둘러보게. 전체적인 모습과 그것을 이루는 부분들을 살펴보게. 자네는 이 세계가 하나의 거대한 기계로서 그것은 무수히 많은 작은 기계로 세분되어 있는데 인간의 감각으로는 도저히 지각하거나 파악할 수 없는 정도로까지 세분되어 있음을 알게 될 것이네. 이들 모든 다양한 기계들과 그것들의 가장 세밀한 부분들은 그것을 살펴본 모든 사람의 감탄을 불러일으킬 만큼 정확하게 서로 잘 맞추어져 있네. 자연에서 찾아볼 수 있는 모든 목적과 수단의 절묘한 조합은 인간이 고안한 것 즉 인간이 설계하고, 생각해 낸 지혜와 지성의 산물들과 상당히 유사하네. 이처럼 이들은 서로 유사하기에 우리는 유비의 규칙에 따라 원인 또한 유사하리라 생각하여 자연의 조물주가—물론 창조된 자연을 돌아볼 때 그가 엄청난 능력을 지니고 있겠다고 생각되지만—인간의 정신과 어느 정도 유사할 것이라고 추론을 하게 되네. 이 같은 후천적(a posteriori) 논변에 의해, 이 논변만으로 우리는 신의 존재를 단번에 입증할 뿐 아니라 신이 인간의 정신이나 지성과 유사하다는 것을 입증하게 되네. (G45)

이 논변과 관련해 무엇보다 먼저 주목해야 할 점은 이 논변이 경험론의 원리를 엄정하게 따르고 있다는 것이다. 클레안테스는 '세계를 둘러보라'는 격언으로 시작한다. 우리의 모든 출발점은 경험이라는 것이다. 설계로의 논변의 형식은 우리가 일상적인 삶 가운데서 늘 사용하는 유비 추론이다. 만약 내가 자동차 앞 유리를 통해 운전자의 머리와 팔을

생리학자인 찰스 벨(Charles Bell, 1744-1842), 곤충학자 윌리엄 커비(William Kirby, 1759-1850), 화학자인 존 키드(John Kidd, 1775-1851)

보면 인체의 부분들이 붙어 있다고 생각할 것이다. 만약 내가 유인원에게서 지능과 사교성의 증거를 발견한다면 나는 그것이 원숭이에게도 있을 것이라고 기대할 것이다. 따라서 우리가 그 이름에 걸맞은 신, 즉 인간의 지능과 상당히 많은 유사성을 지닌 신이 존재함을 입증할 수 있는 길은 오직 후천적(경험적) 논변을 통해서만 가능하다는 것이 명백하다.

클레안테스가 우리에게 관찰해 보라고 요청하는 것이 정확히 무엇인가? 그는 자연의 질서가 지닌 두 가지 뚜렷한 양상에 주목한다. 세계는 '하나의 거대한 기계'라는 그의 주장은 그가 뉴턴식 세계관(Newtonian system of the world)을 갖고 있음을 보여준다. 이는 세계가 기계와 같다는 것, 즉 완벽하게 규칙적이며 질서가 있다는 것이다. 각각의 행성들은 보편적인 운동과 중력법칙에 따라 수학적으로 정밀하게 자신의 궤도를 움직인다. 적어도 우리가 관찰하기론 태양계는 매우 안정적인 것으로 보인다. 심지어 오랫동안 불길한 징조로 간주되어 미신적인 경외의 대상이 되었던 혜성들 역시 수학의 법칙을 따르고 있음을 알 수 있다. 뉴턴의 제자였던 에드먼드 핼리(Edmund Halley, 1656-1743)가 그의 이름이 붙은 핼리 혜성이 1759년에 돌아온다고 성공적인 예측을 한 것은 뉴턴 천체 역학이 이룬 놀라운 쾌거 중의 하나였다. 그러나 뉴턴식 세계는 질서가 고안된 것임을, 즉 기능을 고려해 구조가 이루어졌음을 명확하게 암시하고 있지 않다. 목성의 위성이나 혜성은 무엇을 위해 존재하는 것인가? 태양계의 차원에서 이것들은 어떤 기능을 하는 것일까? 물론 이것들은 신의 섭리하에 있는 태양계의 질서에 중요한 기여를 할 것이다. 물리학자와 천문학자들은 이미 아이작 뉴턴(Isaac Newton, 1642-1727)처럼 유신론을 고수했으며, 그의 제자인 윌리엄 휘스턴(William Whiston, 1667-1752)은 혜성의 기능을 연구하는 데

많은 노력을 기울였고 혜성의 출현을 대홍수와 같이 성서에서 찾아볼
수 있는 중요한 사건들과 연결시켰다. 그러나 신앙의 눈이 없다면 혜성
은 설계나 섭리를 보여주는 징표가 아니라 단지 무의미한 사실(brute
fact)에 불과할 뿐이다.

  클레안테스가 말하는 '작은 기계들'은 그것이 고안된 것임을 명확히
보여주기에 지적 설계에 대한 증거로 사용된다. 여기서 우리의 관심은
물리학에서 생물학으로 넘어간다. 생물학은 모든 살아 있는 것들에서
명백하게 드러나는 기능에 부합하는 구조(부분들의 구성과 배치)의 명
확한 적합성을 보여주고 있기 때문이다. 새로운 종의 동물을 해부하는
해부학자는 우연히 낯선 장기를 발견하면 바로 그 장기가 무엇에 쓰이
는지 묻는다. 생물학의 역사에서 우리는 이런 목적론적 추론(teleological
reasoning, 목적을 의미하는 그리스어 telos에서 유래한 용어)에 대한
수없이 많은 사례를 찾아볼 수 있다. 클레안테스는 아리스토텔레스가 사
용한 목적인(final cause) — 최종적 원인이란 그것의 목적이기에 — 이
란 용어를 사용하기도 한다. 윌리엄 하비(William Harvey, 1578-1657)
가 혈액순환을 발견한 것도 바로 이런 목적론적 추론을 사용하였기 때
문이다. 그는 해부를 통해 포유류의 정맥과 심장에서 기묘하게 생긴 판
막을 보게 되었다. 그는 이 판막이 대체 무슨 용도일까 생각을 했다. 그
때 그의 뇌리에 떠오른 가설은 그것이 혈액을 한 방향으로 흐르게 해주
는 밸브라는 것이었다. 하지만 이 가설이 맞다면, 혈액이 양방향으로
흐른다고 보던 종전의 조석설은 틀린 이론이 되고 혈액순환에 대해서
도 새로운 이론이 나와야 했다. 하비가 생리학의 위대한 발견을 하게
된 것은 바로 목적론적 추론 덕분이었던 것이다.[26]

---

26 목적론이 하비에게 어떤 역할을 했는지 알고 싶다면 Boyle, Works, Vol. 5, 427
을 참조하라.

식물이나 동물의 상세한 구조에 대해 연구할 때 우리는 불가피하게 목적론적인 가정을 하게 된다. 따라서 우리는 각각의 기관은 그것의 고유한 기능이 있으며 그 기능을 수행하기에 적합하게 만들어졌다고 생각한다. 인간의 맹장이나 동굴에 갇힌 물고기의 시력을 상실한 눈처럼 몇 가지 변칙적인 사례들이 있지만, 이것으로 인해 목적론에 대한 우리의 신뢰가 흔들리지는 않는다. 우리는 자연스럽게 유기체를 지적 설계의 산물인 양 생각한다. 클레안테스가 전개하고 있는 논변의 요지는 설계의 산물인 양 보이는 것에 대한 최선의 설명은 실재하는 설계이다. 다시 말해, 유기체가 설계의 산물인 양 보이는 것은 그것이 설계되었기 때문이라는 것이다. 기술자와 시계나 자동차와의 관계와 신과 기린이나 떡갈나무와의 관계는 본질적으로 동일한 것이다. 이는 말이 필요 없이 명백하게 드러나는 사실이다. 이 명백한 설계에 대해 달리 어떻게 설명할 수 있겠는가?

원문을 보면 데미아는 클레안테스가 내린 결론(신과 인간의 정신 간에 유사성이 있다)뿐만이 아니라 그가 사용한 방법에 대해서도 신랄한 반론을 제기하고 있음을 알 수 있다:

[데미아] 뭐라고? 신의 존재에 대한 논증(demonstration)이 있을 수 없다고! 사변적인 논변(abstract argument)도, 그리고 선험적 증명(proof a priori)도 있을 수 없다고! 그렇다면 여태까지 철학자들이 그토록 역설해 온 이런 논증들이 모두 오류이며 궤변이란 말인가? 과연 우리가 이런 문제와 관련해 경험과 개연성을 넘어설 수 없을까? 나는 이것이 곧 신이 원인임을 부인하는 것이라고 말하지는 않겠네. 그러나 분명 자네의 가장된 솔직함은 무신론자들에게 논쟁과 추론만으로는 결코 얻을 수 없는 이득을 얻게 해주었네. (G45-6)

데미아는 신의 존재가 논증되어 모든 의심을 떨쳐버리기를 원한다. 그는 신의 존재를 의심하는 사람들을 침묵시키고 싶을 뿐 증거의 문제와 관련해 그들과 논쟁을 벌이길 원치 않는다. 데미아는 『자연종교에 관한 대화』의 9부에 가서야 신의 존재에 대한 논증을 시도하는데 여기서 클레안테스는 엄정하고 일관된 경험주의자답게 신이 실제로 존재하는지는 오직 경험을 통해서만 알 수 있다는 원칙을 고수한다. 클레안테스는 데미아의 우려를 불식시켜주기 위해 흄이 보여준 논증(demonstration)과 증명(proof)의 차이점을 활용한다. 논증이란 수학의 정리(theorem)에서 볼 수 있는 것과 같은 필연적이고 자명한 제일원인으로부터의 타당한 연역적 논변을 말하는 것이다. 그러나 역사학, 지리학, 자연과학과 같은 학문에서는 논증을 통해 우리의 주장을 도출할 수 없다. 하지만 '아우구스투스는 로마의 황제였다', '시칠리아는 지중해에 있는 커다란 섬이다', '포유류는 신선한 공기가 없으면 죽는다'와 같은 명제에 대한 우리의 증거(evidence)는 부인하기 어려운 결정적인 것이다. 따라서 흄은 이런 명제에 대해 우리가 그것을 증명할 수 있다고 말하는 것은 과장이 아니라고 말한다. 클레안테스 역시 자연에 존재하는 지적 설계의 증거에 대해 이와 같은 주장을 할 수 있다.

필로는 클레안테스의 논변에 대해 두 가지 반론을 전개한다. 첫 번째 반론은 간단히 말하면 우리가 차이점과 비유사성을 인지하고 고려해야 한다는 것이다. 그러나 유비적 논변에 대해서는 우리가 일상적으로 그것에 의존하고 있다는 이유로 반론을 제기하지 않는다. 하지만 유비적 논변의 설득력은 비교되는 사례 간의 유사성의 정도에 달려 있음을 지적한다. 유사성을 과장하거나 실재하는 차이점을 간과하는 경우 일반화의 오류에 빠지게 되는 것이다. 과학사는 이런 오류의 수많은 사례를 보여주고 있다. 필로는 하나의 사례를 들어 이를 설명하고 있다:

[필로] 인간 신체의 혈액순환을 살펴본 후에 우리는 그런 순환이 티투스나 메비우스에게 일어난다는 사실을 전혀 의심하지 않을 것이네. 그러나 개구리나 물고기의 혈액순환을 살펴본 후에 그것이 사람이나 다른 동물에게도 일어날 것이라고 유비 추론을 하는 경우 그것은 어느 정도 설득력이 있으나 한낱 추측에 지나지 않네. 혈액이 동물의 체내에서 순환하는 것을 본 경험을 근거로 하여 식물에서도 수액이 그런 순환을 한다고 추론을 하는 경우 그 유비 추론은 매우 설득력이 약하네. 보다 정밀한 실험을 해보면 이처럼 불완전한 유비가 실수였음이 드러나게 되네. (G46)

하비가 실험을 통해 말에게서 혈액순환이 일어나고 있음을 입증했다고 가정해 보자. 생리학자 중 어느 누군가 얼룩말을 본다면 이 동물에게서 혈액순환이 일어나고 있음을 의심하지 않을 것이다. 얼룩말은 말과 너무 비슷해서 만약 기본적인 생리 기능에 있어 그들이 서로 다르다고 한다면 매우 놀라운 일이 될 것이다. 이보다는 확신이 조금 덜 가지만 이런 추론(일반화)은 모든 포유류 심지어는 모든 척추동물에게까지 적용될 것이다. 그렇다면 곤충, 연체동물, 그리고 벌레는 어떨까? 우리는 추가 실험을 통해 이 추론이 맞는지 확인하고 싶을 것이다. 동물과 식물 간의 유비 추론은 잘못된 것임이 이미 판명되었다. 확실히, 용해된 염분을 운반하는 물은 식물의 물관을 따라 뿌리에서 잎으로 흘러가고, 용해된 당을 운반하는 물은 잎에서 뿌리로 다시 흐른다. 하지만 이 물관 시스템은 닫힌 회로가 아니다. 물관을 따라 흐르는 대부분의 물은 증산작용을 통해 사라진다. 식물에는 동물의 경우와 달리 심장과 같은 기관이 없다. 따라서 동물을 근거로 하여 식물을 추론하는 시도는 오류를 낳을 뿐이다.

필로의 두 번째 반론은 첫 번째 반론에서 비롯된다. 그러나 그것보다는 좀 더 깊이가 있다. 필로는 결과로부터 원인을 도출하는 추론에 대한 우리의 확신은 우리가 앞선 경험에서 관찰했던 패턴과 규칙성에 달려 있다는 점을 보여주고자 한다:

> [필로] 클레안테스, 어떤 집을 보게 되는 경우 우리는 그것을 지은 건축설계자나 건축가가 있다는 확신을 하네. 이는 그 결과(집)가 우리가 경험한 원인으로부터 비롯됨을 경험했기 때문이네. 그러나 자네는 우주와 집이 그러한 유사성을 갖고 있기에 유사한 원인을 확실하게 추론할 수 있다고, 즉 이런 유비 추론이 흠 없이 완벽한 것이라고 감히 단언하지 못할 것이네. 둘 사이에는 비유사성이 너무 커서 자네는 기껏해야 유사한 원인에 관해 추측이나 억측 또는 추정을 할 수 있을 뿐이네. (G46)

페일리(Paley)는 후일 그가 쓴 유명한 저서 『자연신학(*Natural Theology*)』에서 시계는 시계공을 암시한다고 말했다. 그러나 시계가 그 자체로 시계공의 존재를 암시할까? 세계에 대해 어떤 경험도 없는 사람이 과연 그런 추론을 할 수 있을까? 다시 말해, 시계가 장인이 만든 인공물임을 경험을 통해 알고 있기에 시계를 보고 시계공을 추론하는 것이 아닐까? 후자(경험주의)의 이론이 낮다면 자연신학자는 명백한 난점에 직면하게 된다. 우리는 세상을 설계하거나 유기체의 청사진을 그리는 신에 대해 어떤 경험도 한 적이 없기 때문이다.

클레안테스의 답변은 그가 이 반론의 위력을 제대로 파악하고 있지 못함을 보여주고 있다. 그는 필로가 사용하는 '추측'이나 '억측'이란 말에 화를 낸다:

> [클레안테스] 그러나 집과 우주에서 볼 수 있는 수단과 목적의 전체적인

조화에 있어서 양자는 유사성이 없는 걸까? 목적인들의 유기적인 질서에 있어서도 그럴까? 모든 부분의 질서와 비례 그리고 배열에 있어서도 그럴까? 층계의 계단은 분명 인간이 걸어 오르는 데 사용되도록 만들어졌네. 그리고 이렇게 추론하는 것은 확실하며 틀림이 없네. 또한 인간의 다리는 걷고 오르기에 적합하게 만들어졌네. 나는 자네가 지적했듯이 이같이 추론하는 것이 전적으로 확실한 것이 아님을 인정하네. 그렇다고 이것을 추정이나 억측에 지나지 않는다고 말할 수 있을까? (G46-7)

데미아는 필로가 팜필루스와 같은 젊은이 앞에서 이런 주제를 놓고 자유롭게 이야기하는 것에 대해 충격을 받았다고 말한다. 그러자 필로는 데미아에게 자신은 클레안테스의 원리로부터 무엇이 귀결되는지를 알려주려고 했을 뿐이라고 말한다. 필로는 이 논쟁에서 늘 염두에 두어야 할 가장 중요한 원리는 경험론(the empiricist theory of knowledge)임을 우리에게 상기시킨다. (우리는 클레안테스가 확고하게 경험주의를 천명하고 있음을 이미 알고 있다.) 그러나 우리가 경험론을 진지하게 받아들인다면 우리는 다음과 같은 사실에 동의해야만 한다:

[필로] 질서, 배열, 목적인들의 조율이 그 자체만으로 설계의 증거가 되는 것은 아니며, 그것이 설계의 원리로부터 나온 것임을 경험한 한에서만 증거가 될 수 있네. 우리가 선험적으로 알 수 있는지는 모르겠지만 물질은 정신이 그런 것처럼 그 안에 질서의 원천이나 근원을 원초적으로 지니고 있을 수 있네. 물질의 여러 요소들이 알 수 없는 내부의 원인에 의해 극도로 절묘한 조화를 이룬다고 생각하는 것이 그것들이 위대하고 보편적 정신 안에 있는 알 수 없는 내적인 원인에 의해 그와 같은 조화를 이룬다고 생각하는 것보다 더 어려운 것은 아니네. (G48)

선험적인(a priori) 추론의 경우 어떤 것이든 원인이 될 수 있으며 두 개의 경쟁하는 가설 모두 똑같이 개연성이 있다. 그런데 클레안테스는 경험을 통해서 우리는 이들 간에 차이를 알게 된다고 주장한다:

[필로] 일정한 형태나 모습이 없는 여러 개의 쇳조각을 함께 던져보게. 그것들이 스스로 시계를 만들어내지는 못할 것이네. 돌, 회반죽, 나무가 건축가 없이는 결코 집이 될 수는 없네. 그러나 인간의 마음속에 있는 관념들은 미지의 설명할 수 없는 작용을 통해 시계나 집의 도면을 만드네. 따라서 경험은 물질이 아닌 정신 안에 질서의 근원적 원리가 있음을 입증하고 있네. 우리는 유사한 결과로부터 유사한 원인을 추론하네. 인간이 만든 기계에서 볼 수 있는 수단과 목적의 조율은 우주에도 존재하며, 따라서 이들 간에는 원인 역시 분명 유사할 것이네. (G48)

필로는 여기서 설계 논변(the design argument)을 경험론의 원리와 좀 더 부합하게 다시 설명하고 있다. 처음 논변은 시계가 시계공이 있어야 하듯 고양이는 고양이 제작자가 있어야 한다는 식의 단순한 유비 추론이었다. 이 유비 추론은 결정적인 반론에 직면하게 되는데 고양이를 설계하고 만드는 일을 하는 지적인 고양이 제작자를 우리가 본 적이 없기 때문이다. 그러나 설계 논변에 대한 필로의 설명에 따르면 우리는 질서의 근원적 원리가 물질이 아닌 정신 또는 지성 안에 있음을 경험을 통해 배우게 되기에 앞서 제기된 반론을 피할 수 있다. 그러나 필로는 이런 논변이 자연신학의 전체를 위태롭고 불확실한 기초 위에 올려놓게 된다고 말한다:

[필로] 우리가 인간이나 다른 동물에게서 찾아볼 수 있는 사유, 설계, 지성

은 우리가 일상적으로 우주 안에서 관찰하는 열기와 냉기, 인력과 척력, 그
밖에 많은 다른 원동력이나 원리와 같은 것이네. 그것은 자연의 특정한 부
분이 다른 부분에 영향을 주는 능동적인 원인이네. 그런데 부분에 대해 내
린 결론을 전체에도 타당하게 적용할 수 있을까? (G49)

필로는 왜 전체 우주가 우리 정신을 움직이는 원리에 의해 움직인다
고 가정하는지를 묻고 있다. 그것은 인간 중심적 오만함(anthropo-
morphic arrogance)의 극단적 표현이 아닐까? '우리가 사유라 부르는
뇌의 작은 움직임이 대체 어떤 특별한 특권을 가지고 있기에 이것을 전
체 우주의 모델로 삼아야 하는 거지? 우리 자신에게 호의적인 편애란
늘 있게 마련이네. 그러나 제대로 철학을 한다면 자연스럽게 나타나는
이런 착각을 주의 깊게 막아야 하네.' (G50)
필로는 이 새로운 유형의 설계 논변이 두 개의 명백한 결함을 지니고
있다고 경고한다. 하나는 인간 중심적인 편견이고, 다른 하나는 성급하
게 부분을 통해 전체를 판단하는 것이다:

[필로] 이 작은 지구에, 바로 이 시간에 존재하는 돌, 나무, 철, 청동은 인
간의 솜씨와 수완이 없이는 어떠한 질서나 정돈이 이루어질 수 없네. 따라
서 우주는 원초적으로 인간의 솜씨와 유사한 어떤 것 없이는 질서와 정돈
을 이룰 수 없을 것이네. 그러나 자연의 일부가 그보다 더 큰 다른 부분의
표준이 될 수 있을까? 그것이 전체의 규칙이 될 수 있을까? (G51)

필로에 따르면, 우리는 세계의 기원에 대해 어떤 결론을 내릴 수 있
을 만큼 충분히 알고 있지 못하다. 따라서 우리에게 필요한 경험이 부
재한 상황에서는 회의론자의 판단중지야말로 유일하게 합리적인 선택

이라는 것이다:

> [필로] 어떤 두 종류의 대상이 연접해 있는 것으로 항상 관찰될 때 나는 습관적으로 하나를 볼 때마다 다른 하나를 추론할 수 있네. 바로 이것을 나는 경험으로부터의 논변이라고 부르네. 그러나 지금과 같이 대상들이 단일하고 개별적이며 전례나 유사성이 없이 독특하다면 이 같은 논변이 어떻게 가능할 수 있는지 설명하기 어렵네. 그리고 어느 누가 경험을 근거로 어떤 질서 정연한 우주가 인간의 사유나 솜씨와 유사한 것으로부터 생겨난 것이라고 진지하게 말할 수 있겠는가? 이러한 추론을 확증하기 위해서는 우리는 세계의 기원을 경험해야만 하네…. (G51-2)

필로가 여기서 '세계'라고 말했을 때 행성이나 태양계와 같은 시스템 아니면 물리적인 우주 전체를 의미한 것일까? 만약 그가 행성이나 태양계를 의미한 것이라면 이것들은 분명 각기 많은 구성 요소를 지닌 유(類)나 종에 속할 것이며, 경험으로부터의 일반화를 하는 것이 원리적으로 가능하다. 행성의 기원에 대한 인간의 무지는 단순히 우연적인 문제이며 우리는 흄 시대 이후 그것에 관해 많은 것을 알게 되었다. 천문학자들은 오늘날 세계의 기원에 대해 많은 것을 알고 있다. 우리는 세계의 기원에 관한 자연적 원인들을 관찰할 수 있다. 따라서 어떤 종류의 행성을 만들기 위해서는 얼마만큼의 먼지와 가스가 필요하며, 태양으로부터 얼마나 떨어진 거리에 있어야 하는지를 추론할 수 있다. 심지어 공상과학 소설에서는 인공지능설계(intelligent design)를 통해 행성이 주문 제작될 수 있다는 생각을 하게 되었다.(『은하수를 여행하는 히치하이커를 위한 안내서』에서 슬라티바티패스트와 그의 워크숍을 생각해 보라.) 필로는 이런 경험이 설계로의 논변을 옹호하며, 따라서 이

러한 자연적 원인에 대한 경험을 근거로 하여 세계의 기원을 추론해서
는 안 될 어떤 이유도 없다고 생각한다.

그러나 필로가 세계의 기원에 대해 말했을 때 그가 염두에 둔 것은
물리적인 우주 전체의 기원이었다. 그렇다면 그것은 유(類)나 종에 속
하는 것이 아니라 유일무이한 즉 단 하나만 있는 것이다. 이것은 인과
에 관한 경험론적 설명에 문제점을 제기한다. 만약 모든 인과적 판단이
일반화를 요구한다면(C 유형의 대상들이 규칙적으로 E 유형의 대상들
에 선행한다면[27]) 그리고 전체 우주가 유일한 것이라면 그것의 기원에
관해 인과적인 질문을 할 수 없다. 바로 이점을 필로가 생각하고 있는
것이다. 필로가 '세계'라는 말로 행성이나 태양계를 의미했다면 그것의
원인에 대한 우리의 무지는 우주론이 발전하면 해결될 우연적인 문제
에 지나지 않는다. 그러나 필로가 염두에 둔 것이 전체로서의 우주라면
철학적인 쟁점이 제기된다.[28] 불행히도 우리는 필로의 말을 완벽하게
이해할 수 없는데 그가 '세계'라는 말을 어떤 의미로 사용했는지 분명
하게 밝히지 않았기 때문이다.

클레안테스는 필로가 비뚤어져 있으며 교활하다고 비판한다. 클레안
테스는 오늘날 모든 권위 있는 천문학자들이 수용하고 있는 코페르니
쿠스 이론에 대해서도 그런 의문이 제기될 수 있다고 생각한다. 단점을
잡기 위해 세세하게 의문을 제기하고 트집을 잡는 사람이라면 코페르
니쿠스와 갈릴레오에게 '너는 다른 지구에 사냐. 그것이 움직이는 걸
보았냐'(G52) 하고 물었을 것이다. 필로는 이 질문에 대한 답은 '그렇

---

27   이것은 『인간 본성에 관한 연구』 1권과 『인간이해력에 관한 탐구』 7부에서 나오
는 흄의 인과론이다.
28   현대 빅뱅 우주론이 인과에 대한 경험주의 이론과 부합하는지 여부는 여기서 더
이상 논의할 수 없는 어려운 문제이다.

다' 였을 것이라고 말한다. 코페르니쿠스의 이론을 옹호하는 논변은 다른 행성들이 심지어는 달조차도 '또 다른 지구'라는 것을 규명하는 데 달려 있다. 달 표면에 대한 갈릴레오의 망원경을 통한 관찰은 달이 지상의 자연에 속하는 것임을 규명하는 한편 천상의 물체와 지상의 물체가 전혀 다른 것이라고 주장했던 아리스토텔레스학파의 이론을 논박하는 데 기여했다. 따라서 과학사에 나오는 이 유명한 에피소드는 과학이 요구하는 경험으로부터의 일반화를 정확하게 확립하기 위한 천문학자들의 노력을 보여주고 있다:

> [필로] 천문학자들이 보여준 이러한 신중한 진행 과정을 통해 자네는 자신의 문제점이 무엇인지를 알게 되거나 아니면 자네가 탐구하고 있는 주제가 모든 인간의 이성과 탐구를 뛰어넘는 것임을 알 수 있을 것이네. 자네는 집이라는 구조물과 이 우주의 발생 간에 어떤 유사성을 보여줄 수 있는가? 자네는 최초에 원소의 배열로 이루어진 자연을 본적이 있는가? 세계가 자네의 눈앞에서 형성되었는가? 자네는 처음 질서가 나타나고 그것이 마지막으로 사라질 때까지 모든 자연현상을 관찰했는가? 만약 그렇다면 자네의 경험을 들어 자네의 견해를 이야기해 보게. (G53)

2라운드는 필로의 승리로 보인다.

질문

1. 신의 존재와 속성에 대한 데미아의 구분이 어떤 의미를 갖고 있는지 이해할 수 있는가?
2. 신이라는 단어를 교묘하게 재정의함으로써 우리 모두를 유신론자로 만들려는 필로의 시도에 대해 어떻게 생각하는가?

3장 본문 해제 85

3. 인과적 판단(경험적 일반화를 요구하거나 그것에 의존하는)에 대한 흄의 이론이 우주의 기원에 관한 여러 이론과 상충하는 것은 아닌가? 그렇지 않다면 어떻게 그런가?

4. 우리가 유기체의 여러 기관들을 기능적으로 판단하듯이 그렇게 무생물의 물리적 우주를 구성하는 부분들(예를 들어 혜성이나 달과 같은)도 기능적으로 판단할 수 있을까?

IV. 『자연종교에 관한 대화』 3부와 4부: 비규칙적 설계 논변

『자연종교에 관한 대화』의 3부에서 전열을 가다듬으며 반격을 준비한 클레안테스는 마침내 반격을 시작한다. 자연이 이루어 놓은 작품과 예술 작품의 유사성은 너무도 '자명하여 부인할 수 없기에' 이들의 유사성을 입증해야 할 필요가 없다는 것이 그의 주장이다. 그는 필로의 반론에 대해 고대 그리스 철학자들이 운동의 존재를 부인했던 것처럼 이해할 수 없는 트집 잡기에 불과하다고 비판한다.[29] 그러면서 이처럼 황당하고 하찮은 문제를 제기하는 철학자들에 대해서는 진지한 논변이나 철학을 통해서 반박하기보다는 예증(illustration)이나 사례(example) 또는 실례(instance)를 통해서 논박해야 한다고 말한다.(G54) 클레안테스는 2개의 사고실험을 제시한다. 하나는 구름 사이에서 들리는 목소리이고, 다른 하나는 '살아 있는 책들의 도서관(the living library)'이다. 이 사례들은 경험을 통한 추론(일반화) 없이도 자연스럽게 지성의 존재를 추론해 낼 수 있다는 것을 필로에게 보여주기 위해 고안해 낸

---

29 클레안테스는 분명히 파르메니데스와 제논을 염두에 두고 있다.

것이다. 그 첫 번째 예는 다음과 같다:

[클레안테스] 구름 속에서 어떤 인간의 기교로도 결코 만들어낼 수 없는 아주 크고 아름다운 운율의 또렷한 목소리가 들렸다고 가정해 보세. 게다가 이 목소리가 즉시 모든 나라에 퍼졌고 각 나라에서는 그 나라의 언어와 방언으로 들렸다고 하세. 그 목소리로 전해진 말씀이 공명정대한 취지의 내용을 담고 있을 뿐 아니라 인간보다 월등히 뛰어난 자비로운 존재(신)나 할 만한 가르침이었다고 하세. 그 경우 자네는 이 목소리의 원인에 대해 잠시라도 침묵할 수 있을까? 즉시 그것을 어떤 계획이나 목적과 연관 짓지 않을까? 그런데 내가 보기엔 유신론을 비판하는 모든 반론들(그렇게 불릴 자격이 있는지 모르겠지만)은 이러한 추론에 반하여 만들어질 수 있네. (G54)

물론 회의론자들은 여기서 언급한 유사성(인간의 언어와의)이 유비에 의한 추론을 허용하기에는 너무 부자연스럽고 엉뚱한 것이라고 반론을 제기할 수 있다. 그리고 그 소리가 사람의 목소리가 아니라 우연히 지혜나 비밀을 전달하는 것처럼 들린 바람 소리였을 뿐이라고 반론을 펼칠 수도 있다. 그러나 합리적인 사람이라면 그 소리를 듣고 트집을 잡거나 또는 그 의미가 무언지 자연스럽게 추론하는 것에 대해 반론을 제기하지 않을 것이다. 클레안테스는 만약 이 사고실험이 납득이 가지 않는다면 다음과 같은 사고실험을 생각해 보라고 말한다:

[클레안테스] 우주의 현재 모습과 좀 더 가까운 사례를 들기 위해 나는 어떠한 모순이나 불가능성이 함의되지 않은 두 개의 가정을 하고자 하네. 모든 인류에게 통용되는 자연적이며, 보편적이며, 불변적인 언어가 있으며, 책이 동물이나 식물처럼 유전과 번식에 의해 영속되는 자연적인 산물이라

고 가정해 보세. 우리의 정념을 표현하는 여러 가지 표현은 보편적인 언어이며, 모든 짐승들도 비록 제한적이기는 하지만 그들끼리 이해할 수 있는 자연적인 언어를 갖고 있네. 그리고 가장 세련된 글이라고 할지라도 가장 조잡한 유기체보다 더 섬세하게 구성되어 있지 않으며 또한 더 솜씨가 좋지도 않기에 〈일리아드〉나 〈아이네이드〉의 번식은 식물이나 동물의 번식보다 더 쉽네. (G55)

살아 있는 책들의 도서관에 있는 책들이 무성생식에 의해 2개로 분열된다고 가정하면 〈데이비드 코퍼필드〉는 2개의 작은 〈데이비드 코퍼필드〉로, 〈제인 에어〉는 2개의 작은 〈제인 에어〉로 분열된다는 것이다. (책들 사이에 성적 번식을 인정하게 되면 기이하고도 우스꽝스러운 재조합, 즉 횡설수설하는 책이 만들어질 것이다.) 클레안테스는 이들 책 중에 하나를 펼쳐보고 그것의 최초 원인 또는 궁극적 원인이 정신과 지성임을 과연 의심할 수 있겠느냐고 묻는다. 그러면서 비록 우리가 손에 든 어떤 책의 사본이 이전 사본의 무성생식에 의한 개체 분열, 즉 맹목적이고 비지성적인 자연적 과정에 의해 생겨났다는 것을 안다고 해도 진정한 지적인 최초 원인이나 기원을 가정하지 않고는 글로 전달된 지혜를 설명할 수 없을 것이라고 말한다. 클레안테스는 이런 지혜와 지성의 명백한 흔적들이 사유나 계획 없이 생겨날 수 있다고 가정할 만큼 필로의 회의론이 극단적이진 않을 것이라고 말한다. 그러면서 우주는 살아 있는 책들의 도서관에 있는 가상적인 책들 중 어느 하나보다도 설계와 지성의 존재를 보여주는 증거라고 말한다:

[클레안테스] 동물을 해부하는 것이 리비우스나 타키투스를 읽는 것보다 더 많은 강력한 실례들을 제공해 주네. 전자와 관련한 자네의 반론은 세계

의 최초 형성이라는 매우 특이하고 예외적인 상황으로 나를 돌아가게 했는
데 살아 있는 책들의 도서관이라는 나의 가정 역시 자네의 동일한 반론에
직면하게 되네. 그렇다면 필로, 분명하게 자네의 입장이 무엇인지 밝혀보
게. 이성적인 책은 이성적인 원인이 있음을 보여주는 증거가 아니라고 주
장하든가, 아니면 자연이 이룬 모든 것들에는 유사한 원인이 있음을 인정
하게나. (G56)

독자들은 여기서 클레안테스가 선택한 사례에 대해 우려할 수 있다.
하늘로부터 들리는 목소리와 살아 있는 책들의 도서관이란 사례는 각
각 말과 글로 전해졌다는 점에서 인간의 언어에 의존하며, 또렷하게 어
떤 소리를 듣거나 읽을 수 있는 일정한 배열의 기호를 보면 그것의 의
미와 의의를 찾으려는 우리의 뿌리 깊은 본능적인 성향을 전제로 하고
있다. 어떤 비평자는 우리가 이들 사례에서 의미를 찾을 수야 있겠지만
우주가 아무리 엄청나게 복잡하다고 해도 언어와 같은 방식으로 복잡
한 것은 아니라고 반박할 수 있다. 이 같은 비판에 맞서기 위해 클레안
테스는 경험론의 전통에서 흄의 위대한 전입자인 조지 버클리 주교의
핵심 논변 중 하나를 빌릴 수 있다. 버클리는 자신의 저서 『알치프론
(Alciphron)』[30]의 4번째 대화에서 자연의 가시적 현상은 실성은 신이
사용하는 기호언어(sign-language)로서 신은 우리가 경험할 수 있는
(촉각이나 미각과 같은) 경험을 통해 우리에게 이야기하고 있다고 말
한다.[31] 따라서 그는 우리의 시각적 관념과 다른 유형의 감각 관념들은
아무런 필연적 연관성이 없다고 말한다. 자연의 책에 대해 해석의 실마

---

30 [옮긴이 주] 책의 제목은 『알치프론, 또는 세심한 철학자(Alciphron, or The Min-
ute Philosopher)』이다.

31 Berkeley, Alciphron, Dialogue Four, 138-72.

리를 찾고 그것을 해석할 수 있는 것은 경험이 있기 때문이다. 사과의 붉은 색은 신이 멍키에게 '이것을 먹어라! 달콤하고 영양분이 있으니'라고 말하는 것이다. 밝게 빛나고 깜빡이는 불꽃은 신이 우리에게 '이것에 손을 넣지 마라! 그것이 너를 다치게 하고 아프게 할 것이다!' 라고 말하는 것이다. 자연선택에 의한 진화라는 다윈의 진화 이론 덕분에 우리는 자연의 책을 읽는 우리의 능력을 더 이상 자연신학에 의지하지 않고도 설명할 수 있게 되었다. 그러나 18세기 사람들은 자연을 우리의 정신에 의해서 이해될 수 있게끔 설계된 것으로 생각하였다. 클레안테스는 알치프론의 논변을 명확하게 언급하고 있지는 않으나 그가 든 사례는 버클리를 염두에 두고 읽을 때 더 이치에 맞으며 훨씬 설득력이 있어 보인다.

클레안테스는 모든 논변과 추론을 거부하는 것은 가식에 지나지 않거나 아니면 어리석은 짓이라고 말한다. 합리적인 회의론자는 단지 난해하고, 엉뚱하고, 복잡한 논변을 거부하고 상식과 자연의 명백한 본능을 따른다고 말한다. 유기체로부터 지적 설계자를 추론해 내는 것은 우리가 스스로 제어하기 어려운 자연적인 본능인 것이다:

[클레안테스] 눈을 해부한다고 생각해 보세. 눈의 구조와 설계를 살펴보게. 눈을 만든 설계자에 대한 관념이 감각의 관념처럼 생생하게 자네의 마음에 생겨나지 않는가? 솔직히 말해 보게. 분명히 설계를 옹호하는 대답이 나올 것이네. 그런데 겉으로는 심오한 듯 보이나 실상은 황당한 불신앙을 옹호하는 반론들은 시간을 내어 생각하고 연구한 것이네. 각종의 수컷과 암컷, 신체의 부분들과 본능의 상호작용, 생식을 전후로 한 욕정과 생명의 전체적인 과정을 바라보면서 어찌 이러한 종들의 번식이 자연에 의해 의도된 것임을 눈치채지 못할 사람이 있겠는가? (G56)

여기서 클레안테스가 든 사례는 자연신학에서 흔히 사용하는 것들이다. 보일과 뉴턴은 눈(eye)을 지적 설계의 걸작으로 들었으며, 그로 인해 19세기까지 자연신학자들은 눈을 사례로 사용하였다. 헐벗(Hurlbutt)[32]은 클레안테스가 에든버러에 기반을 둔 뉴턴주의 학자인 콜린 매클로린[33]이 쓴 『아이작 뉴턴 경의 철학적 발견에 대한 설명(Account of Sir Issac Newton's Philosophical Discoveries)』에서 그의 논변을 차용했음을 보여주었다.[34] 매클로린과 클레안테스 간의 유사성은 다음 발췌문에서 보는 바처럼 매우 놀랍다. 매클로린은 명백한 설계는 그것을 설계한 자의 존재를 암시하기에 이 문제에 있어서는 정교한 추론이 필요 없다고 말한다:

그것은 감각처럼 우리에게 생생하다. 그리고 그것에 맞서는 교묘한 추론들은 우리를 어리둥절하게 할 수도 있지만, 우리의 믿음을 흔들지는 못한다. 예를 들어, 광학 원리와 눈의 구조를 아는 사람이라면 누구도 그것이 과학 기술 없이 만들어졌다고 믿을 수 없을 것이다. 또한 동물에서 수컷과 암컷이 서로를 위해서 그리고 더 나아가 종의 번식을 위해 만들어진 것이 아님을 믿을 수 없을 것이다.[35]

클레안테스(매클로린을 따라서)가 지적 설계에 대한 믿음이 감각처럼 생생하다고 했을 때 그는 설계 논변이 사실상 자연적 믿음이란 안전한 토대에 근거한다고 말하는 것이다. 흄이 자연적 믿음의 존재를 받아

---

32   [옮긴이 주] Robert H. Hurlbutt(1925-2004) 네브라스카대학 철학과 교수
33   [옮긴이 주] 스코틀랜드의 수학자(1698-1746)로서 에버딘의 메리셜 칼리지, 에든버러대학의 수학과 교수를 지냈으며 급수 전개에 관한 '매클로린의 정리'를 발견하였다.
34   Hurlbutt, 40-2.
35   Quoted in Hurlbutt, L, 42.

들였다는 것은 의심의 여지가 없다. 그 예가 외적인 세계의 실재와 자연의 일양성에 대한 우리의 믿음이다. 우리는 모두 우리가 지적하는 사물이 우리의 지각과 독립하여 존재하며 우리가 그것들을 지각하지 않을 때에도 계속 존재할 것임을 믿는다. 이런 믿음은 감각에 근거한 것이 아니다. 어떤 것이 나의 감각 경험 밖에 존재한다는 것을 감각이 어떻게 내게 알려줄 수 있겠는가? 또한 그것은 이성에 근거한 것도 아니다. 지각하지 않을 때 사물이 존재하기를 멈출 것이라는 생각은 전혀 모순이 아니기 때문이다. 그러나 누구도(철학자가 연구를 할 때를 제외하고) 물질의 존재에 대해 의심을 품지 않았다. 우리는 물체의 실재에 대한 자연적 믿음을 갖고 있다. 자연의 일양성 또한 이와 같은 경우이다. 경험은 미래가 과거와 같을 것임을 말해 주지 않는다. 왜냐하면 나는 미래를 경험할 수 없기 때문이다. 이성 또한 나에게 미래가 과거와 같을 것임을 알려주지 않는다. 자연의 행로에서 변화가 있을 것이라는 가정은 적어도 자기모순이 아니기 때문이다. 그러나 우리는 모두 자연의 일양성과 귀납 논변의 신뢰성을 믿는다. 흄에게는 이런 믿음이 바로 자연적 믿음인 것이다.

흄에게 있어 자연적인 믿음은 특별한 인식론적인 지위를 지니고 있다. 일관되게 철두철미한 회의론자는 자연적 믿음에 대해 마땅히 의문을 가져야 하며 그것에 대한 입증이 이루어지지 않는 한 판단중지를 해야 한다고 주장한다. 그러나 흄은 자연적 믿음에 대해서는 의문을 갖지 않았다. 그는 『인간 본성에 관한 연구(*Treatise of Human Nature*)』에서 '자연은 통제할 수 없는 절대적인 필연성으로 우리로 하여금 숨 쉬고 느끼듯 판단하게 만든다'[36]고 주장한다. 내가 어떤 존재인지, 좀 더

---

36 *Treatise*, Book 1, Part IV, Section 1, 'Scepticism with Regard to Reason', Selby-Bigge edition, 183.

정확하게 말하자면 내 마음의 작동하는 방식을 고려할 때 나는 외적인 세계의 실재와 자연의 일양성에 대해 의문을 가질 수 없다. 만약 내가 어떤 명제 p에 대해 의문을 가질 수 없다면 회의론자가 아무리 내게 p에 대해 의문을 가져야 한다고 말해도 소용이 없는 것이다. 윤리학자는 우리에게 '마땅히(ought)는 할 수 있음(can)을 함축한다'고 말한다. 이 말은 네가 A라는 어떤 행동을 해야 할 도덕적 의무가 있다면 네게는 A를 할 수 있는 능력이 있다는 것이다. 이는 대우(환질환위)에 의해, 네가 A를 할 수 없다면 너는 그것을 할 의무도 없는 것이 된다. 내가 강둑을 홀로 걷고 있는데 물에 빠진 아이를 보았다. 그런데 내가 수영을 하지 못한다면 물에 뛰어들어 그 아이를 구해야 할 도덕적 의무가 없는 것이다. (물론 나의 능력으로 할 수 있는 그 밖에 다른 것을 해야 할 의무는 있을 수 있다―예를 들어 도움을 청하는 것.) 인식론에서도 윤리학에서와 같다: 내가 p를 의심할 수 없다면(p에 대한 믿음은 내게 흄이 말하는 강한 의미에서 자연적인 믿음이기에) 나는 p에 대해 판단중지를 할 수 없다. 자연적인 믿음에 관해 회의적인 의문을 가질 수 없는 것은 그것에 대한 반론이 있어서가 아니라 그것에 대해 현실적으로 의문을 가질 수 없기 때문이다. 종교적인 믿음이 이런 강한 의미에서 자연적인 것인지의 여부는 학자들 간에 의견이 나뉘는 논쟁점이다.(역사나 인류학을 통해 드러나듯 인간은 종교적 믿음에 빠지는 경향을 지니고 있다는 점에서 종교적 믿음은 약한 의미에서 자연적이다.) 『자연종교에 관한 대화』 12부에서 필로가 보여준 갑작스러운 반전에 대해 논의할 때 설계 논변의 자연적 해석에 관해 좀 더 이야기를 할 것이다.

클레안테스가 눈을 만든 설계자의 관념이 감각 관념처럼 우리에게 떠오른다고 말했을 때 그는 믿음의 두 가지 주요한 측면인 수동성과 즉시성에 대해 이야기하고 있다. 매클로린이나 클레안테스가 설계를 믿는 것은 그것이 추론의 산물이어서가 아니라 자연에 대한 그들의 경험의 결과이기 때문이다. 우리는 일반화 형식의 유사 추론(XYZ의 관점에서 F들이 G들과 유사하다)을 하는 대신에 바로 F를 G로 본다. 다시 말해, 우리는 바로 식물과 동물을 지적 설계의 사례로 본다. 이 같은 '비규칙적(irregular)' 논변은 건전한 귀납 추론의 규칙과 충돌하는 것처럼 보이지만 설득력을 갖고 있다는 것이 클레안테스의 주장이다:

> [클레안테스] 우리는 관례에 어긋나게 보일 뿐 아니라 모든 비평과 저명한 예술가의 권위에 반하는 것임에도 감동을 주고 상상력을 자극하는 아름다운 글을 볼 수 있다. 만약 자네가 주장하듯이 유신론을 옹호하는 이 논변이 비록 논리적 원리와 상충하는 것이라 해도 그것이 지닌 보편적이고 거부할 수 없는 영향력은 이 같은 비규칙적인 성격의 논변이 있을 수 있음을 입증하고 있네. 아무리 트집을 잡으려 해도 논리 정연한 말처럼 질서 정연한 세계는 여전히 설계와 의도가 존재함을 보여주는 의심할 수 없는 증거로 받아들여질 것이네. (G57)

여기서 우리는 필로가 약간 당황하며 혼란스러워했다는 이야기를 듣게 된다. 물론 이것은 젊은 화자인 팜필루스의 판단이기에 우리는 그것을 액면 그대로 받아들일 수는 없다. 켐프 스미스는 팜필루스의 판단을 받아들이지 않는다. 그는 필로가 그의 친구의 잘못된 추론과 순환 논변으로 인해 당황한 것이라고 말한다.[37] 그러나 이것은 본문에 대한 부자연스러운 해석이다. 이보다는 필로가 이런 비규칙적인 설계 논변이 지닌 직관적인 호소력을 알아보고 이것에 대해 어떤 반응을 해야 할지 시

---

37   Kemp Smith, 63.

간이 필요했을 것이라고 보는 것이 자연스러운 해석일 것이다. 이때 데미아가 클레안테스의 신인동형론에 대해 새로운 반론을 제기하며 이야기에 끼어든다. 그는 클레안테스의 논변이 지나치게 주제넘어 보인다고 말한다:

> [데미아] 책을 읽을 때 나는 작가의 마음이나 생각 속으로 들어가네. 그리고 그 순간 나는 어떤 의미에서 그 글을 쓰고 있는 작가가 되어 그의 상상 속에 전개되는 이야기에 대한 직접적인 느낌과 생각을 갖게 되네. 그러나 신에게는 그처럼 가까이 다가갈 수가 없네. 신의 생각은 우리와는 다르네. 그의 속성은 완전하나 우리로서는 이해할 수가 없네. 따라서 자연의 책은 지적인 논의나 추론으로는 이해할 수 없는 수수께끼를 담고 있네. (G58)

데미아는 우리의 감정(sentiment)이나 관념은 인간이 처한 상태나 상황과 밀접하게 연관되어 있기에 신도 우리처럼 외적인 감각이나 정념(passion)을 갖고 있다고 생각하는 것은 불합리하다고 말한다. 지적인 영역에서도 이런 유비는 가능하지 않다: '우리의 생각은 늘 변하며, 불확실하며, 순간적이며, 연속적이고, 복합적이네. 만약 우리가 이런 상황을 해결하려고 한다면 그것은 곧 생각의 본질을 파괴하는 것이 되며, 그 경우에 우리의 생각을 사유나 이성이라고 부를 수 없을 것이네.'(G58-9)

4부에서도 논변은 계속 이어져 클레안테스는 신의 정신과 인간의 정신 간에는 어떠한 유비나 유사성도 없다는 데미아의 주장에 대해 강력한 반론을 전개한다. 클레안테스는 신의 속성 중 어떤 것에 대해서는 우리가 이해할 수 없다는 것에 동의한다고 말한다:

[클레안테스] 그러나 우리의 관념들이 신의 실재적 본성을 가리키기에 적합하지도 적절하지도 않으며 또한 부합하는 것도 아니라고 한다면 종교와 관련된 주제를 다룰 때 대체 우리가 무엇을 주장할 수 있을지 모르겠네. 그렇다면 아무런 의미도 없는 그 명칭이 대체 왜 그렇게 중요한가? 신에 대해서는 절대적으로 아무것도 알 수 없다고 주장하는 자네와 같은 신비주의자와 모든 것의 최초 원인은 알 수 없을 뿐 아니라 이해할 수 없는 것이라고 주장하는 회의론자나 무신론자는 어떻게 다른가? (G60)

데미아는 자신이 '신비주의자'(여기서 이 용어는 욕설과 조롱에 해당된다)로 낙인이 찍힌다면 클레안테스는 신을 인간적인 관점에서 생각하기에 신인동형론자(anthropomorphite)로 낙인이 찍혀야 한다고 반박한다. 그러면서 데미아는 초대교회에서 뜨거운 논쟁이 되었던 문제 중 하나를 언급하고 나선다. 성경에는 신의 팔과 손 그리고 눈, 심지어 그의 등을 가리키는 수많은 문구가 나온다. 초기 기독교 신인동형론자들은 이런 문구들을 문자 그대로 이해하여 신이 우리와 같은 신체를 갖고 있다고 생각했다. 그러나 그런 문구는 은유로 읽혀야 한다(예를 들어, '손'은 능력으로 '눈'은 지식으로)고 주장하는 교부들에 의해 즉시 이단으로 비난을 받았다. 데미아는 교부들의 이런 논변이 인간의 신체는 물론이고 인간의 정신에도 적용된다고 생각한다. 우리의 정신은 복잡하고 끊임없이 변화한다: '새로운 생각, 새로운 정념, 새로운 감정, 새로운 느낌이 생겨남에 따라 끝없이 정신은 변모되는데, 그 변모가 엄청나게 다양하고, 빠르네. 그런데 어떻게 이처럼 변화무쌍한 정신을 모든 유신론자가 생각하는 완벽한 불변성과 단순성을 지닌 신의 정신과 비교할 수 있단 말인가?' (G61) 데미아는 클레안테스에게 신이 인간과 어느 정도 유사한 생각과 의도와 느낌을 갖고 있다고 가정하는 것은 신인동형론을 주장하는 것이라고 말한다. 신은 정신적인 측면이나 물리적인 측면에서 우리가 아는 인간과는 전혀 다른 존재인 것이다. 이에 클레안테스는 데미아와 같은 신비주의자들이 신과 인간 간의 유사성을 부인한다는 점에서 자신들이 경건하다고 생각할지 모르나 실상은 무신론자와 다를 바 없는 주장을 하고 있다고 반박한다:

> [클레안테스] 감정과 관념이 구분되지 않으며 또한 연속적이지도 않은 정신, 즉 전적으로 단순하고 완벽하게 불변하는 정신은 어떠한 생각도, 이성도, 의지도, 감정도, 사랑도, 증오도 없는 정신으로서 그것은 한마디로 정신이 아니네. 그것을 정신이라고 부르는 것은 용어를 잘못 사용하는 것으로서 차라리 형태가 없는 제한된 연장이나 곡이 없는 운율을 이야기하는 것과 같은 것이네. (G61)

여기서 우리는 갈림길에 도달했으며 또한 『자연종교에 관한 대화』를 구성하는 기교적인 방식에 있어서 가장 중요한 점에 이르렀다. 흄은 유신론자인 독자들에게 파괴적인 딜레마를 제시하고 있다. 그에 따르면, 유신론자는 신과 인간 간에 유비를 받아들이거나 아니면 거부해야 한다는 것이다. 만약 유신론자가 유비를 받아들이면 클레안테스의 신인동형론에 빠지게 되고, 만약 받아들이지 않는다면 데미아의 신비주의에 빠지게 된다. 문제는 어떤 선택지도 유신론적인 관점에서 받아들일 수 없다는 점이다. 따라서 지적으로 옹호할 수 있고 신학적으로 승인될 수 있는 유신론은 없다는 것이다. 텍스트에서는 이 추론이 명시적으로 전개되고 있지 않다. 그러나 주의 깊은 독자라면 이 같은 문제 제기를 놓칠 리가 없다.

필로는 한동안 침묵을 지키다가 클레안테스에게 새로운 반론을 펼치며 토론에 끼어든다. 설계 논변은 물리적 세계에서 명확하게 드러나는 질서를 설명해 주는 것이었다. 그러나 필로에 따르면 그것은 완벽하게 실패한 설명이라는 것이다. (필로의 논변은 오늘날 리차드 도킨스에 의해 부활했다.[38]) 물리적 세계의 질서를 설명하기 위해서는 우리는 설계하는 정신 또는 지성을 가정해야 한다. 그런데 문제는 이 설계자가 있어야 한다는 생각 그 자체가 이미 질서를 전제로 하고 있다는 점이다. 다시 말해 질서를 설명하기 위해 질서를 가정하고 있는 것이다. 이성이든 경험이든 어느 것도 정신적 질서가 물리적인 질서보다 훨씬 더 자기 해명적이라고 가정할 만한 근거를 제시하지 못한다. 만약 이성에 호소한다면 이성은

> [필로] 정신적 세계 또는 관념들로 이루어진 우주는 물리적 세계 또는 대상들로 이루어진 세계처럼 원인을 요구하며, 배열이 유사한 경우 항상 유사한 원인을 요구한다고 답할 것이네. 이 점과 관련해 어찌 다른 결론이나 추론이 나올 수 있겠는가? 이론적으로 볼 때 양자는 전적으로 동일하며, 따라서 양자에게 공통적이지 않은 가정은 따르지 않아야 하네. (G62)

만약 우리가 이성에서 경험으로 눈을 돌린다면 경험은 정신적 질서(우리 정신의 관념들에 존재하는)와 물리적 질서(동식물들의 구성 요소들에 존재하는), 둘 다가 존재함을 입증해 줄 것이다. 그러나 이 두 가지 질서는 외부의 원인에 의해 쉽게 무너질 수 있는 매우 허약하고 위태로운 것으로 보이며, 물리적인 것보다 정신적인 것을 선호할 어떤 근거도 찾아볼 수가 없다. 클레안테스는 물질세계에서 볼 수 있는 질서

---

38 Dawkins, 141 : '이것은 분명 취약한 논변이다; 그것은 명백히 자기 파괴적이다.'

는 '이상적 세계' 즉 신의 정신 안에 존재하는 질서 있는 관념들에 기원
을 두고 있다고 주장한다. 그러나 필로는 다음과 같이 묻고 있다:

> [필로] 그 이상적 세계는 또 다른 이상적 세계에 근거하거나 또는 새로운
> 지적인 원리에 근거한다고 생각할 수 있지 않을까? 만약 여기서 멈추고 더
> 나가지 말아야 한다면 왜 여기에서 멈추어야 할까? 왜 물리적 세계에서 멈
> 추지 않는 걸까? 무한히 계속될 수 없다면 어떻게 이런 설명에 만족할 수
> 있겠는가? 그렇다고 무한히 계속된다고 해서 만족할 수 있는 것도 아니네.
> 인도의 철학자와 그의 코끼리에 대한 이야기를 알고 있지 않은가. 지금 이
> 주제에 정말 잘 들어맞는 이야기이네. 물질적 세계가 이 같은 이상적 세계
> 에 근거한다면 이 이상적 세계는 또 다른 이상적인 세계에 근거할 것이며,
> 끝없이 무한후퇴될 것이네. 그러므로 현재의 물질적 세계를 넘어가지 않는
> 것이 나을 것이네. 물질적 세계가 그 안에 질서의 원리를 지니고 있다고 가
> 정한다면 그 원리가 바로 신이라고 주장하는 것이며, 신성한 존재에 더 빨
> 리 다가가게 된다는 점에서 이런 주장은 우리에게 좋은 일이네. (G63-4)

필로는 클레안테스와는 매우 다른 형이상학을 이야기하고 있다. 신
을 물질적 우주 밖에 즉 물리적 우주 너머에 있는 초월적 존재로 보는
대신에 자연 그 자체와 분리되지 않으면서 물리적 우주 안에 내재해 있
는 질서의 원리로 보고 있다.[39] 물론 필로는 회의론자이기에 어떤 특정
한 형이상학적 가설을 주장해서는 안 된다. 지금까지 그는 그런 문제와
관련해 우리는 아는 바가 없다고 주장해 왔다. 그러나 이 경우 회의론
자인 필로는 대부분의 사람들이 어떤 적절한 이유 없이 어떤 형이상학

---

[39] See Nathan in V. C. Chappell (ed.).

적 가설 p를 믿는다고 생각한 나머지 그것을 반박하기 위해서가 아니라 균형 잡힌 추론을 위해서 가설 -p를 주장하고 있는 것이다. 바로 이것이 『자연종교에 관한 대화』 4부에서 필로가 취한 전략이다. 그는 물질적 세계가 그 안에 질서의 기원을 지니고 있다는 독단적 주장을 하려는 것이 아니다(물론 이것이 맞을 수도 있지만); 그의 논변은 이상적 질서를 통해 물질적 질서를 설명하려는 시도가 근본적으로 어리석다는 것을 보여주려는 것이다.

클레안테스는 다시 한번 필로가 이해하기 어려운 트집 잡기를 하고 있다고 생각한다. 자연신학자는 원인의 원인을 찾지 않는다. (다시 말해. 신의 정신 안에 있는 관념들이 어떻게 질서가 있는지 설명하려고 하지 않는다.) 그에겐 이런 것들에 대한 설명이 요구되지 않기 때문이다. 자연과학에서도 어떤 현상(예를 들어, 조수와 나침반)을 그것의 원인(중력과 자력)에 의해 설명할 때 그 원인의 원인을 설명하지는 않는다. 다시 말해 중력이나 자기력의 숨겨진 본성이나 본질을 설명하지는 않는다. 자연에 존재하는 질서(contrivance in Nature)로부터 설계자인 신을 이끌어내는 논변은 다음과 같다:

[클레안테스] 자연의 질서와 배열, 목적인 사이의 절묘한 조율, 모든 구성 요소와 기관들의 명백한 용도와 목적, 이들 모든 것은 지적인 원인이나 조물주를 가장 명확하게 증언하고 있네. 하늘과 땅이 동일하게 증언하고 있는 것이네. 자연은 전체적으로 조물주를 찬미하는 찬송을 하고 있네. 오직 한 사람 자네만이 이 합창을 방해하고 있네. 자네는 이해할 수 없는 의문을 제기하고, 트집을 잡고, 반대를 일삼고 있네. 자네는 내게 원인의 원인에 대해 묻고 있네. 나는 그것에 대해 아는 바도 없고, 관심도 없고 그것은 나와는 아무 상관도 없네. 나는 신을 발견했네. 그래서 나의 탐구를 멈춘 것

뿐이네. 나보다 더 현명하고 더 진취적이라면 더 탐구해 보게. (G65)

그러나 필로는 자연신학과 자연과학이 유사하지 않다고 말한다. 자연에 대한 연구에서는 우리는 끊임없이 반복되는 일반화를 찾는다. 뉴턴은 갈릴레오의 자유낙하 법칙, 케플러의 행성 운동 법칙 그리고 여러 가지 다른 현상들을 중력법칙이란 하나의 보편적 법칙에 의해 설명할 수 있었다. 이때 그는 중력의 원인에 대해 추측하기를 거부한 것으로 유명하다.[40] 결론적으로 보편적인 범위를 지닌 몇 개의 위대한 일반화를 통해 우리는 최선의 과학을 할 수 있다. 이 경우 더 이상의 과학적 설명은 필요 없다. 왜냐하면 이들 일반화가 바로 자연의 가장 근본적인 법칙임이 분명하기 때문이다. 그러나 자연신학의 경우는 완전히 다르다. 필로는 다음과 같이 말한다. 자연과학자는

특정한 결과를 그 결과 자체만큼이나 설명되어야 할 특정한 원인에 의해 설명하는 것에 만족하지 않을 것이네. 앞선 설계 없이 그 자체로 질서 잡힌 이상적인 체계는 유사한 방식으로 질서를 갖는 물질적 체계보다 조금도 더 설득력이 없으며, 또한 전자보다 후자를 가정하는 것에 더 많은 난점이 있는 것도 아니네. (G66)

질문

1. 클레안테스가 사고실험(하늘로부터 들리는 목소리나 살아 있는 책들의 도서관)을 통해 제시한 증거는 우리에게 신이 존재함(지적인

---

40 『프린키피아』의 두 번째 판에 부록으로 첨부된 'General Scholium'이란 제목의 소론에서 뉴턴이 사용한 유명한 말인 'hypothesis non fingo(나는 가설을 만들지 않는다)'를 참고하라. 여기서 뉴턴은 만유인력의 원인에 관해 추론하는 것을 거부했다.

외계인이 아니라)을 설득할 수 있을까?

2. 데미아는 그의 신비주의가 무신론과 구별되지 않는다는 클레안테스의 반론에 대해 어떻게 답변해야 할까?

3. 정신의 작용과 상태가 연속성이 없고 빠르게 변화하는 경우 정신의 관념들을 어떻게 이해할 수 있을까?

4. 데미아의 신비주의와 클레안테스의 신인동형론 사이에서 자연신학자가 취할 수 있는 중도의 길이 있을까?

5. 필로와 도킨스가 설계로의 논변을 무의미한 것으로 일축하는 것이 과연 옳은가?

V. 『자연종교에 관한 대화』 5부: 설계 논변은 종교에 도움이 될까?

기독교를 옹호하는 사람들은 자연신학이 무신론자와 불가지론자에 대항해 기독교의 기초적인 신념들을 입증함으로써 신앙에 이바지한다고 생각해 왔다. 철학자들은 신과 영혼의 존재를 입증해야만 하며 그런 다음에는 신학자에게 맡겨야 한다. 철학자는 설계 논변을 통해 신의 존재를 입증하고, 성직자는 신자들에게 인류를 향한 신의 섭리를 전해야 한다. 철학자는 신체와 분리되는 비물질적 영혼의 존재를 입증하고, 성직자는 신자들에게 사후에 그의 행실대로 보상과 징벌을 받게 됨을 알려줘야 한다. 중세 이래 주류 기독교계에서는 이런 분업이 이루어져 왔다. 성 토마스 아퀴나스(Saint Thomas Aquinas, 1224/5-74)에 따르면, 자연 이성(즉 철학)은, 그가 사용한 유명한 5가지 방법에 의해, 신의 존재를 입증함으로써 의심이 많은 사람들을 기독교 신앙의 문턱까지 인도할 수 있다. 그러나 자연 이성으로는 신앙의 핵심적 요소인 기독교의 신비(삼위일체나 육화와 같은)를 이해할 수가 없다. 르네 데카르트(René Descartes, 1596-1650)는 그의 『성찰(*Meditationes de Prima Philosophia*)』(1641)에서 소르본대학의 신학자들에게 보내는 편지 형식의 서문을 썼는데, 여기서 그는 1513년 라테란 공의회에서 로마가 톨릭에 소속된 철학자들에게 요구했던 신의 존재와 영혼의 불멸성에 대한 증거를 새롭게 제시하려 한다고 말하고 있다. 영국 성공회는 로버트 보일이 사후에 증여한 기금으로 운영된 공개 강좌인 보일 강좌를 통해 데카르트가 했던 것과 유사한 내용을 담은 강의를 같은 이유로 진행했다. 자연신학을 하는 목적은 이처럼 신의 존재를 입증함으로써(무신론자와 냉소자를 침묵하게 하고) 기독교의 계시를 수용하게 하는 데 있는 것이다.

그러나 자연신학이 이 주어진 임무를 수행하려면 반드시 무신론자와 불가지론자들이 제시하는 조건 즉 그들이 수용하는 전제와 그들이 타당하다고 인정하는 추론 규칙에 따라 논쟁을 해야만 한다. 전제는 어떤 유능한 관찰자도 인정하지 않을 수 없는 자연의 명백한 사실들이어야만 하며, 추론 규칙은 자연과학에서 이미 인정을 받는 것이어야만 한다. 우리가 의심을 하는 사람들에 맞서 논점을 회피하지 않으려면 열린 마음으로 자연에 다가가서 세상에서 찾아볼 수 있는 질서로부터 타당하게 어떤 추론을 끌어낼 수 있는지를 알아야 한다. 그러나 이런 정신을 갖고 자연 세계에 다가가 지적 설계의 징표들을 탐지한다고 해서 과연 우리가 기성종교에서 말하는 신에 도달할 수 있을까? 자연으로부터 지적 설계자를 추론하고, 이 지적 설계자가 기독교의 신이라고 가정해 온 많은 자연신학자들은 이 질문에 대한 답을 회피해 왔다. 5부에서 필로는 클레안테스에게 이 어려운 질문에 답을 하라고 요구하면서 자연신학이 과연 기독교와 같은 종교에 실재적으로 도움이 될 수 있는지를 묻고 있다.

필로와 클레안테스는 자연에 대한 경험적 탐구와 '실험적 유신론(experimental theism)'에서 적절한 방법이 무엇인지에 관해 대략적인 의견의 일치를 보이고 있다. 그것은 바로 '유사한 결과는 유사한 원인을 입증한다'는 핵심적인 추론 원칙(maxim)이다. 시계와 시계공처럼 이미 알고 있는 결과와 알고 있는 원인에서 시작하라는 것이다. 고양이와 같은 익숙한 사물(결과)을 보면 우리는 그것이 여러 가지 중요한 점에서 시계처럼 설계된 것이라는 구조적 특징을 지니고 있음을 알게 된다. 그로 인해 우리는 고양이를 만든 미지의 원인은 우리가 이미 알고 있는 시계의 원인(시계공)과 유사할 것이라고 추론을 하게 된다. 필로는 천문학과 현미경의 새로운 발견들은 클레안테스의 신인동형설을 위협하고 있으며, '보편적 원인'은 '인간과는 현격하게 다른 것이며, 인간이 경험하고 관찰하는 어떤 대상과도 다른 것이다'라고 생각한다.(G68) 그러나 클레안테스에게 있어 이들 새로운 발견들(망원경과 현미경으로 본 새로운 세계)은 그의 유신론에 전혀 위협이 되지 못한다. 지적 설계로의 추론은 규모가 아닌 설계에 근거한 것이기 때문이다.

[클레안테스와 필로] 클레안테스가 대답했네. 그것들은 분명 반론이 되지 못하네. 그것들(해부학, 화학, 식물학 등)은 단지 (신의) 솜씨와 설계의 새로운 사례들을 발견할 뿐이네. 그것들로 인해 우리는 그것의 원인인 정신을 떠올리게 되지. 그러자 필로가 말했네. '**인간과 유사한**이라는 말을 덧붙이게.' 이에 클레안테스는 '나는 다른 정신은 모르네.'하고 말했네. 그러자 필로는 '유사할수록 좋지 않은가'하고 말했고, 클레안테스는 '물론이네'하고 화답했네. (G68)

그러나 필로는 이런 추론 방식으로는 종교의 가장 핵심적인 내용을 결코 입증할 수 없다고 주장한다. 경험에서 출발해 유비 추론을 하는 경우 전통적으로 신의 속성으로 여기고 있는 것들에 대한 논거를 제시할 수 없다는 것이다:

[필로] 첫째, 이 같은 추론 방식을 사용한다면 자네는 신의 속성 중 하나인 무한성을 주장할 수 없네. 원인이란 당연히 결과에 비례해야 하는 것이며, 우리의 인식의 범주 안에 있는 결과는 무한한 것이 아니기에 자네의 주장대로라면 우리가 어떤 근거로 신에게 그런 속성을 부여할 수 있겠는가? 이에 대해 자네는 신과 인간이 전혀 유사하지 않다고 주장하게 되면 우리는 자의적으로 가설을 만들어낼 수밖에 없고 그 결과 신의 존재에 대한 모든 증명은 힘을 잃을 것이라고 항변할 것이네. (G68)

필로는 우주가 그 규모와 시간에 있어서 유한함을 알고 있다고 주장하고 있는 것이 아니다. 그는 회의론자로서 어떤 특정한 주장을 해서는 안 된다. 그는 단지 우리가 알고 있는 한 우주는 무한하지 않음을 이야기하려는 것뿐이다. 육안으로는 우주의 무한한 규모를 볼 수 없으며 밤하늘에 빛나는 무한한 별을 셀 수도 없다. 만약 우리가 결과로부터 원인을 추론한다면 경험을 통해서는 무한하며 전능한 창조주를 추론하기 위한 근거를 찾을 수 없다. 만약 추론이 유비에 근거한 것이라면 무한한 신보다는 유한한 신을 추론해 낼 수 있을 뿐이다. 결국 무한한 정신은 중요한 점에서 우리 정신과는 (데미아가 이미 지적했듯이) 거리가 멀다. 따라서 자연신학자는 무한한 신을 주장할 수 없으며 단지 유한한 신을 주장할 수 있을 뿐이다. 필로의 이런 비판에 대해 클레안테스는 아무런 대응도 하지 않는다. 그러나 11부에서 악에 대해 논의하면서 이 논변에 공감을 표하며 신의 속성에 대한 논의에서 더 이상 무한성에 대해 언급하려 하지 않는다.

　그러나 필로는 클레안테스의 신인동형설로 인해 위협을 받는 신의 속성에 대해 계속 이야기를 하고 있다:

> [필로] 둘째, 자네의 이론에 따르면 유한한 능력에도 불구하고 신이 완전하다거나 또는 일을 함에 있어 잘못이나 실수 또는 모순을 범하지 않는다고 가정할 근거가 없네. 자연현상 중에는 설명할 수 없는 난점들이 너무 많네. 만약 완벽한 조물주의 존재가 선험적으로 입증될 수만 있다면 이런 난점들은 쉽게 해결될 것이네. 무한하게 복잡한 연관성을 이해할 수 없는 인간의 좁은 식견으로 인해 빚어진 외견상의 난점일 뿐이기 때문이네. 그러나 자네의 추론에 따르면 이들 난제들은 모두 해결해야 할 문제가 될 것이며, 인간의 기교나 설계와 유사함을 보여주는 새로운 사례가 되어야 할 것이네. (G68-9)

　세계는 여러 가지 명백한 관점에서 우리에게는 불완전한 것으로 보인다. 만약 우리가 선험적으로 모든 완벽함을 지닌 신이 존재한다는 것을 안다면 이런 명백한 결점들이 전체적으로 거대한 설계가 보여주는 조화에 필요한 것이라고 결론을 내릴 것이다. 그러나 경험에 기반한 유비 추론을 한다면 세계가 설계나 작용에 있어 완벽하다고 가정할 근거가 없다. 다시 말해 유비는 불완전한 설계를 강력하게 지지한다. 인간 공학자들은 시계, 비행기, 또는 컴퓨터를 더 이상 개선할 수 없는 절대 완벽한 것이라고 결코 생각하지 않는다. 필로에 따르면, 비록 우리가 세계의 설계가 완벽하다고 (우리 경험의 범주하에서) 판단한다 해도, 그것이 곧 완벽한 설계자를 추론하는 근거가 되는 것은 아니다:

[필로] 우리가 배를 살펴본다면 그렇게 복잡하고, 유용하며, 아름다운 배를 만든 목수의 재주에 얼마나 찬사를 보내겠는가? 그런데 그가 다른 사람을 모방했을 뿐 아니라 오랜 세월에 걸쳐 거듭된 실험, 실수와 교정, 숙고와 논쟁을 통해 점진적으로 발전되어온 기술을 베낀 우둔한 기술자에 불과함을 알게 된다면 얼마나 놀라겠는가? (G69)

배를 건조하는 인간의 기술은 쪽배에서부터 원양선에 이르는 오랜 역사를 갖고 있다. 배를 만드는 사람은 처음에는 선조로부터 배운 전통 기술을 갖고 시작했으나 이후 그 자신의 경험과 선주와 선원들의 피드백을 통해 이 기술을 보완했을 것이다. 우리는 건설 중인 선박을 조사하면서 지적인 설계의 아름다움을 보여주는 다양한 요소들에 감탄할 것이다. 그러나 배를 만드는 사람이 구체적으로 설계의 세부를 이해할 필요는 없다. 그는 필로의 말처럼 설계에 따라 일하는 '우둔한 기술자'일 수도 있다. 그가 사용한 설계는 수많은 배를 만든 기술자 선배들, 선주들, 선원들의 집단적 경험이 가져온 결실인 것이다. 따라서 우리가 사는 이 세계에서 마주하게 되는 설계의 표징들은 세계 역시 이와 유사한 과정을 거쳐 만들어졌음을 보여주는 것이다:

[필로] 오랜 세월에 걸쳐 많은 세계가 엉망진창으로 만들어졌다가 폐기되었을 수도 있네. 많은 노력이 물거품이 되고, 많은 시도들이 무익하게 끝나버린 것이지. 세계를 만든 기술은 무한한 시간을 거쳐 아주 느리게 그러나 지속적으로 발전을 거듭해 온 것이네. 이 주제와 관련해 어느 것이 참인지 누가 말할 수 있겠는가? 또한 제시될 수 있는 수많은 가설 가운데서 그리고 상상해 볼 수 있는 그보다 더 많은 가설 중에서 어떤 것이 가장 개연성이 있는지 누가 판단할 수 있겠는가? (G69)

필로는 경쟁하는 가설, 즉 세계가 단번에 만들어진 탁월한 설계의 결과라는 가설과 오랜 세월에 걸친 시행착오를 통해 세계를 만드는 기술을 배운 신들의 작품이라는 가설 중에서 '어떤 것이 개연성이 있는지' 우리로서는 알 수가 없다고 말한다. 만약 우리가 인간을 유비로 하여 신을 추론하는 것이라면 전자의 가설보다는 후자의 가설이 더 개연성이 있다고 보아야 한다. 아주 훌륭하게 설계가 된 현대적인 자동차나 비행기를 보게 된다면 나는 당연히 그 훌륭한 설계는 초기 모델의 결함을 보완한 결과라 생각할 것이다. 이는 기술의 역사를 통해서 쉽게 확인할 수 있으며 대체로 옳은 것임을 알 수 있다. 심지어 매우 독창적이고 혁신적인 공학자라 할지라도 그들은 완전히 백지상태에서 출발하지 않으며 그들의 전임자에게 빚을 지고 있다. 따라서 단번에 이루어진 완벽한 설계란 경험으로부터의 유비 추론에 의해서는 옹호할 수 없는 주장이다.

다음으로 논란이 되는 쟁점은 유신론 대 다신론의 문제다. 설계로의 논변이 유대교, 기독교, 이슬람교와 같은 유일신교를 옹호하려면 그것은 신의 단일성에 대한 명백한 증거를 제시해야만 한다. 그러나 필로에 따르면 그러지를 못한다:

[필로] 자네는 신의 단일성을 입증하기 위해 자네의 가설로부터 어떤 논변을 만들어낼 수 있는가? 집을 짓거나, 배를 건조하거나, 도시를 세우거나, 국가를 건설하는 것을 보면 수많은 사람들이 이 일에 참여하고 있네. 그런데 왜 이 세계를 설계하고 세우는 데 여러 신들이 협력하지 않았겠는가? 이런 생각이야말로 인간사를 돌아볼 때 가장 그럴듯한 것이네. 여러 신들에게 일을 분담시킴으로써 우리는 각 신들의 속성을 더욱 제한할 수 있고, 유일신이 지니고 있다고 생각하는 엄청난 힘과 지식을 신에게 부여하지 않

을 수 있네. 그러나 자네는 이것이 신의 존재에 대한 증명을 약화시킬 수 있다고 생각할 것이네. (G69-70)

유일신론자가 자연스럽게 제기할 수 있는 반박은 다름 아닌 오캄의 면도날('필요 이상으로 존재를 늘리지 말라')이 유일신의 존재를 주장하는 가설을 옹호한다는 것이다. 그러나 이에 대해 필로는 만약 단 하나의 신만이 있다면 그 신은 우리의 세계를 설계하고 창조하는 데 필요한 모든 완벽함을 소유해야 하지만, 만약 여러 신들이 있다면 이들 완벽함을 여러 신들이 나누어 가질 수 있다고 말한다. 다시 말해 경험에 근거한 유비는 다신론자를 지지한다는 것이다. 유로파이터를 만드는 최첨단 기술 프로젝트를 생각해 보자. 항공학, 연료 체계, 항법, 컴퓨터 시스템, 무기 등을 책임지는 여러 개의 설계팀이 있을 것이다. 물론 이들 여러 팀은 함께 작업을 해야 하며 팀들 간의 조율과 협력은 필수적이다. 또한 엔지니어들이 함께 일할 수 있도록 하는 프로젝트 매니저나 코디네이터가 있을 수 있다. 그러나 한 명의 프로젝트 매니저가 있다고 해도 그가 이 프로젝트의 세부적 부분에 대해 전문가 수준의 상세한 지식을 갖고 있지는 않다. 만약 내가 엄청나게 복잡한 설계에 의해 생산된 제품을 보게 된다면 그것이 특정한 개인보다는 팀이 만들어낸 작품이라고 생각할 것이다. 어느 누구도 머릿속에 복잡한 설계 전체를 갖고 있을 수는 없다. 물론 필요 이상으로 존재를 늘리지 말아야 한다. 그러나 경험과 유비는 신들로 이루어진 팀이 있어 세계를 설계하고 만드는 데 필요한 기술을 분담했을 것이라는 가설을 지지한다. 클레안테스의 논변은 잘해야 기독교(유일신교)와 이교(다신교) 사이에서 중립을 유지하는 것이며, 최악의 경우에는 이교를 옹호하는 것이 될 수 있다.

만약 공학이 아닌 미술을 근거로 유비 추론을 한다면 유일신교가 옹호될 수 있다고 생각할 수도 있다. 어떤 예술적 걸작품은 한 사람의 천재가 만든 작품일 수 있다. 그러나 그 증거는 모호하고 불확실하다. 실상 위대한 예술가의 작업실은 협력이 이루어지는 곳으로 선생이 스케치를 하면 나머지는 제자들이 마무리한다. 그리고 '피가로의 결혼'과 같은 위대한 오페라는 극작가(로렌초 다 폰테)[41]와 작곡가(모짜르트)의 긴밀한 협업의 산물이다. 많은 예술 작품은 예술가가 완성을 하지 못한 채 죽었고 제자들에 의해 완성되었다. 많은 사랑을 받는 킹 제임스 성경은 어떤 걸작도 사람들이 모여서 쓰지 않았다는 속담을 결정적으로 깨뜨렸다. 따라서 설계의 통일성을 근거로 설계자의 단일성을 추론하는 것은 위험하다.

여기서 우리는 흄이 『종교의 자연사(*Natural History of Religion*)』 (1757)에서 설계로의 논변이 유일신론을 강력하게 옹호한다고 주장했다는 사실에 주목할 필요가 있다. 흄은 이 책에서 여러 신들이 모여 하나의 설계를 만들어냈다고 생각할 수는 있지만 이는 논리적으로나 개연성으로나 근거가 없는 한낱 자의적인 추측일 뿐이라고 말하고 있다.

우주에 있는 만물은 분명 하나의 조각이다. 모든 것은 모든 것에 맞추어져 있다. 따라서 하나의 설계로 전 세계가 만들어졌다. 이런 통일성은 우리로 하여금 창조주를 하나라고 생각하게 만든다. 여러 제작자가 어떤 명확한 역할 분담이 없이 각자 구상을 했다면 이해하기 어려운 혼란스러운 상상력을 보여주었을 것이다. (G138)

그러면 설계 논변에 대한 이런 상충된 견해를 어떻게 이해해야 할

---

41 [옮긴이 주] Lorenzo da Ponte(1749~1838)

까? 흄은 『종교의 자연사』에서 진실을 말하지 않은 걸까? 1757년부터 1776년 사이에 그의 생각이 바뀌어 명백한 설계의 통일성은 설계자가 한 사람임을 입증하는 강력한 증거가 되지 못한다고 결론을 내린 걸까? 아니면 『자연종교에 관한 대화』에 나오는 필로의 논변은 진지하게 받아들일 수 없는 회의주의의 입장을 보여준 것에 불과한 것일까? 텍스트만으로는 어떤 해석이 맞는지 알 수가 없다.

필로는 클레안테스의 신인동형론을 벼랑 끝으로 밀어붙인다. 만약 우리가 인간의 경험에 기초한 유비를 통해 다신론에 대한 입장을 세울 경우 신들이 인간의 모습을 하고 있으며, 우리처럼 성교를 통한 생식을 할 것이라고 가정하지 못할 이유가 없다. '[필로] 에피쿠로스는 어느 누구도 인간 외에는 이성을 가진 존재를 본 적이 없으니 신들도 인간의 모습을 하고 있음에 틀림이 없다고 주장했네. 그런데 키케로에 의해 엄청 조롱을 받은 이 논변이 자네의 입장에서는 완벽한 철학적 추론이 되었네.'(G70-1) 물론 이것은 단지 농담과 조롱일 뿐이지만 뼈가 있는 농담이다. 클레안테스의 입장에서는 유사성이 많은 유비일수록 좋은 논변이다. 그렇다면 더 철저하게 유비를 해야 하지 않겠는가? 신들이 인간의 정신과 같은 정신을 갖고 있다고 가정한다면 신들도 인간의 육체와 같은 육체를 갖고 있다고 해야 하지 않을까? 경험은 우리 정신이 신체에 적응되어 있으며, 따라서 신체와 잘 소통하고 있음을 알려준다. 그렇다면 인간 정신과는 달리 신체에 깃들지 않은 정신이 있음을 가정하는 것은 경험과 유비에 반하는 것이다.

필로는 더 강한 반론으로 끝을 맺는다. 그는 클레안테스에게 말하길 자네의 원리에 따라 추론을 하는 사람은 신의 섭리를 믿어야 할 합당한 이유를 찾지 못하게 될 것이라고 말한다:

3장 본문 해제   111

[필로] 이 세계는 알다시피 최상의 기준에서 볼 때 매우 결함이 많고 불완전하네. 따라서 이 세계는 자신의 서투른 솜씨가 부끄러워 나중에 그것을 내다 버린 유년기 신의 처녀작이었거나 아니면 어떤 의존적이고 열등한 신의 작품으로서 그보다 더 뛰어난 신들의 조롱거리일 것이네. 그것도 아니면 어떤 늙은 신이 만든 노년기 작품으로서 처음에 그것에 부여한 추진력과 활력을 갖고 그 신이 죽은 후에도 위태롭게 존속을 이어가고 있는 것이네. (G71)

이 마지막 주장은 중요한 것이라 좀 더 논의할 가치가 있다. 신학자의 관점에서 볼 때 인공물과의 유비는 신과 그의 피조물과의 관계에 대해 그릇된 생각을 갖게 한다. 중세철학자들은 사물의 생성 원인(causa secundum fieri)과 그 사물의 존재 원인(causa secundum esse)을 구분하였다. 집의 생성 원인은 건축가이고, 아이의 생성 원인은 부모님이다. 그러나 이것들은 집과 아이의 존재 원인이 아니다. 건축가(부모)는 언젠가는 죽지만 집(아이)은 여전히 존재할 것이다. 이와는 대조적으로 태양은 햇빛의 존재 원인이다. 만약 태양이 더 이상 존재하지 않는다면 햇빛 또한 존재하지 않게 될 것이다. 신학자들이 이야기하는 신은 그의 피조물과 관계에 있어 그것들의 존재 원인(causa secundum esse)이지 생성 원인(causa secundum fieri)이 아니다. 그러나 인공물과의 유비는 전자의 관계가 아닌 후자의 관계를 보여준다. 인간의 예술과 공학의 산물들은 그것을 만든 사람과 독립적으로 존재한다. 그것을 만든 존재는 그것을 떠나거나, 버리고 더 나은 것을 만들 수 있고, 필로의 노쇠한 신처럼 이들을 놓아두고 심지어 죽을 수도 있다. 따라서 신의 존재를 입증하고자 하는 클레안테스의 방법은 그것이 비록 성공을 거둔다고 해도 신학자들이 원하는 것을 줄 수 없다.

경건한 데미아가 경악하는 모습을 보이자 필로는 재빠르게 자신은 클레안테스의 원리가 어떤 결과를 가져오는지를 보여주려는 것일 뿐이라고 말한다. 필로에 따르면, 일단 이런 방식으로 추론을 하게 되면 수없이 많은 경쟁하는 가설들이 머리에 떠오르게 되며, 그것들은 인간 경험과의 유비를 통해 지지를 받을 수 있다고 말한다. 모든 것은 상상에 맡겨져 있으며 불변하거나 결정된 것은 아무것도 없다는 것이다. '따라서 나(필로)로서는 이처럼 다듬어지지 않은 불확실한 신학 체계가 어떤 면에서든 전혀 없는 것보다는 낫다고 생각할 수 없네.'(G71) 클레안테스는 이 다듬어지지 않은 가정(부재하는 신, 노쇠한 신, 유한한 신들의 무리에 관한)을 수용하지 않으며 자신을 논쟁의 승자라고 생각한다. 아무리 비틀고 돌려도 '자네(필로)는 종교를 위한 충분한 토대라 생각되는 우주에 대한 설계의 가설을 반박할 수 없네'(G71)라고 말하고 있다. 6부의 서두에서 데미아는 이 주제와 관련해 최종적인 언급을 하고 있다:

> [데미아] 그것은 매우 불안정한 토대 위에 세워진 아주 취약한 구조물임이 틀림없네 하고 데미아가 말했네. 신이 하나인지 여럿인지, 우리 자신의 존재를 창조한 신이나 신들이 완전한지 불완전한지, 종속적인지 주체적인지, 죽었는지 살았는지 확신할 수 없다면 우리가 신에게 어떤 신뢰나 확신을 가질 수 있겠는가? 또한 우리가 어떤 헌신과 경배를 드릴 수 있겠는가? 인생의 목적과 관련해 종교의 이론은 전적으로 쓸모없는 것이 되고 마네. 자네의 주장대로 그것이 불확실하다면 사변적인 면에서조차도 전혀 믿을 수 없고, 받아들일 수 없네. (G72)

정통 신학자들에 따르면, 자연신학은 정해진 과제가 있다. 그것은 바로 종교의 토대를 입증하는 것이고 그것으로 인해 성직자들에게 도움을 주는 것이다. 자연신학은 지금 이 과제를 수행하는 데 있어―종교를 설계 논변에 정초하려는 시도에 있어서―실패한 것으로 보인다. 인간의 예술이나 공학과의 유비에 의한 논변은 다듬어지지 않은 비정통의 이단적 견해나 평범하고 진부한 이단보다 기존하는 유일신교를 더 옹호하지도 않는다.

질문

1. 예술 작품이 여러 예술가가 아닌 한 예술가의 작품이라는 것을 보여주는 어떤 표식이 있는가?
2. 『자연종교에 관한 대화』에서의 필로의 논변(자연은 유일신론에 대한 명백한 증거를 제시하지 않는다는)과 『종교의 자연사』에서 언급된 유일신교에 대한 흄의 옹호 간에 보여지는 명백한 모순을 어떻게 생각해야 할까?
3. 클레안테스는 필로에게 어떻게 답변할 수 있을까? 만약 그가 답변하지 못한다면 이는 그의 무능을 드러내는 것인가? 우리가 신의 단일성, 무한성, 완벽함, 섭리 등을 입증하고자 한다면 경험적 자연신학에서 선험적인 논변으로 돌아서야만 하는 걸까?
4. 신은 그의 피조물을 돌본다는 믿음을 가지려면 어떤 경험이 필요한 것일까?

VI. 6~8부: 가능한 대안들

5부에서 필로는 논쟁을 끌어가기 위해 세계의 질서로부터 지적 설계의 존재를 도출해 내는 클레안테스의 추론의 정당성을 인정한다. 그러나 이것은 비록 설계 논변이 지적 설계자를 추론해 내는 데 성공한다고 해도 종교적 믿음과 실천에는 별반 도움이 되지 못한다는 사실을 보여주기 위한 전략의 일환이었다. 6~8부에서 필로는 설계 논변에 대한 비판의 수위를 한층 끌어올린다. 그는 지적 설계의 가정 없이 세계의 질서를 설명할 수 있는 여러 개연성 있는 대안(가설)들을 제시한다. 물론 그가 이렇게 하는 이유는 설계 논변을 비판하기 위함이다. 그는 이들 경쟁 가설들이 참(또는 개연적)임을 주장하려는 것이 아니라 단지 이것들이 명백하게 거짓이 아님을 주장하려는 것이다. 필로가 개연성 있는 대안들을 더 많이 제시할수록 클레안테스의 추론은 더 많은 의심을 받게 되기 때문이다.

만약 우리가 경험을 근거로 유비 추론을 한다면 우리는 우주와 동물의 신체가 유사함에 놀라게 될 것이다:

> [필로] 우주 안에 있는 물질의 지속적인 순환은 어떠한 무질서도 야기하지 않으며, 모든 부분에서 일어나는 지속적인 훼손은 끊임없이 복구되네. 전 체계에 걸쳐 완벽한 조화를 찾아볼 수 있으며, 모든 구성 요소들은 각자 자신의 고유한 기능을 수행함으로써 자기 자신뿐만 아니라 전체의 보존에 기여하네. 따라서 세계는 하나의 동물이며, 신(Deity)은 이 세계를 작동시키고 또한 그것에 의해 영향을 받기도 하는 세계의 영혼(Soul)이네. (G72-3)

대다수의 고대철학자는 신을 초월적(물리적 세계의 밖에 독립해 있는)인 존재가 아닌 내재적인(자연 안에 존재하는) 존재로 생각하는 견해를 갖고 있었다. 필로에 따르면, 이것이 대부분의 고대 유신론자들의 견해였다:

[필로] 종종 고대철학자들은 세계가 신의 작품인 양 목적인을 근거로 추론했지만 그보다는 세계를 신이 자신의 뜻대로 움직일 수 있는 그의 신체처럼 생각했다는 것이네. 우주가 인간의 예술이나 과학의 산물보다는 인간 신체와 더 많이 닮았기에 만약 우리의 제한된 유비를 전체 자연에 적용하는 것이 어느 정도 타당하다고 한다면 현대의 이론보다는 고대의 이론이 더 유리해 보이네. (G73)

필로에 따르면, 이 고대 이론이 지닌 주된 장점은 우리의 경험에 반하는 개념인 신체에 깃들어 있지 않은 정신이란 개념의 문제를 해결해 준다는 점이다. '[필로] 그들(고대철학자)의 생각에 신체에 깃들어 있지 않은 정신보다 모순된 것은 없는데 그것만큼 상식적 경험에 맞지 않는 것은 없기 때문이네. 그것은 그들의 감각이나 이해의 대상이 되지 않는 영적인 실체이기에 전 자연에 걸쳐 단 하나의 사례도 관찰된 적이 없네.'(G73) 따라서 필로는 동물의 신체에 질서와 구성의 내재적 원인이 들어 있다는 가정이 본질적으로 터무니없거나 불가능한 주장은 아니라고 말한다. 질서를 지성의 산물로만 보는 것은 '조직적 편견(systematic prejudice)'(특정 이론에 사로잡힌 사람들의 편견)일 뿐이라는 것이다. '[필로] 그러나 신체와 정신이 항상 동반되어야 한다는 통속적인 편견(vulgar prejudice)을 전적으로 무시해서는 안 되네. 그것은 자네가 모든 신학 연구에서 따르고 있다고 고백한 유일한 안내자인 통속적 경험에 기초하고 있기 때문이네.'(G73-4)

클레안테스는 자신이 경험주의자라고 고백한다. 확고한 경험주의자라면 조직적 편견에서는 벗어나야 하지만 경험에 근거한 통속적 편견은 존중해야 한다. 육체와 분리된 정신 또는 영혼이란 개념은 우리의 경험에 근거하지 않는다. 그것은 자연에 대한 직접적인 경험이나. 자연을 근거로 한 유비 추론의 산물이 아니라 형이상학적 사색의 산물이다. 이처럼 형이상학적 사색에 근거한 이론에 대해서는 우리는 의심해야 한다.

이에 대한 클레안테스의 대응은 인상적이지 못하다. 그의 첫 번째 대응은 필로가 제기한 가설이 자연스러워 보이지만 이전에 생각해 본 적이 없기에 그것에 대해 검토할 시간이 필요하다는 것이다. 그러나 논쟁이 그의 잘 꾸며진 서재에서 이루어지고 있다는 점에서 클레안테스는 학식이 있는 사람이며, 『자연종교에 관한 대화』 곳곳에서 고대 그리스인과 로마인에 대한 언급이 자주 나오고 있다는 점에서 클레안테스는 신을 세계의 영혼으로 보는 고대적인 개념에 대해 이미 잘 알고 있었을 것이다. 그에게 새롭고 놀라운 것은 그의 추론(경험에 근거한 유비 추론)이 그에게 등을 돌릴 수 있다는 필로의 주장이다. 필로에 따르면 경험에 근거한 유비 추론을 하고자 한다면 세계와 기계의 유비보다는 세계와 동물의 유비가 더 적절하기 때문이다.

클레안테스의 두 번째 대응은 더 좋지 않다. 그는 세계가 동물보다는 식물과 더 유사하다고 말한다:

> [클레안테스] 물론 많은 점에서 세계는 동물의 신체와 닮았네. 그러나 많은 상황에서 비유가 맞지 않네. 세계의 대부분은 감각기관이 없으며, 사유나 이성도 없으며, 움직임과 행동도 없는 물체로 되어 있네. 한마디로 말해, 동물보다는 식물에 더 가까운 것처럼 보이네. 따라서 자네의 추론은 현재로서는 세계의 영혼을 옹호함에 있어서 성공적이었다고 할 수 없네. (G74)

그러나 필로는 적어도 드러내놓고 고대인들이 가졌던 세계-영혼 가

설(영혼이 세계에 내재한다는 주장)을 옹호하고 있지는 않다. 그는 그
것을 클레안테스의 설계 가설처럼 경험에 잘 근거하고 있는 개연성 있
는 대안으로서 소개하고 있을 뿐이다. 회의론자인 필로의 역할은 이런
개연성 있는 대안들을 이야기하고, 이들 가설이 거짓임을 확실하게 알
지 못하기에 판단중지를 해야 한다고 주장하려는 것이다. 클레안테스
가 세계와 식물의 유비를 추가하기 원한다면 필로에게는 더 좋은 일이
다. 대안적 가설이 많을수록 우리는 무지하다는 고백을 하기 쉽고 그에
따라 판단중지를 더 쉽게 내릴 수 있기 때문이다.

필로의 세계-영혼 가설에 대한 클레안테스의 세 번째 대응은 매우
곤혹스럽다. 클레안테스는 '세계의 영속성을 함축하는 듯 보이는 이 이
론은 가장 강력한 논거와 개연성을 들어 반박될 수 있다'고 말한
다.(G74) 그런데 왜 클레안테스는 세계-영혼 가설이 세계의 영속성을
함축한다고 생각하는 걸까? 그가 직접 말하지는 않았지만 다음과 같이
생각해 볼 수 있다. 자연과 독립해 존재하는 초월적 신을 믿는다고 한
다면 물리적 세계는 특정 시간(어셔 주교[42]의 성서 연대기에 따르면 기
원전 4004년)에 일어난 창조의 산물일 수 있다. 물리적 세계의 질서는
영속적일 수가 없는 외부에서 부과된 질서다. 그러나 신이 세계-영혼
이라고 믿는다면 물리적 우주는 그 자체로 영속적인 것이며, 그것의 질
서 또한 고유한 것으로서 내재적인 질서, 즉 그 자체 안에 질서의 원리
가 들어 있다고 생각할 수밖에 없다.

클레안테스는 세계의 영속성은 경험적인 관찰에 의해 쉽게 반박될
수 있다고 생각한다. 인간사는 너무나 변화무쌍해서 그것을 근거로 확
실한 추론을 할 수가 없다. 우리는 문명의 생성이 전쟁, 혁명, 기근, 야

---

42 [옮긴이 주] James Ussher(1581-1656년): 아일랜드 아마(Armagh)의 대주교로
서 창조의 시간을 기원전 4004년 10월 22일 밤으로 정하였다.

만족의 침입에 의해 파괴로 이어지는 진보와 쇠퇴의 끝없는 순환을 쉽
게 머릿속에 떠올릴 수 있다. 또한 최근의 예술과 과학에서의 발전을
보면 그것을 근거로 추론하는 것이 얼마나 위험한 것인지 알 수 있다.
클레안테스는 농업에서 더 좋은 논변을 끌어낼 수 있다고 생각한다. 체
리나무는 지금 유럽에서 잘 자라고 있지만 사람 손에 의해 아시아에서
유럽으로 이식되었다. 포도나무를 이탈리아에서 프랑스로 가져온 것
은 로마인들이었다. 말은 신대륙의 정복자들에 의해 미국으로 건너갔
다. 그런데 만약 세계가 영속적이라면 이들 식물과 동물들은 언젠가는
그들의 본성에 적합한 이 새로운 들판과 목초지를 스스로 찾아왔을 것
이다:

　[클레안테스] 이 모든 것들은 인간 사회를 통제하고 지배하는 원리보다 더
　항구적이고 견고한 원리에 기초해 있음을 보여주는 것으로서 이 세계가 청
　년기나 유아기의 단계임을 보여주는 설득력 있는 증거로 보이네. 총체적인
　천재지변만이 현재 서구에서 볼 수 있는 모든 유럽 동식물의 멸종을 가져
　올 수 있을 것이네. (G75-6)

　다시 한번 클레안테스의 논변은 필로에게 반박의 여지를 남겨놓았
다. 필로는 자연에서 그런 천재지변이 있었음을 부인할 이유가 없다고
말한다. 사실상 우리가 사는 이 행성의 역사를 보면 이런 대재앙이 있
었음을 믿을 만한 강력한 근거가 있다. 18세기 지질학은 유년기에 불과
했다. 그러나 자연과학자들은 바위가 지닌 증거를 읽는 법을 배워가고
있었다:

　[필로] 이 지구 전체가 오랫동안 물에 잠겨 있었다는 주장을 뒷받침해 주

는 강력하고 거의 반론의 여지가 없는 증거들이 지구 전체에서 발견되네. 질서는 물질에서 분리될 수 없고 그 안에 내재한다고 가정되어왔지만 물질은 영원히 지속되는 끝없는 기간 동안 수많은 거대한 격변을 겪을 수밖에 없었네. (G76)

필요하다면 필로는 스코틀랜드 계몽주의가 낳은 위대한 인물 중의 하나이자 흄과 동시대의 인물로서 지질학의 창립자 중 하나인 제임스 휴턴(James Hutton, 1726-97)의 작품을 언급할 수 있을 것이다. 휴턴은 그의 견해를 담은 기념비적인 저서 『지구론(*Theory of the Earth*)』(1795)을 발간했는데 이 책에서 우리 행성의 역사와 관련해 '언제 시작했는지 알 수 없고 언제 끝이 날지 예측할 수 없는' 끝없는 변화의 순환 과정이라는 순환 이론을 주장하였다.[43] 필로는 이것이 자신이 선호하는 견해라고 말한다. 회의론자로서 그는 어떤 특정 가설을 옹호할 수 있는 입장이 아니다. 그러나 '[필로] 내가 이 자연에 대해 어떤 특정 체계를 옹호해야 한다면(그럴 마음은 없지만) 아주 크고 지속적인 순환과 변화가 일어나는 이 세계에 영속적이며 내재적인 질서의 원리를 부여하는 것보다 더 타당한 것은 없는 것 같네.' (G76)

여기서 필로는 회의론자로서 자신의 본분을 넘어 유신론에 맞서는 일종의 자연주의를 옹호하기 시작한 것으로 보인다. 세계의 영속성에 맞서는 클레안테스의 논변이 필로로 하여금 자연주의라는 경쟁 가설을 전개하게 하는 구실이 된 것이다. 물론 이 자연주의적 세계관은 개요에 불과하지만 우리는 그 이론이 지닌 몇 가지 핵심적인 특징을 알게 된다. 세계에서 관찰되는 질서는 물질의 본성에 내재되어 있는 것이지 물

---

43   Brooke, 214-15를 참조하라.

질에 부과된 것이 아니라는 것이다. 여기서 한 걸음 더 나아가 필로는 그 질서는, 물질의 존재에 필수적인 것일 수 있다고 말한다:

> [필로] 사물의 내적 본질이 우리에게 드러난다면 이제껏 우리가 생각해 보지 못했던 사실을 알게 될 것이네. 자연의 질서를 감탄하는 대신 가장 작은 사물조차도 절대 다른 성질을 갖고 있지 않음을 알게 될 것이네. (G76-7)

이 진술은 우리를 매우 당황하게 만든다. 필로는 지금까지는 회의적인 경험주의자로 가장해 왔기에 경험을 넘어서는 모든 이론에 대해 의혹의 시선을 던져왔기 때문이다. 여기서 그는 유신론의 증거에 대해 문제를 제기하지는 않으나(우리가 회의론자에게 기대하는 것이지만) 다른 경쟁적 세계관을 적극적으로 옹호하고 있다. 이 경쟁적 세계관은 고대인들이 받아들였던 스트라토의 무신론[44]이나 스피노자의 범신론(pantheism)과 유사한 자연에 관한 형이상학처럼 보인다.[45] 그에게서는 경험주의자들이 일반적으로 형이상학에 대해 보이는 적대감을 찾아볼 수 없다. 또한 회의론자가 가져야 할 세심한 중립성과 신중한 판단중지도 찾아볼 수가 없다. 흄은 독자들이 필로의 이런 생각을 얼마나 진지하게 받아들이기를 원했을까?

7부는 클레안테스의 원리를 따르면 지적 설계의 가설을 결코 받아들

---

44   스트라토의 무신론과 흄에 끼친 그것의 영향에 관해 알고 싶으면 Kemp Smith, 80-6을 참고하라. 흄은 피에르 베일을 통해 스트라토의 무신론을 배웠을 것이다.

45   [옮긴이 주] 스트라토의 무신론: Strato of Lampsacus(c.335-c.269 BC) 소요학파(Peripathetic), 또는 아리스토텔레스학파의 철학자이며 아리스토텔레스가 세운 리시움(Lyceum)의 세 번째 교장이었다. 그는 자연과학 연구에 힘을 쏟았으며 우주를 창조한 신의 존재를 부인했으며, 자연 자체가 창조와 질서의 원동력을 갖고 있다고 주장했다.

일 수 없다는 필로의 이야기로 시작하고 있다. 유비로부터의 논변은 궁극적으로 닮음이나 유사성의 정도에 달려 있다: '[필로] 세계는 분명 시계나 편물기보다는 동물이나 식물과 더 많이 닮았네. 그런데 동식물의 원인은 생식(generation)과 생장(vegetation)이네. 따라서 세계의 원인 역시 생식이나 생장과 유사한 어떤 것이라고 추론할 수 있네.'(G78)

필로는 이어서 세계는 초목처럼 씨앗을 통해서나 또는 많은 동물이 그렇듯 알을 낳아 번식할 수 있다고 말한다. 세계-동물, 세계-식물 유비는 관찰된 유사성을 기반으로 하여 적절하게 이루어진 것이라는 점에서 전적으로 정상적인 추론처럼 보인다. 이때 분노한 데미아가 끼어든다:

[데미아] 이 얼마나 황당한 가정인가? 자네는 어떤 근거로 이처럼 이상한 결론을 내리고 있지? 세계와 동식물 간에 찾아볼 수 있는 약간의 가상적인 유사성을 근거로 하여 이들에 대한 유비 추론을 정당화할 수 있을까? 얼핏 보아도 서로 매우 다른데 이들이 어떻게 서로의 기준이 될 수 있겠나? (G79)

필로는 데미아가 서서히 요점을 깨달아감을 보고 기뻐한다. 필로는 이것이 바로 자신이 말하고자 하는 것이라고 답변한다. 우리에게 있는 [경험적] 자료만으로는 추측 이상의 어떤 결론을 내릴 수 없다. 그러나 모든 추측이 같은 것은 아니다:

[필로] 우리가 어떤 가설을 선택해야 한다면 어떤 규준을 따라야 하는 걸까? 비교되는 대상들이 유사성이 크다는 것 말고 다른 규준이 있을까? 생

장이나 생식에 기원을 두고 있는 식물이나 동물이 이성이나 설계에 기원을
둔 인간이 만든 어떤 기계보다 세계와 더 많이 닮지 않았는가? (G79)

필로는 이어서 경험은 질서와 생명체의 기원(source)이 될 수 있는
4개의 상이한 원리들이 자연에 존재함을 알려준다고 말한다. 우리는
이들 중 어떤 것에 대해서도 깊이 아는 바는 없지만 이성(Reason), 본
능(Instinct), 생식(Generation), 생장(Vegetation)이라고 이름을 붙인
다. 경험은 우리에게 이성은 집이나 시계, 본능은 거미의 집이나 새의
둥지, 생식은 동물, 생장은 식물 등의 기원임을 알려준다. 우리가 이들
용어를 사용할 때 그 본질이 무엇인지 알 수 없지만 그것이 야기하는
결과에는 익숙하기에 '자연에 존재하는 어떤 힘이나 에너지'로 표현한
다. 이런 관점에서 보면 이성이 다른 것보다 특별할 이유가 없다. '[필
로] 위에서 언급한 이들 4개의 원리 중(그리고 우리가 추측할 수 있는
또 다른 수많은 원리들 중) 어느 것이라도 세계의 기원을 설명할 수 있
는 이론이 될 수 있네; 따라서 우리 자신의 정신을 움직이는 원리[이
성]에만 온통 생각을 집중하는 것은 분명 잘못된 편견이네.'(G80)
식물과 동물에서 찾아볼 수 있는 질서가 지적 설계의 산물이라고 가
정하는 것은 논점 회피의 오류, 즉 논쟁이 되는 쟁점을 전제로 가정하
는 것에 지나지 않는다. 경험이 증언하는 한, 식물과 동물은 이성이나
지성의 개입이 없어도 번식을 한다. 우리는 궁극적인 설명을 추구하거
나 아니면 우리가 경험에서 찾아볼 수 있는 이런 힘들(powers)을 사용
해 설명하는 것에 만족할 수 있다. 그러나 궁극적 설명을 추구하려 든
다면 실망하게 될 것이다. 그런 설명은 어디에서도 찾아볼 수 없기 때
문이다. 이성이 다른 것보다 특별한 것은 아니다. 클레안테스는 세계에
서 명백히 드러나는 질서를 설명하기 위해 자신이 끌어들인 이성의 원

리가 어디에 기원을 두고 있는지 설명하지 않았음을 인정하고 있다. 생식이나 생장을 옹호하는 사람 또한 그의 원리에 대해서 마찬가지로 그 기원을 설명하지 않는다. 한마디로 궁극적인 설명을 찾는 시도는 성공을 거둘 수 없다. 그러나 우리가 경험에서 발견한 힘들을 사용해 설명하는 것에 만족한다면 이성보다는 생식이 더 설득력이 있다: '[필로] 우리의 제한되고 불완전한 경험을 근거로 판단하건대, 생식이 이성보다 우위에 있네. 왜냐하면 우리는 매일같이 이성이 생식에서 나오는 것을 볼 뿐 생식이 이성에서 나오는 것을 결코 본 적이 없기 때문이네.'(G81)

유아의 생식은 지적인 존재들이 행하는 행위(action)이다. 그러나 그것이 지적인 행위는 아니다. 유아는 그 부모들이 행한 지적 설계의 산물이 아니다. 유아의 생식은 다른 비합리적인 동물과 공유하는 생리적 과정의 결과로서 부모의 통제를 벗어난 것이다. 필로가 말하고 있듯이 이성은 생식으로부터 기인하나(아이는 지적인 존재로 성장할 것이다) 그 역은 아니다. 우리는 동물의 새로운 개체나 새로운 종을 설계할 수 없다. 경험은 이성이 생식으로부터 기인하며 우리가 알고 있는 한 다른 어떤 원리로부터도 생겨날 수 없음을 알려준다.

필로는 여기서 한 걸음 더 나아간다. 인도의 바라만은 세계가 거대한 거미의 실로 만들어졌다고 생각했다. 세계 창조를 이처럼 이성이나 생식이 아닌 본능(Instinct)의 원리로 돌릴 수도 있는 것이다. 이런 주장은 우리에겐 황당해 보인다. 그러나:

[필로] 오직 거미들만이 사는 행성이 있다면(이는 가능한 이야기다) 이런 추론은 클레안테스가 이야기하는 것처럼 우리 행성에서 모든 것의 기원을 설계와 지성으로 돌리는 것만큼이나 자연스러울 뿐 아니라 논쟁의 여지가

없어 보이기에 왜 질서 정연한 세계가 두뇌에서처럼 배에서 생겨날 수 없
는지 그것에 대해 만족할 만한 이유를 제시하기 어려울 것이네. (G82-3)

　물론 필로는 우리가 이런 가설을 받아들여야 한다고 말하고 있는 것
은 아니다. 그의 주장은 의뭉스럽다. 거미들은 아마 이런 세계관을 선
호할 것이다. 그들은 그것을 옹호하는 생득적인 편견과 선입견을 갖고
있기 때문이다. 똑같은 이유로 인간인 우리는 설계 가설을 그럴듯한 것
으로 수용한다. 우리는 정신이나 지성과 연관된 가설을 옹호하는 편견
과 선입견을 갖고 있기 때문이다. 이 두 경우가 완전히 동일한 것임을
알게 되면 우리의 추론(세계의 기원이 지성이라는)이 거미의 추론(세
계의 기원이 거대한 거미라는)보다 더 합리적이라고 주장할 수 있는
객관적인 근거가 없음을 알게 된다.
　클레안테스는 필로가 자신의 똑똑함을 과시하기 위해 경쟁 가설을
남발하면서 자신의 넘치는 창의성을 보여주고 있다고 생각한다. 그에
따르면, 상식은 확고하게 설계 논변을 옹호하며 엉뚱한 생각을 지지하
지 않는다. 그러나 클레안테스는 필로의 일견 경박해 보이는 태도 뒤에
숨어 있는 그의 참 의도를 파악하지 못했다. 필로는 인식론과 형이상학
에서 논란이 되는 난해한 문제를 제기하고 있는 것이다. 공개적으로 회
의론자임을 자처하는 필로는 우리에겐 세계의 기원에 대한 성찰을 하
는 데 필요한 자료가 없다고 주장한다. 그러면서 지혜 있는 자라면 이
처럼 자료가 부족할 경우 판단중지를 내릴 것이라고 말한다. 표면적인
회의론의 기저에는 자연주의적 (비유신론적) 형이상학에 대한 분명한
암시와 더불어 일관성 있는 경험주의자라면 이런 자연주의적 형이상학
이 유신론보다 더 개연적임(경험에 더 잘 근거함)을 알게 될 것이라는
주장이 깔려 있다.

필로는 자신이 세계의 기원에 관해 많은 가설을 언급하는 것은 그의 활기찬 상상력 때문이 아니라 주제의 특성 때문이라고 말한다. 사실을 모르는 상황에서 다수의 모순된 견해들이 있다는 점은 신빙성을 약화시킬 수 있다. '나는 지금 당장 특별히 심사숙고하지 않아도 희박하게나마 참일 가능성이 있는 또 다른 우주론을 제안할 수 있네. 자네나 나의 우주론이 참일 가능성은 천분의 일이나 백만분의 일이겠지만.'(G84) 이 말은 필로의 회의론이 정확히 어떤 것인지를 보여주고 있다. 그는 결코 극단적 회의론자(Pyrrhonist)가 주장하는 등가성 주장을 받아들이지 않는다─등가성 주장은 사실 극단적 회의론자들의 주장도 아니며, 절대 타당하지도 않다. 우리가 사람들의 믿음의 정도나 주관적 개연성을 수치적 척도로 측정하려고 시도한다고 가정하자. 그래서 참일 절대 확실성 $p=1$과 거짓일 절대 확실성 $p=0$ 사이의 수치로 확신의 정도를 표시하자. 믿음의 정도는 내기의 승률로 측정이 된다. 따라서 나는 내가 절대적으로 참이라고 확신하는 명제들($2+2=4$, 나는 브리스톨에 산다, 설탕은 달다)에는 $p=1$을 부여하고, 내가 절대적으로 거짓임을 확신하는 명제들($2+2=5$, 나는 목성에 산다, 모든 물소는 날 수 있다)에는 $p=0$을 부여하며, 참과 거짓의 확률이 반반인 명제(동전을 던지면 앞면이 나올 것이다)에는 $p=0.5$를 부여한다. 내가 이성적이라면 나의 주관적 개연성은 수학적 확률론의 규칙을 따라야 한다. 내가 not-p에 할당한 확률은 1에서 p에 할당한 확률을 뺀 값이어야 한다. 여러 개의 경쟁 가설이 제시되었을 때 나는 그것들에 1 이상의 개연성을 할당해서는 안 된다. 가설들의 개연성의 합은 1보다 작으며 또한 필로가 여기서 우리에게 상기시켜주듯이 우리가 지금껏 생각도 하지 못한 수많은 가설이 있을 수 있다.

내가 10개의 우주론에 관한 경쟁 가설을 검토하고 있다고 하자. 그리고 검토하고 있는 가설 중에 참인 가설이 있다는 생각에 0.5의 개연성을 할당했다고 하자. 그러면 이들 가설 중에 참인 가설이 없다는 생각(이것은 '잡동사니(catchall)' 가설이라고 불린다)에도 0.5의 개연성을 동등하게 할당해야 한다. 만약 내가 검토 중인 모든 가설이 확보된 증거에 비추어 볼 때 동등한 개연성을 지니고 있다고 생각한다면, 각각의 가설은 0.05 또는 20분의 1의 주관적 확률을 얻게 될 것이다. 그러나 모든 가설이 증거에 기반해 동등하게 개연적이라고 가정할 어떤 이유도 없다. 어떤 가설은 다른 가설보다 더 나은 경험적 근거를 갖고 있을 수 있으며, 따라서 우리에게 더 개연적으로 보일 수 있다. 이것이 바로 필로의 생각인 것 같다. 그는 우리가 잡동사니 가설(그중에 참인 것이 없을 수도 있는 가설)에 할당하는 주관적 개연성이 높다고 말한다. 그는 더 나아가 많은 경쟁적 가설들이 여전히 반박되지 않고 있다면 우리가 그들 중 하나에 합리적으로 할당할 수 있는 신뢰도는 낮아진다고 주장한다. 만약 0.5보다 큰 주관적 개연성이 승인을 가리키는 것이라면 어떤 경쟁 가설도 우리의 승인을 받을 수 없다. 비교를 하는 상황이 아니라면 어떤 가설이든 그것에 대한 우리의 신뢰는 낮게 유지되어야 한다. 그러나 비교를 하는 상황이라면 우리는 신뢰의 정도를 등급화할 수 있다. 우리가 확보한 증거를 기반으로 가설 h1은 0.1의 개연성을 갖고 가설 h2는 0.05의 개연성을 갖는다면 우리는 h1이 h2보다 더 개연적이라고 말할 수 있다. 이것이 바로 『자연종교에 관한 대화』에서 필로가 말하고자 하는 것으로 보인다.

8부에서 필로는 약간의 수정을 한다면 오래된 에피쿠로스 가설을 부활시킬 수도 있다고 말한다. 그리스 철학자인 에피쿠로스(c. 341-270 BC)는 원자론의 초기 이론을 발전시켰다. 그는 물리적 우주는 그 크기와 시간에 있어서 무한하며, 무한한 허공 속에서 무작위로 운동하는 무한한 수의 원자로 구성되어 있다고 주장한다. 이들 원자는 영속적인 운동과 더불어 무작위적인 운동을 하는데 이들 운동을 통해 세계가 만들어졌으며 또한 작은 규모의 동식물과 같은 유기체도 만들어졌다. 신들은 이 과정에서 아무런 역할도 하지 않았다. 엄격히 말하자면 에피쿠로스학파는 무신론이 아니었다. 그들은 늘 자신들이 인간이 꿈이나 환상 중에서 본 것과 같은 고대 세계의 신들을 믿는다고 주장했다. 그러나 에피쿠로스학파의 신들은 세계를 창조하지 않으며(세계는 원자들의 우연한 결합의 산물이다) 인간사에 대해 아무런 관심도 없다(그들은 우리의 기도나 번제에 아무런 관심도 없다). 인간의 영혼(불과 공기 원자의 결합일 뿐인)은 물질적인 것이며 그것은 죽는 순간 원자로 분해된다. 에피쿠로스학파는 이렇게 단호하게 창조, 섭리, 내세를 부정함으로써 사실상 무신론이 되었다. 에피쿠로스학파의 이론은 흄이나 키케로의 대화록인 『신들의 본성에 관하여(On the Nature of the Gods)』에 나오는 벨레이우스(Velleius)나 라틴 시인인 루크레티우스(c. 95-52 BC)가 쓴 위대한 철학시 『자연의 본성에 관하여(De Rerum Natura)』를 읽은 독자들에게는 친숙한 것이다.[46]

에피쿠로스학파의 가설에서 필로가 수정한 내용은 유한한 수의 원자가 존재한다고 가정한 것이다:

[필로] 에피쿠로스가 했던 것처럼 물질을 무한하다고 가정하는 대신에 유한하다고 가정해 보세. 그러면 유한한 수의 입자들은 단지 유한한 횟수의 전위(transposition)를 할 수 있네. 영속적인 시간 속에서는 입자들의 배열과 위치는 무한히 바뀌게 되네. 따라서 끊임없이 사건이 일어나는 이 세계

---

46   Lucretius, especially Book 1, lines 1022-8, Book 5, lines 187-99, 837-48, 855-60을 참고하라.

에서는 미세한 부분까지도 생성과 파괴가 이루어졌으며 앞으로도 어떤 한
계나 제한 없이 생성과 파괴가 이루어질 것이네. 유한과 비교해 무한의 의
미를 아는 사람이라면 이런 제한을 하는 데 주저하지 않을 것이네. (G84)

물질(즉 원자)은 그것의 운동이 정신이나 의지에서 시작된 것이 아
니라는 것이다. 필로는 이것에 대해 이견을 보이지 않는다:

[필로] 중력, 탄성, 전기 등에 의한 운동은 많은 경우 어떤 알려진 자발적
인 동인(voluntary agent)없이 물질에서 시작되네. 어떤 알 수 없는 자발적
인 동인을 가정하는 것은 아무 소득도 없는 한낱 가설에 불과한 것이네. 물
질 자체에서 운동이 시작한다는 것은 정신이나 지성의 의사소통만큼이나
선험적인 것이라고 생각할 수 있네. (G84-5)

여기서 필로는 물질은 자체적으로 운동을 하지 못하며 정신이나 의
지가 물체를 움직이게 한다고 주장해 온 철학자들과 신학자들의 오랜
전통에 반기를 들고 있다. 사무엘 클라크는 1704년 『신의 존재와 속성
에 대한 논증』이란 제목의 보일 강연에서 이 오랜 전통을 옹호하였는
데, 그는 이 강연에서 물질의 비자력성(inertness)과 운동을 일으키는
비물질적인 동인의 필요성을 주장하였다.[47] 다른 보일 강의의 연사들과
대부분의 저명한 자연신학자들은 클라크의 견해를 따랐다. 그러나 필
로는 이성이나 경험 어느 것도 물질 자체에 운동의 동인(원천)이 있을
수 없음을 보여주지 못했다고 주장한다. 이성에 따르면 스스로 움직이
는 물질은 모순이 아니다. 그리고 경험은 물체 운동의 원인이 물체 안

---

47 Samuel Clarke, *Works*(4 vols, Bristol, Thoemmes, 2002), Vol. 2, 531.

에 내재하는 동인(중력이나 자기력)에 있음을 보여준다. 그러나 우리
가 물질의 영속적 불안정(agitation)을 수용한다면 새로운 질문이 제기
된다:

[필로] 물질에 필수적인 것처럼 보이는 끊임없는 동요를 보존하면서 자신
의 형태를 유지할 수 있는 사물의 체계, 질서, 조직이 있을까? 확실히 그런
조직이 있네. 현실의 세계가 바로 그것이네. 물질의 지속적인 운동은 무한
한 전위(transposition)는 아니지만 조직이나 질서를 만들어내네. 그리고
질서는 본성상 일단 생겨나면 영속적이지는 않지만 아주 오랜 시간 동안
유지되네. (G85)

필로는 이 경우 설계되어 만들어진 것 같은 모습을 띠게 된다고 말한
다. 그러나 안정적이고 지속적으로 형태를 유지한다는 것은 그것이 상
황에 잘 적응했기 때문이다:

[필로] 이들 구성 요소들 중 어떤 것의 결함은 형태를 파괴하게 되고 그 형
태를 구성했던 물질은 다시금 분해되어 다른 어떤 일정한 형태로 결합될
때까지 불규칙한 운동과 불안정한 상태에 있게 되네. 물질을 수용할 어떤
형태도 없고, 우주에는 엄청난 양의 해체된 물질만 있다면 우주 그 자체는
전적으로 무질서한 것이네. 그것이 창세 시에 있었으나 지금은 해체된 세
계의 미약한 배아이든, 오랜 세월을 거치면서 지금은 시들어버린 남루한
잔해이든 그 어느 경우든 셀 수 없이 많은 순환의 과정을 통해 마침내 일정
한 형태를 지니게 될 때까지, 즉 부단한 물질의 변이 속에서 각 부분과 기
관들이 자리를 잡아 형태를 유지하게 될 때까지 혼돈은 지속되네. (G85-6)

필로는 여기서 물질이 안정과 불안정을 오가며 끊임없이 새로운 형태로 변화가 일어나고 있다는 일종의 우주 대사론(cosmic metabolism)을 주장하고 있다. 불안정한 형태는 분해되어 소멸이 되고 안정적 형태는 지속한다. 만약 (물질의) 모든 가능한 형태와 결합이 오랜 세월 동안 시도되었고 오직 실행 가능한 형태만이 살아남았다면 우리는 외견상 목적론적으로 보이는 자연에 관해 환원적이고 비목적론적인 설명을 할 수 있게 된다:

> [필로] 그러므로 동물이나 식물의 경우 각 부위의 용도와 부위들의 기묘한 조화를 강조하는 것은 잘못된 것이네. 동물의 경우 신체의 각 부위가 서로 조화를 이루지 못한다면 살아남지 못했을 것이네. 이런 조화가 깨질 때 동물은 죽게 되고 썩은 물질은 새로운 형태를 띠게 된다는 사실을 우리는 이미 알고 있지 않은가? (G87)

여기서 필로는 루크레티우스의 책 5권의 내용을 있는 그대로 말하고 있다. 루크레티우스는 우리 세계가 만들어질 당시 원자들의 무작위적인 결합으로 인해 많은 종류의 동식물과 무생물이 생겨났다고 말한다:

> 그리고 그 당시에 지구는 많은 기이한 것들을 창조했다.
> 그것들 대부분은 형태와 양상이 낯설었다.
> 에르마프로디테스(자웅동체)는 암수로 한 몸을 이루고 있어
> 암도 수도 아니며 둘은 분리되어 있었다;
> 그리고 발이 없는 생물, 손이 없는 생물,
> 입이 없어 말을 못하는 생물, 눈이 없어 보지 못하는 생물,
> 사지가 몸에 붙은 불구의 생물,

아무것도 할 수 없고, 어디에도 갈 수 없는 생물,

병을 피할 수도 필요한 것을 가질 수도 없는 생물,

이와 유사한 다른 기이한 것들도 만들어졌다.

자연은 이들의 성장을 막지 못했다.

그들은 꽃을 피울 수도 없었고,

양식을 찾을 수도, 사랑을 나눌 수도 없었다.[48]

클레안테스는 인간과 동물이 지니고 있는 많은 편익과 장점은 에피쿠로스학파를 반박하기에 충분하다고 생각한다. 그는 두 가지 유형의 증거, 즉 자연 안에 있는 내재적 목적론(internal teleology)과 외재적 목적론(external teleology)의 증거를 인용하고 있다. 내재적 목적론은 종 X의 유기체들이 지닌 어떤 특징이 X의 구성원들이 지닌 장점에 의해 설명되며, 외재적 목적론은 X의 구성원들의 어떤 특징이 다른 종 Y의 구성원들이 누리는 유익함(혜택)에 의해 설명된다. 필로는 에피쿠로스학파가 내재적 목적론을 설명할 수 있으나 넘치는 것에 관해서는 설명하지 못한다고 생각한다. 우리는 두 개의 눈을 갖고 있으나 한 개의 눈만으로도 생존할 수 있다. 따라서 우리는 생존을 위해 필요한 것 이상을 갖고 있다. 클레안테스에 따르면 자연에는 외재적 목적론에 대한 증거가 있다. 즉 인간을 위해 의도적으로 만들어진 다른 유기체가 있다는 것이다. 예를 들어, 낙타는 아프리카나 아라비아의 사막에서 사는 인간들의 쓰임새에 맞는 형태를 지니고 있다. 이 두 가지 면에서 클레안테스는 에피쿠로스학파가 말하는 단순한 우연(indifferent chance)보다는 '자비로운 설계'의 징후를 발견했다고 생각한다.

---

48   Lucretius, Book Five, lines 837-48.

필로는 에피쿠로스학파의 가설에 대한 그의 진술에 결함이 있으며 불완전함을 인정한다. 그러나 문제점을 인정했다고 해서 그것이 문제가 되는 것은 아니다. 필로는 세계나 유기체의 기원에 관한 우리의 모든 가설이 추측에 불과한 것임을 우리에게 상기시킨다. 물론 에피쿠로스학파의 가설은 난점을 지니고 있으며, 따라서 많은 반론에 직면한다. 그러나 지적 설계의 가설 또한 이 점에선 마찬가지다:

> 고백하건대, 모든 종교적 가설들은 극복하기 어려운 큰 난점을 지니고 있다. 논쟁에 참여하는 사람은 자신의 차례가 되어 공세를 취할 때면 기세등등하게 자신의 경쟁자가 지닌 불합리, 야만성, 유해한 교리를 지적하네. 그러나 그들 모두는 결국에 가서 그러한 주제와 관련해서는 어떠한 가설도 받아들일 수 없다고 말하는 회의론자에게 완벽한 승리를 안겨주게 되네. 주제가 무엇이 되었든 불합리한 것을 받아들여서는 안 된다는 이유에서 말일세. 여기서 우리가 내릴 수 있는 유일한 합리적 선택은 완전한 판단중지이네. (G88-9)

다시 말해 필로는 에피쿠로스의 가설을 자신의 견해로 피력하고 있는 것이 아니기에 클레안테스의 반론에 맞서 그것을 옹호해야 할 의무가 있는 것도 아니다. 회의론자로서 그는 자신이 옹호해야 할 특정한 견해를 갖고 있지 않다. 단지 그는 사고-실험 또는 개연성 있는 대안으로 경쟁 가설(설계 가설에 대한)을 제시하고 있을 뿐이다.

8부를 꼼꼼히 읽어본 독자라면 에피쿠로스 가설에 맞서 개연성 있는 논변(probabilistic argument)을 전개하고 싶을 것이다. 건강한 고양이 한 마리를 만들어내기 위해서 엄청난 수의 원자들이 자연스럽게 결합할 개연성은 거의 없는 것이 아닐까? 일회적인 경우라 할지라도 그 가능성은 천문학적 수준일 것이다. 그러나 실제 가능성은 매우 높다. 새로운 종을 낳기 위해서는 같은 시공 안에 암컷과 수컷 두 마리의 고양이만 있으면 된다. 물론 이것만으로는 충분하지 않을 것이다: 최초의 고양이들은 숨을 쉴 수 있는 적절한 종류의 공기, 마실 물, 먹을 수 있는 생쥐 등, 그들의 생존을 위해 적절한 환경이 필요할 것이다. 이것들이 전혀 불가능한 것은 아니지만 개연성이 있어 보이지는 않는다.

그러나 에피쿠로스학파는 이런 비판으로 인해 영향을 받지 않을 것이다. 이 학파의 이론의 핵심은 무한한 시간의 가정이다. 무한한 시간이 주어진다면 개연성이 낮다는 주장은 힘을 얻지 못할 것이다. 우리는 침팬지들이 『햄릿』을 타이핑하고 있는 우주를 상상한다. 물론 그렇게 되려면 엄청난 폐지가 만들어질 것이다. 에피쿠로스학파는 우리의 세계가 극도로 개연성이 낮은 원자들의 결합으로 인해 생겨난 것들 가운데 하나지만 무한한 수의 원자들, 무한한 공간 그리고 가장 중요한 무한한 시간이 주어진다면 인간처럼 복잡하며 상호의존적인 세계가 진화했음은 절대적으로 확실하다고 주장한다. 우리가 이처럼 복잡하고 상호의존적인 세계에 존재한다는 사실은 놀라운 일이다. 그러나 우리가 이런 세계에서만 생존할 수 있다는 것을 감안한다면, 우리가 이런 질서 있는 세계에 살고 있다는 것은 놀랄 일이 아니다. 달리 어떻게 상상할 수 있겠는가?

물론 동식물 연구자들은 무한한 시간이라는 너무 쉬운 가정을 하지 않는다. 우리가 아는 최고의 이론에 따르면 우리의 지구는 불과 몇십억 년밖에 되지 않았다. 문제는 이런 젊은 지구의 물리적 조건들로는 생명이 유지될 수 없다는 점이다. 따라서 무한한 시간을 가정하지 않을 때 우리는 생명의 탄생이 천문학적인 비개연성을 지닌다는 반론에 답변을 해야 한다. 이 문제는 현대 다윈주의 이론에 입각해서 리차드 도킨스가

'작은 변화의 축적'이라고 말하는 것에 의해 점차적으로 해결되었다.[49] 우리는 원자들이 고양이처럼 복잡한 것을 형성하기 위해 자연적으로 결합하였다고 생각하지 않는다. 대신에 우리는 최초의 유기체는 매우 단순했으며, 고양이와 같은 복잡한 동물들이 수백만 년의 유기체의 진화를 통해 생겨났다고 생각한다. 생존이 가능한 고양이 한 마리를 만들기 위해 원자들이 결합했을 것이라는 개연성은 극도로 비개연적이다. 그러나 그 비개연성을 수많은 그보다 작은 비개연성으로 분산하면, 작은 것들이 쌓여 마침내 고양이를 만들 수 있다. 유한하나 오랜 시간이 주어진다면 선택이라 불리는 다윈주의 과정은 지적 설계자 없이도 설계된 것 같은 모습을 만들어낼 수 있다.

질문

1. 우주와 기계, 식물, 동물 간에 유사성의 정도를 평가하는 객관적이고 비자의적인 방식이 있을 수 있다고 보는가? 어떤 유사성은 다른 유사성보다 더 의미가 있을까?

2. 필로가 어떤 유형의 자연주의에 대해 긍정적인 근거를 제시하려고 할 때 그는 단지 책에서 균형을 잡기 위해(클레안테스의 '고의적인 편견'을 바로잡기 위해) 그런 것일까 아니면 실제로 그 자연주의가 참이라고 생각한 것일까?

3. 우리는 가설 중 어떤 것이 참일 확률은 수천 수백만분의 일이라는 필로의 주장을 진지하게 받아들여야 할까? 단순한 과장일까 아니면 잡동사니 가설에도 0.999 또는 그 이상의 주관적 개연성이 있다고 본 것일까?

---

49   Dawkins, Chapter 3, 'Accumulating Small Change'.

4. 필로의 마지막 충고는 '완전한 판단중지'이다. 왜 증거에 비례해서
   믿음을 가질 수 없는 것인가?

VII. 9부: 선험적 논변

9부는 데미아의 새로운 시도로 시작한다. 그는 경험으로부터의 논변이 신의 핵심적인 속성(예를 들어, 단일성이나 무한성)을 입증하지 못한 다면 일거에 모든 난점과 의심을 날려버릴 수 있는 절대 무오류한 간결 하고도 숭고한(sublime) 선험적 논변에 의존해야 한다고 주장한다. 클 레안테스는 데미아에게 어떤 선험적 논변을 마음에 두고 있는지 묻는 다. 그러면서 선험적 논변이 지닌 장점을 이야기하기에 앞서 어떤 논변 을 제안하고 있는지, 그리고 그것이 과연 논리적으로 건전한 것인지를 검토해 보아야만 한다고 말한다. 데미아는 이에 대해 자신이 제안하는 논변은 '상식적인 것'이라고 말한다. 다시 말해, 독창적이고 혁신적인 것이 아니라는 것이다. 그의 말처럼 그는 많은 자료에서 찾아볼 수 있 는 논변을 이야기하고 있다. 그가 제시하는 논변을 자세히 살펴보면 그 것의 출처가 1704년 사무엘 클라크가 보일 강연에서 했던 강연을 책으 로 낸 『신의 존재와 속성에 대한 논증(*Demonstration of the Being and Attributes of God*)』으로 짐작된다.[50] 클라크는 여기서 오래된 논변인 성 토마스 아퀴나스의 세 번째 논변과 거의 같은 논변을 제시하고 있 다. 데미아가 이 논변을 '상식적인 것'이라고 했을 때 그는 기독교의 철 학적 신학(Christian philosophical theology)에서 오랜 기간 신뢰를

---

50   Samuel Clarke, *Demonstration*, Propositions 2 and 3, Works, Vol. 2, 525-9.

받아온 이 논변을 자신이 수용하고 있음을 표현한 것이다.

이 논변은 우연유(contingent beings)는 필연유(a necessary being) 없이는 존재할 수 없다는 것을 입증하고자 한다. 존재는 필연적이 아니라면 우연적이다. 예를 들어, 나의 존재는 분명 우연적이다. 나의 부모는 서로 만나지 않았을 수 있고, 나의 어머니는 유산을 했을 수 있기 때문이다. 내가 작업하고 있는 컴퓨터는 또 다른 우연유이다. 그것은 운송 중에 부서지거나 공공 기물 파괴자들에 의해 훼손되거나 불에 타서 파괴될 수도 있다. 인간이나 컴퓨터나 모두 우연유이다. 혜성의 충돌은 인간이 진화하기 전에 있었던 포유류를 멸종시켰을 수도 있다. 러다이트(기계 파괴자)와 종교적 광신자들은 신성불가침 동맹을 맺어 컴퓨터를 악마가 만든 것으로 여겨 이 땅에서 쓸어버리려고 할 수도 있다. 데미아의 논변은 우리가 주변에서 볼 수 있는 다양한 사물들인 우연유에서 시작해 그것의 존재의 조건 또는 근거로서 필연유의 존재를 주장한다:

[데미아] 존재하는 것은 어떤 것이든 존재의 원인이나 이유가 있어야만 하네. 스스로 생겨나거나 자기 존재의 원인이 되는 것은 전적으로 불가능하네. 따라서 결과로부터 원인을 거슬러 올라가는 경우 어떤 궁극적 원인이 없이 무한한 인과의 흐름을 거슬러 올라가거나 아니면 필연적으로 존재하는 어떤 궁극적 원인에 의존해야만 하네. 그런데 첫 번째 가정이 불합리함은 다음과 같이 입증될 수 있네. 원인과 결과의 무한한 흐름이나 연속 가운데서 각각의 단일한 결과는 그것에 직접적으로 앞서 있는 원인이 지닌 동력(power)이나 효력(efficacy)에 의해 존재하네. 그런데 전체로서의 영원한 원인들의 흐름이나 연속은 어떤 것에 의해서 결정되거나 야기되지 않네. 그러나 그것 역시도 시간 속에서 존재하는 특정한 사물들처럼 원인이

나 이유가 필요함은 자명한 사실이네. (G90)

데미아는 여기서 우주론적 논변에 관해 특정한 해석을 받아들이고 있다. 우주론적 논변에는 두 가지가 있다. 두 가지 모두 인과율의 원리를 자명한 것으로 받아들이고 있다. 일찍이 이 논변은 원인의 무한후퇴는 불가능하기에 모든 인과적 연쇄는 제일원인(신)을 필요로 한다고 주장해 왔다. 그러나 데미아는 무한한 인과적 연쇄의 논리적 가능성(conceivability)을 부인하지 않는다. 그의 주장은 비록 우연유의 인과적 연쇄가 무한하다고 할지라도 왜 다른 것이 아닌 이 특정한 무한한 인과적 연쇄가 존재하는지 물을 수 있다는 것이다. 그의 핵심적 주장은 우연유는 필연유(신)를 필요로 하며, 우리의 세계를 설명하는 궁극적 원인 또는 설명은 이 세계 내에서 발견될 수 없다는 것이다:

[데미아] 이 특정한 원인들의 연속은 영원으로부터 존재해 왔으나 다른 것은 그렇지 않은지 또는 왜 어떠한 원인들의 연쇄도 영원으로부터 존재하지 않는지 묻는 것은 여전히 이치에 맞는 일이네. 만약 필연적으로 존재하는 존재(신)가 없다면 생각해 볼 수 있는 어떤 가정이든 가능하게 되네. 우주를 구성하는 원인의 흐름이 있다고 하기보다 영원으로부터 아무것도 존재하지 않았다고 말하는 것이 더는 황당한 이야기가 되지 않네. 그렇다면 어떤 것을 존재하게 하고 그것에 여타의 다른 가능성을 배제하고 특정한 가능성을 부여해 주는 것은 무엇일까? 외적인 원인은 없다고 이미 가정했네. 우연 역시 무의미한 말이네. 그렇다면 아무것도 없는 무일까? 그런데 무로부터는 어떤 것도 생겨날 수 없네. 그러므로 우리는 그 자신 안에 자신의 존재 이유를 지니고 있으며 명백한 모순 없이는 존재하지 않는다고 생각할 수 없는 필연적인 존재에 의존할 수밖에 없네. 따라서 그러한 필연적 존재,

즉 신이 존재한다고 결론을 내릴 수밖에 없네. (G90-91)

여기서 우리는 중요하지 않은 것을 물고 늘어지는 방식으로 쉽게 데미아의 주장을 약화시킬 수 있다. 먼저 '우연'이라는 단어를 의미 없는 말이라고 하는 것이다. 그러나 데미아가 이야기하고자 하는 것은 이 용어가 일련의 특정한 힘을 지닌 어떤 인과적 동인(causal agency)에 붙일 수 있는 명칭이 아니라는 것이다. 무(nothing)를 원인이라고 하는 말장난은 루이스 캐럴을 즐겁게 해줄 수 있으나('나는 길에서 nobody를 지나쳤다') 버트런드 러셀은 이 말에 화를 낼 것이다. 그래도 이 유감스러운 표현을 통해 논변의 핵심이 무엇인지를 알아보자. 추가적인 예시를 통해 데미아가 무엇을 노리고 있는지 알 수 있을 것이다.

보(Bo)라고 불리는 커다란 얼룩무늬 고양이가 최근에 내 아파트와 정원을 차지했다. 나는 갑자기 왜 보가 여기 있는지 궁금해할 수 있다. 이 궁금함에 대한 자연스러운 답변은 앞서 살았던 두 마리 고양이에 대한 기억과 더불어 이곳이 그들이 살기에 좋고 번식하기에 적합한 환경이었다는 생각을 통해 해결될 수 있다. 그런 다음 나는 또 '그 두 마리 고양이는 왜 있게 된 거지' 하고 물을 수 있는데 이때도 이전과 마찬가지로 어미가 낳았기 때문이라고 설명할 수 있을 것이다. 이런 식의 질문과 답은 끝없이 이어질 수 있다. 아리스토텔레스는 고양이만이 고양이를 낳을 수 있다고 믿었고 그래서 모든 동물 종은 엄격히 말해 영원한 것이라 믿었다. 아리스토텔레스학파에 따르면 보의 조상은 무한히 그 혈통을 따라간다 해도 여전히 고양이일 뿐이다. 그러나 다윈 이래 우리는 더 이상 이것을 믿지 않게 되었다. 우리는 보의 혈통을 원리상 초기 포유류 그리고 파충류와 무척추 동물까지 거슬러 올라갈 수 있게 되었다. 두 가지 시나리오 모두 몇 가지 의문점이 있다. 내가 아리스토텔레스학파에게 왜 보가 존재하는지를 물으면 그들은 끝없이 고양이의 계보를 언급할 것이다. 내가 왜 고양이가 존재하는지 묻는다면 그들은 고양이는 항상 있었다고 답할 것이다. 고양이는 우리가 사는 이 세계를 구성하는 영원한 구성 요소 중에 하나라는 것이다. 그러나 내가 알고 싶은 것은 존재하는 다양한 것들 중 왜 (유니콘이 아니고) 고양이가 존재하느냐 하는 것이다. 현대 동식물 연구자들은 여기서 유리한 입장에 서 있다. 내가 리차드 도킨스에게 왜 고양이가 있느냐고 묻는다면 그는 내게 보다 원초적인 조상들로부터 고양이가 진화했다는 다윈의 이론을 나에게 이야기해 줄 것이다. 만약 내가 '왜'라는 질문을 계속한다면 그는 내게 지구상에 존재하는 생명의 기원에 관해 우리가 알고 있는 최고의 과학적 가설을 이야기해 줄 것이다. 그러나 이런 설명은 이 지구의 존재를 전제로 하고 있으며 이 지구가 생명의 진화에 적합한 환경이라는 전제가 깔려 있다. 만약 내가 행성의 기원에 대해 묻는다면 도킨스는 이것은 그의 분야가 아니라고 말하면서 우주학자를 나에게 소개해 줄 것이다. 행성의 기원에 대해 원인의 연쇄를 쫓아가다 보면 우리는 마침내 빅뱅에 도달하게 될 것이다. 모든 물질(에너지)이 축적되고 물리학의 보편적인 법칙이 밝혀진다면, 우주학자들은 우리 우주가 어떻게 진화했는지 설명할 수 있다. 그러나 우리는 계속해서 왜 정확히 이 정도의 물질(에너지)이 있는지 물을 수 있다. 또한 다른 법칙이 아닌 정확히 왜 이 법칙이 필요한지 물을 수 있다. 이처럼 항상 답변을 요구하는 것이 있게 마련이다.

 자연주의적 설명은 결코 궁극적인 설명이 되지 못한다. 그런데 데미아가 요구하는 것은 궁극적 설명이다. 자연주의적 설명은 자연의 질서 안에서만 유효한 설명인데 데미아는 자연 그 자체에 대한 설명을 요구하고 있다. 따라서 이러한 궁극적 설명은 우리를 초자연적인 것으로 인도하게 된다. 그런데 그런 존재의 가정이 어떤 면에서 도움이 된다는 것일까? '하나님이 세상을 만드셨다면 하나님은 누가 만들었나요?' 우리는 왜 다섯 살짜리 어린 형이상학자가 던지는 이런 질문을 할 수 없는 걸까? 언뜻 보기에 이것은 매우 좋은 질문처럼 보인다. 우리가 늘 들어온 답변은 하나님은 필연적으로 존재한다는 것이다. 다시 말해 신은 어떤 외적인 원인 없이 자신의 본성 또는 본질에 의해 존재한다는 것이다. 이런 필연유의 가정은 '왜'라는 질문의 무한후퇴를 막아준다. 만약 이 존재(필연유)가 자신 안에 존재의 이유를 갖고 있으며, 따라서 모순에 빠지지 않고는 존재하지 않는다고 생각할 수 없는 그런 존재라면 우리는 궁극적 원인을 찾는 모든 탐구를 중단하게 할 원칙적인 방법을 갖게 된 것이다. 이것이 바로 우주론적 논변이 노리는 효과이다.

데미아의 우주론적 논변에 대한 비판은 클레안테스에게 맡겨졌고, 필로는 여기에 자신의 기발한 생각을 덧붙인다. 클레안테스는 데미아의 논변은 근거가 빈약하며 참된 신앙이나 종교에 아무런 영향도 끼치지 못한다고 말한다. 그의 첫 번째이자 명백해 보이는 반론은 단순하게 경험주의의 원리를 적용하는 것이다:

[클레안테스] 나는 먼저 선험적 논변에 의해 어떤 사태를 논증하거나 입증한다고 주장하는 것이 명백히 불합리한 것임을 말하고 싶네. 그 반대가 모순을 함축하지 않는 한 어떤 것도 논증될 수가 없네. 그런데 상상이 가능한 모든 것은 모순을 함축하지 않네. 우리가 존재한다고 생각하는 것은 무엇이든 그것이 존재하지 않는다고 생각할 수 있네. 따라서 그것의 비존재가 모순을 함축하는 그런 존재(필연유)란 없네. 결론적으로 말해 그것의 존재가 논증 가능한 그런 존재는 없네. 나는 이 논변이 전적으로 옳다고 생각하기에 모든 논의를 이것으로 끌고 가려고 하네. (G91)

이 논변은 흄이 자신의 두 번째 탐구에서 사태와 관념들의 관계에 대해서 행한 구분, 흔히 흄의 포크(Hume's Fork)라고 말하는 것[51]을 이 문제에 그대로 적용하고 있다. 흄에 따르면, 이 논변은 개념들에 대한 분석을 통해 밝힐 수 있는 관념들의 관계에 관한 영역에 속한 것이다. 개념에 대한 분석을 통해 우리는 모든 삼각형은 세 개의 변이 있으며, 모든 유니콘은 하나의 뿔을 갖고 있으며, 모든 총각은 결혼하지 않았음을 알 수 있다. 그러나 개념에 대한 분석만으로는 삼각형, 유니콘 그리고 총각이 존재하는지 여부를 알 수 없다. 실재 존재하느냐 하는 문제는 개념에 대한 분석이 아닌 경험을 통해서만 알 수 있는 문제이기 때문이다. 만약 어떤 유신론자가 신이라는 개념에 대한 분석을 통해 신이 필연적으로 존재함을 주장한다면 흄은 다음과 같이 답할 것이다: 그가 사용한 필연적 존재라는 말은 무의미하든가 아니면 그가 입증한 것은 '신이 존재한다면 그는 필연적으로 존재한다'('만약 유니콘이 존재한다면 그것은 이마에 하나의 뿔을 갖고 있다'와 유사한)는 조건적 명제일 뿐이다. 이런 조건적 명제는 필연적으로 참이기는 하나 공허한 주장일 뿐이다.

이런 이유에서 어떤 비평가는 필연적으로 참인 존재론적 명제(existential proposition)가 있다는 것에 반론을 제기한다. '20과 25 사이에 하나의 소수가 있다'가 좋은 실례이다. 그러나 수는 특이하게 추상적인 대상으로서 구체적인 사물들과는 아주 다른 존재 양식을 지니고 있다. 흄은 과학으로서 대수학은 관념들의 관계에 관한 영역에 속하며, 따라서 그의 경험주의를 위협하는 타당한 반례로 볼 수 없다고 생각한다. 경험론에 따르면, 존재에 대한─실재적 또는 구체적인 존재에 대

51　*Enquiry*, Section IV, Part I, 25 in the Selby-Bigge edition.

한—물음은 오직 경험을 통해서만 답변될 수 있다. 클레안테스가 주장하듯이 이 논쟁은 경험론에 확신을 갖고 있는 사람의 경우에만 결론을 낼 수가 있다.

그러나 모든 사람이 클레안테스처럼 경험론을 신뢰하는 것은 아니다. 신은 그 본질과 존재가 분리되지 않은 유일한 경우라는 생각은 기독교의 철학적 신학에 깊게 뿌리를 두고 있다. 흄과 클레안테스는 이것을 편견, 즉 일부 철학자와 대부분의 신학자들이 지닌 잘못된 지적 편견이라고 생각한다. 그러나 편견을 하루아침에 없앨 수는 없다. 따라서 클레안테스는 그의 첫 번째 반론이 결정적이라고 확신하면서도 여기서 멈추지 않는다. 그는 선험적 논변이 건전하지 못할 뿐 아니라 신학자들에게 무익하다고 말한다. 그것이 건전하지 못한 것은 그것이 경험론의 원리와 부합하지 않기 때문이며, 그것이 무익한 것은 비록 필연적인 존재를 입증한다 할지라도 이 필연적 존재가 하나님(God)이 아닐 수도 있기 때문이다:

> [클레안테스] 그러나 한 걸음 더 나가 보세. 필연성에 대한 이런 거짓된 설명에 따른다고 한다면, 왜 물질적 우주는 필연적으로 존재할 수 없는 것인가? 감히 우리가 물질의 모든 속성을 안다고 주장할 수는 없겠지만 어느 정도 우리가 그 속성을 밝히는 것이 가능한 경우 물질적 우주가 그것의 비존재가 2의 제곱이 5라는 주장처럼 모순이 되는 어떤 속성을 지니고 있을지도 모르는 일이네. (G92)

사무엘 클라크를 추종한 데미아가 '존재하는 모든 것은 우연적으로 존재한다'는 명제에 대한 완벽한 귀류법적 논증(Reductio ad absurdum)을 제시했다고 해보자. 그 경우 우리는 '어떤 것이 필연적으로 존재한다'는 존재론적 논제를 입증한 것이 된다. 그런데 필연적으로 존재한다는 것이 대체 무엇일까? 그것은 물질인가, 아니면 전체로서의 물리적 우주인가? 스피노자의 범신론에 따르면, 신은 사실상 물리적 우주와 분리되지 않는다. 물리적 우주는 신의 속성 중 하나(연장)로 이해된 신이다. 스피노자에게 있어 물리적 우주는 필연적 존재이다. 클레안테스는 이런 주장을 반박하기 위해 사무엘 클라크의 논변을 인용한다. 그것은 특별한 것이 아니다. 클라크에 따르면, 어떤 물질의 입자도 그 비존재를 상상할 수 있으며, 어떤 물리적 형태도 그 변화를 상상할 수 있다. 따라서 소멸과 변화가 가능한 것이다. 클레안테스는 이렇게 말한다:

[클레안테스] 우리가 신에 대한 개념을 갖고 있는 한 동일한 논변이 신에게도 동일하게 적용된다는 것을, 다시 말해 신 역시도 존재하지 않거나 그의 속성이 변화할 수 있음을 깨닫지 못한다면 이는 엄청난 편견이네. 물론 그의 비존재나 그의 속성의 변화를 불가능하게 할 수 있는 어떤 미지의 우리가 상상할 수 없는 어떤 속성들이 있을 수 있네. 그런데 이 속성이 왜 물질에는 없는 것인지 그 이유를 설명할 수 없을 것이네. 그 속성들이 미지의 것이고 상상할 수 없는 것인 한 우리는 그 속성들이 물질과는 양립할 수 없는 것임을 결코 입증할 수 없네. (G92)

우리는 우리가 상상할 수 있는 속성들로부터 추론을 하거나 아니면 필연적 존재에 대한 근거를 제공한다고 여겨지는 어떤 미지의 속성을 가정한다. 신과 물질 모두 테스트를 통과하지 못한다. 우리가 이미 알고 있는 속성을 근거로 추론을 하는 경우 클라크는 '이러저러한 차원의 존재가 존재한다면 [사유 가능성 테스트(Conceivability test)에 의해]

그것은 존재하지 않을 수 있다.'라고 말할 것이다. 따라서 클레안테스 역시 '무한한 지혜를 지닌 존재가 존재한다. 그러나 (사유 가능성) 테스트에 의해 존재하지 않을 수도 있다.'라고 말한다. 사유 가능성 테스트는 두 경우 모두 그것의 존재가 우연적임을 알려준다. 만약 유신론자가 왜 무한한 정신이 존재해야만 하는지에 대해 미지의 근거나 이유를 댄다면 유물론자 역시 왜 물질이 존재해야만 하는지에 대해 그것에 상응하는 미지의 근거나 이유를 제시할 수 있다. 필연적인 존재에 대해 어떤 미지의 근거를 가정하거나 그것의 비존재를 상상할 수 없다는 것만으로는 아무것도 입증하지 못한다. 유신론자가 이 같은 반론을 해결하지 못하는 한 클라크의 우주론적 논변은 유신론을 옹호하는 데 아무런 도움도 되지 못할 것이다.

클레안테스의 세 번째 반론은 단지 부분에만 적용되는 설명의 원리를 자연 전체에 적용하고 있는 데미아를 향한다:

[클레안테스] 이러한 사물들의 연쇄 또는 연속 속에서 각 부분은 그 이전의 것으로 인해 생겨나며, 그것의 뒤를 이을 원인이 되네. 그렇다면 무엇이 문제일까? 자네는 전체도 원인이 있다고 말하고 있네. 여러 부분을 하나로 묶는 것은 여러 나라를 하나의 왕국으로 묶거나 여러 개의 사지를 하나의 몸으로 묶는 것처럼 정신의 자의적인 생각에 따라 이루어진 것일 뿐 사물의 본성과는 아무 상관이 없네. 내가 자네에게 20개의 조각으로 이루어진 개체에서 각 조각의 원인이 무엇인지 보여주었다고 하세. 나중에 자네가 내게 그 20개의 조각으로 만들어진 개체의 원인이 무엇인지 묻는다면 나는 그 질문이 불합리하다고 생각할 걸세. 왜냐하면 각 조각들의 원인을 설명하는 것으로 충분히 설명되었기 때문이네. (G92-3)

그런데 이 반론은 너무 성급해 보인다. 개체들의 집합은 종류가 매우 다르며, 의미 또한 다르다. 나는 해안의 밀물선을 따라 거닐면서 표류물과 해양 폐기물을 주울 수 있다. 이들은 각기 독립적인 인과 이력을 갖고 있고 이들 간에는 아무런 연결도 없다. 그것들은 부유물로서 배에서 떨어지거나 버려진 물건들인데 이것들을 모은다 해도 이렇다 할 무언가를 만들 수는 없다. 이것을 상자 속에 든 투표공들과 비교해 보자. 나는 공 A가 상자 안에 있는 이유(스미스가 거기에 그것을 넣었음)와 공 B가 상자 안에 있는 이유(존스가 거기에 그것을 넣음)에 대해 설명할 수 있다. 그러나 내가 20개의 공 각각에 대해 그것이 상자 안에 들어 있는 이유에 대해 이처럼 누가 그 공을 넣었는지 설명한다 해도 핵심이 빠진 답변처럼 보일 것이다. 내가 이 20개의 공이 왜 상자 안에 들어 있는지를 궁금해한다면 그것에 대한 제대로 된 답변은 바로 투표 때문이라는 것이다. 그러면 다음으로 투표를 하는 특정 클럽이나 단체에 대해 질문하거나 질문과 투표를 통해 집단의 의사결정을 하는 제도의 기원이나 그 이유에 대한 질문이 이어질 것이다. 데미아는 클레안테스에게 우리의 세계는 표류물보다는 투표공에 가깝다고 말할 수 있다. 이 경우 클레안테스의 반론은 타당하지 않게 된다.

그러므로 클레안테스는 일부 양보를 해야 할 필요가 있다. 자연과 인간의 문제에 있어서 우리는 개체에 대한 질문과 유형이나 종에 관한 질문을 구별할 수 있고, 또한 질문의 수준에 따라 적절한 답변을 할 수 있다. 우리는 '왜 보(Bo)가 존재하지?' 하고 묻고, 어미 고양이가 보를 낳았다고 답변할 수 있다. 우리는 '왜 고양이들이 존재하지?' 하고 물을 수 있고 그 질문에 대해 고양잇과 동물의 진화라는 관점에서 답할 수 있다. 우리는 '왜 고양잇과 동물이 있지?' 하고 물을 수 있고, 놀랍도록 잘 적응한 포식자의 진화론적 우월함의 관점에서 이 질문에 답변할 수 있다. 마찬가지로 우리는 '공 A가 왜 여기에 있지?' 하고 물을 수 있고, 이 질문에 '스미스가 그것을 거기에 넣었어.' 하고 대답할 수 있다. 우리는 '이 20개의 공이 왜 여기에 있지?' 하고 물을 수 있고, '그 단체가 투표를 하려고.' 하고 답변할 수 있다. 그러면 우리는 '왜 단체들은 투표로 쟁점들을 해결하려고 하지?' 하고 물을 수 있고, '그것이 매우 공정하기 때문이야. 모든 사람이 동등한 발언권을 갖고 있으며, 비밀투표는 부당한 영향력을 없앨 수 있거든.' 하고 답할 수 있다. 일상생활에서 이처럼 집단(collectives)에 대해서 '왜'라는 질문을 던지는 경우를 우리는 흔히 볼 수 있다. 클레안테스가 강조해야만 하는 중요한 요점은 이런 설명 역시 자연의 질서 안에서 이루어진다는 점이다. 종의 기원에 관한 진화론적 설명은 그 배후에 자연(신으로서)과 자연법칙이 전제되어 있다. 그리고 투표제도는 그 배후에 조정이 필요한 문제에 대해 수긍이 가는 해결책을 모색하는 합리적이며 사회적인 존재를 전제로 하고 있다. 데미아의 논변은 우리로 하여금 자연 밖으로 나와서 전체로서의 자연 세계를 그 존재에 대한 설명이 필요한 하나의 실체로 볼 것을 요구한다. 그러나 우리가 하는 모든 설명은 그 배후에 당연시 여기는 어떤 것을 전제로 하고 있다. 전체로서의 자연에 대한 데미아의 설명은 오히려 문제를 키운다. 일단 '왜'라는 질문이 어떻게 작동하는지 이해하게 되면 우리는 데미아가 '왜'라는 질문('왜 우주가 존재하지?' 또는 '왜 아무것도 없지 않고 무언가가 있지?')을 하면서 동시에 합리적인 답변을 할 수 있는 가능성을 배제하고 있음을 알게 될 것이다. 현재로선 클레안테스의 세 번째 반론은 실패한 것으로 보인다. 그러나 긍정적인 시각에서 본다면 경험론자인 클레안테스는 설명의 본질에 대해 중요한 통찰을 해나가고 있는 것으로 볼 수 있다. 모든 설명이 배후에 무언가를 전제하고 있다면 궁극적 설명을 찾는 우리의 노력은 실패로 끝날 수밖에 없다.

필로는 클레안테스에게 우주론적 논변에 대한 공격을 맡겼다. 따라서 우리는 자연스럽게 필로가 데미아의 선험적 논변에 대한 클레안테스의 경험론적 반론에 동조하고 있다고 생각하게 된다. 그러나 필로는 매우 색다른 자신만의 독특한 논변을 추가한다. 필로는 수의 체계에서 18, 27, 36, 369와 같은 9의 배수는 그 수를 구성하는 수를 모두 합하면 9가 되거나 18이나 36과 같은 9의 소배수가 된다($18=1+8=9$; $27=2+7=9$; $36=3+6=9$, $369=3+6+9=18$, 그 다음 $1+8=9$)는 사실에 주목한다. 이것은 매우 신비롭게 보인다. 그러나 사실은 그렇지 않다:

> 주의 깊은 사람이 아니라면 그것이 우연의 산물이든 설계의 산물이든 놀라운 규칙성에 감탄할 것이네. 그러나 노련한 대수학자는 즉각 그것이 필연적 결과라고 결론을 내리고 그것이 수의 본성에서 기인된 것임을 논증할 것이네. 나는 이 우주 역시 이와 같은 필연성에 의해 작동될 가능성이 없는지 묻고 싶네. 물론 인간의 대수학으로 그 의문을 풀 수야 없겠지만. 자연적인 존재가 지닌 질서에 감탄만 하고 있기보다는 가능한 일은 아니겠지만 물체의 은밀한 본성을 파헤쳐본다면 왜 물체가 다른 성향을 지니는 것이 절대로 불가능한지 그 이유를 분명히 알 수 있지 않겠는가? 이 같은 필연성을 지금 이 문제에 적용한다면 이는 매우 위험할 걸세. 그것은 종교적인 가설에 직접적으로 반하는 추론을 가능하게 할 것이기 때문이네. (G93)

위에서 언급한 생각은 스피노자의 영향을 받은 것으로서 스피노자는 그의 악명 높은 저서인 『에티카』에서 자연의 질서는 절대적으로 필연적인 것이며[52] 어떤 지혜나 자비의 결과가 아니라고 주장했다. 필로가 여기서 지금 누구를 향해 반론을 펴고 있는 걸까? 그리고 필연성의 형이상학에 대한 필로의 견해를 우리는 어떻게 받아들여야 하는 걸까? 얼핏 보기에 지금 필로는 데미아에게 형이상학적인 사유의 위험을 경고하고 있는 것으로 보인다. 사무엘 클라크는 스피노자를 반박하였다. 만약 클라크의 반박이 실패한다면 우주론적 논변에 의해 입증된 '필연적 존재'는 우주 자체와 분리가 되지 않는 스피노자의 신일 수도 있다. 이 존재(스피노자의 신)는 필연적으로 존재할 뿐 아니라 자기 자신 안에 필연적인 질서의 기원을 지니고 있다. 따라서 데미아의 유신론적 형이상학은 스피노자에 대한 클라크의 반박이 적절한지에 달려 있는 것이다. 그러나 우주의 질서를 우연적인 것으로 보며, 그것을 초월적인 설계자인 신이 보여준 지혜의 징표로서 본 것은 데미아가 아닌 클레안테스였다. 따라서 필로의 이상한 반론을 진지하게 받아들인다면 이것은 클레안테스에게도 치명적인 것이 된다.

그런데 과연 우리가 필연성의 형이상학에 대한 필로의 짧은 소견을 진지하게 받아들여야 할까? 『자연종교에 관한 대화』의 독자들은 일반적으로 필로가 명확하게 표명된 클레안테스의 경험론을 공유하고 있다고 생각한다. 만약 이것이 옳다면 9부에서 보여준 그의 이상한 반론은 데미아를 향한 인신공격(ad hominem)으로서 그는 이렇게 말하고 있는 것이다. '나는 이런 형이상학이 마음에 들지 않지만, 만약 내가 이것을 받아들여야 한다면 정통적인 유일신주의보다는 스피노자식의 형이상학에 마음이 끌리네.' 한편 필로가 보여준 경험론에 대한 언명을 클

---

52 Spinoza, *Ethics*, Part 1 proposition 29, '자연에는 우연적인 것은 없다. 모든 것은 신성한 자연의 필연성에 의해 결정된다.' Part 1 proposition 33, '사물을 창조함에 있어 신조차도 그것이 애초에 만들어진 방식과는 다른 방식으로 그것을 만들 수 없다.'

레안테스를 향한 인신공격으로 해석할 수도 있다. 필로는 클레안테스에게 '나는 회의론자로서 경험주의를 수용하지는 않지만 자네와 함께 경험론의 원리가 어디로 향하는지 보고 싶어'라고 말할 수 있다. 경험론은 철학의 이론이지 단순한 상식이 아니기 때문이다. 따라서 경험론역시 그것에 대해 의문을 가질 수 있으며 판단중지를 할 수 있다. 바로이것이 필로의 생각이라면 필로는 클레안테스가 경험론의 원리에 입각해 펼친 데미아에 대한 첫 번째 논변을 결정적인 것으로 받아들이지 않았을 것이다. 필로가 경험론의 원리를 받아들이지 않았다면 그는 자연의 질서란 절대적으로 또는 형이상학적으로 필연적이라는 주장에 대해그 이유를 설명할 수는 없지만 우리가 그것을 받아들이기를 원했을 수도 있다. 텍스트를 읽어보면 이 모든 해석이 가능하다.

질문

1. 데미아는 그의 의미론에서 일관성을 유지할 수 있을까? 만약 그가 신의 존재를 입증하고자 한다면 그는 분명 '신'이란 말이 무엇을 의미하는지 알고 있는 것이다.

2. 데미아는 그의 인식론에서 일관성을 유지할 수 있을까? 그는 2부에서 신의 존재는 자명하다고 말했고, 여기서는 신의 존재에 대한 증명을 제시하고자 한다. 그러나 자명한 어떤 것을 입증하려고 시도하는 것은 헛된 짓이다.

3. '필연적 존재(Necessary Being)'라는 개념을 과연 이해할 수 있을까?

4. 유신론자는 '필연적 존재가 있다'는 것과 '신이 존재한다'는 이 두 개의 주장 사이에 놓인 간극을 어떻게 메울 수 있을까? 여기에 어떤 부수적인 전제가 필요할까?

VIII. 10, 11부: 악의 문제

『자연종교에 관한 대화』의 10부는 5부에서 바로 이어질 수 있는데 중간에 아무런 대화도 없었던 양 10부에서 토론을 이어가기 때문이다. 5부에서 회의론자인 필로가 논변의 전개를 위해 자연의 질서로부터 지적 설계를 끌어내는 추론을 수용했음을 기억할 것이다. 그는 이 추론을 확실한 것으로 간주하지는 않았으나(6부에서 8부까지는 여러 대안의 개연성을 검토하고 있다) 그것이 개연성이 있음을 인정했다. 5부에서 그가 던진 질문은 아주 단순한 것이었다. 설계 논변이 종교에 도움이 될 수 있느냐는 것이다. 구체적으로 말해 자연의 설계자가 종교에서 말하는 하나님의 속성을 지니고 있음을 입증할 수 있느냐는 것이다. 이 질문에 대한 그의 답변은 우리가 이미 살펴보았듯이 매우 부정적이다. 설계 논변은 신의 단일성, 무한성, 완전성, 그리고 섭리를 입증할 수 없기 때문이다. 10부에서는 자연의 설계자가 도덕적 속성을 지니고 있느냐는 질문으로 토론을 시작한다. 간결한 논의를 위해 일신교의 언어를 사용하도록 하자. 엄격히 말하자면 우리는 신(신들)이 정의롭고 자애로운지를 물어야 하지만 이런 식의 용어 사용은 어색할 뿐 아니라 피곤한 일이다. 우리의 질문은 일신론자의 언어로 하면 다음과 같다: 자연에 대한 우리의 경험은 신이 자애로움을 증명할까? 자연의 설계자는 그의 피조물들, 특히 감성적이며 지적인 존재의 행복을 바란 걸까? 자연의 설계자는 그의 피조물들을 공평하게 대우할까? 다시 말해 공(功)에 대해서는 보상하고, 같은 경우에는 같게 대우할까? 『인간의 이해력에 관한 탐구』 11부에서 흄은 신이 인간을 다루는 데 있어서 과연 정의로운지 의심이 든다고 말하고 있다. 그리고 『자연종교에 관한 대화』에서는 신의 자애로움을 문제 삼고 있다.

독자들은 여기서 우리가 다루고 있는 문제가 소위 '악의 문제'라 불리는 것임을 분명히 알아야 한다. 그러나 '악의 문제'라는 친숙한 표현은 적어도 두 가지 점에서 심각하게 오해의 소지가 있다. 첫째, 『자연 종교에 관한 대화』의 10~11부에서의 논의를 보면 악의 문제에는 두 개의 다른 문제, 즉 양립 가능성의 문제(the consistency problem)와 추론의 문제(inference problem)가 있음을 알 수 있다. 양립 가능성의 문제는 식스폼 칼리지의 종교교육 수업에서 다루는 전형적인 악의 문제로서, 우리 세계에 존재하는 다양한 악들이 전능하고 전지하며 공정하며 자애로운 신의 존재와 양립 가능한지를 다루는 문제이다. 한편 추론의 문제는 이것과는 상이한 것으로서 우리가 열린 마음으로 세계를 바라볼 때(정통 교리의 선입견 없이) 자연의 창조주에 관해 어떤 도덕적 특성을 추론할 수 있는지를 묻는 문제이다.

악의 문제를 다룬 대부분의 문헌은 양립 가능성의 문제에 관한 것이다. 에피쿠로스는 이 문제를 제기한 것으로 유명하다:

신은 악을 제거하기를 바라나 그렇게 할 수 없거나, 아니면 악을 제거할 수 있으나 그것을 바라지 않는다. 신은 악을 제거하기를 바라지 않거나 아니면 그것을 제거할 수 없다. 아니면 그는 악을 제거하기를 바라며 그것을 제거할 수도 있다. 만약 그가 악을 제거하기를 바라나 그것을 할 수 없다면 그는 신이라고 불릴 수 없는 나약한 존재이다. 만약 그가 악을 제거할 수 있으나 그것을 바라지 않는다면 그는 신의 본성에 반하는 시샘을 하는 존재이다. 만약 그가 악을 제거하기를 바라지도 그리고 그렇게 할 수도 없다면 그는 시샘을 할 뿐 아니라 나약한 존재이다. 따라서 신이라고 할 수 없다. 신의 본성에 부합하는 유일한 선택지인 그가 악을 제거하기를 바라며 또 그렇게 할 수 있다면 대체 악은 어디서 기인하는 것인가? 대체 신은 왜 그것을 제거하지 않는가?[53]

고대 후기의 아우구스티누스(354-430)에서 시작해 중세 절정기의
토마스 아퀴나스(1224/5-74)를 거쳐 근대 초기 라이프니츠(1646-
1716)에 이르기까지의 기독교 사상가들은 에피쿠로스의 문제를 해결
하려고 노력하였다. 이들 정통신앙의 수호자들은 두 가지 방향으로 전
략을 세웠다. 첫째는 명백해 보이는 악이 사실은 진짜 악이 아니며 전
체의 완전에 기여하는 것이라고 주장하는 것이다. 우리 인간들이 이것
을 악이라고 판단하는 것은 큰 그림에서 볼 때 이것이 어떻게 최선에
이바지하는지 알지 못하기 때문이다. 만약 이것으로 설득이 되지 않으
면 두 번째 전략을 취할 수 있다. 이 세계에 실재로 악이 존재한다는 것
을 인정하는 것이다. 그러나 이 악이 더 큰 선을 위해 필요하다고 주장
하는 것이다. 덜한 악이 더 큰 선을 위한 필요조건이라면(예를 들어,
아픔의 경험을 통해 연민을 배울 수 있듯이) 지혜가 충만하고 공의와
자비를 지닌 하나님께서 왜 이런 세상을 지으셨는지 그 이유를 설명할
수 있게 된다.
　그러나 양립 가능성의 문제는 『자연종교에 관한 대화』 10-11부에서
흄이 다루고 있는 문제가 아니다. 자연신학지(클레안테스)는 자연을
통해 신의 존재와 속성을 알고자 한다. 그러기 위해서는 아무런 선입견
이나 편견 없이 자연을 바라보고 그것으로부터 신의 속성을 추론할 수
있어야 한다. 만약 자연이 지적 설계자의 존재를 증언한다면 자연은 또
한 이 설계자가 공의와 자애를 지닌 존재인지를 말해 줄 수 있을까? 이
것이 바로 악에 관한 추론 문제인데 이것은 자연신학자들에게 있어서

53　Epicurus. 교부인 락탄티우스의 글에서 인용한 것이다.

아주 중요한 문제이다. 필로는 양립 가능성의 문제를 제기하나 양립 가능성에 대해 강하게 반박하지는 않는다. 그는 똑똑한 신학자들이 있기에 외견상으로만 그렇게 보이는 것이든 아니면 실재하는 것이든 모든 악의 문제는 설명될 수 있을 것이라고 생각한다. (우리 중 많은 사람들은 이런 옹호가 별반 타당하거나 설득력이 있다고 생각하지 않을 수 있지만 그렇다고 그것이 틀렸음을 입증할 수 있는 것도 아니다.) 만약 우리가 강력한 근거를 갖고 예로부터 신의 속성이라고 여겨온 그런 속성을 지닌 신을 믿는다면 양립 가능성 문제는 해결할 수 없는 문제가 아니다. 그런데 클레안테스는 설계로의 논변에 모든 것을 걸고 있다. 그는 2부에서 우리가 신의 존재와 속성을 알 수 있는 것은 오직 설계 논변을 통해서라고 말하고 있다. 따라서 클레안테스는 추론의 문제를 해결해야만 한다. 그는 자신이 자연 세계의 현상으로부터 어떻게 신의 선함과 공의를 추론해 냈는지 설명해야만 한다.

10부는 데미아가 새로운 입장을 취하는 것으로 시작된다. 그는 앞서서 신의 존재는 자명하다고 말했으며 그 근거로 권위자의 말을 인용했었다. 그리고 그는 선험적 논변을 시도했다. 그런데 이번에는 이성이 아닌 감정에 호소하고 있다:

[데미아] 내 생각으로는 어떤 면에서 각 사람은 추론에 의해서가 아니라 자신의 나약함과 불행을 자각함으로 인해 종교의 진리를 가슴으로 느끼며 자신과 모든 자연이 의존하고 있는 존재로부터 안식을 얻고자 하네. 비록 인생은 절정기라 할지라도 너무 불안하거나 너무 지루하기에 미래는 여전히 우리의 희망과 두려움의 대상이 되네. 우리는 끊임없이 미래를 생각하기에 기도를 하고, 찬양을 하고, 제물을 바치면서 경험을 통해 우리를 괴롭힐 수도 있고, 억압할 수도 있다고 알게 된 미지의 신을 달래려고 노력하

네. 우리가 얼마나 가련한 피조물인가! 우리에게 속죄의 방법을 알려주고, 우리를 끊임없이 어지럽히고 괴롭히는 두려움을 가라앉혀주는 종교가 없다면 수없이 많은 불운 속에 살아가는 우리가 대체 무엇을 의지하고 살겠는가? (G95)

데미아는 더 이상 종교적 믿음을 옹호하기 위해 논변을 제시하거나 정당화할 이유(reason)를 찾지 않는다. 대신에 우리가 종교적 믿음을 갖게 되는 원인(cause)을 이야기하고 있다. 여기서 데미아가 하는 이야기, 즉 종교는 인간의 감정, 특히 두려움의 감정이 낳은 산물이라는 이야기는 원래 『종교의 자연사』에서 흄이 한 말이다. 흄에 따르면, 원시인들은 자신의 안녕과 그의 생존이 미지의 신에 달려 있다고 생각한다. 그의 농작물은 날씨에 달려 있으며, 그의 사냥은 사냥감이 얼마나 있느냐에 달려 있으며, 자녀들은 때로는 잘 자라고, 때로는 병들고 죽는다. 그는 그것의 영향력에 대해서는 알고 있으나 그것의 본질과 작용에 대해서는 이해할 수 없는 자연의 힘에 자신이 전적으로 의존하고 있음을 알게 된다. 초기 인류가 처음에 미지의 신을 의인화, 즉 그들의 말로 표현하려고 했으며, 강력한 통치자를 달래기 위해 온갖 방법을 사용하듯 기도와 제물로 신을 달래려고 했다는 것은 이상한 일이 아니다.

10부는 데미아와 필로가 인생이 불행하다는 것에 대해 의견을 함께 하는 데서부터 시작한다. 데미아는 이 주제와 관련해서는 어떤 논변도 필요 없다고 말한다: '모든 사람이 직접적으로 느끼고 경험한 것을 이야기하는데 어느 누가 의심할 수 있단 말인가?' (G95) 여기에 필로는 인간의 불행을 생생하고 인상적으로 그려내는 것은 시인의 몫이라고 덧붙인다: '성스러운 것이든 세속적인 것이든 인간의 불행을 담은 이야기들은 모두 슬픔과 우울함을 불러일으킬 수 있는 가장 감상적인 말로 서술되었네.'(G96) 그러자 데미아는 우리 친구인 클레안테스의 이 멋진 서재에서 아무 책이나 골라서 읽어보면 이 말이 사실임을 알 수 있다고 화답한다. 그러나 라이프니츠는 이 세계가 모든 가능한 세계 중에서 최선의 세계라는 역설적인 주장을 한 바가 있다: '그러나 어떤 사람이 나서서 그것을 단순히 거부했다는 사실(이 주제는 추론의 대상이 아니기에)만 갖고 어떻게 온전한 감각과 정신을 갖고 행한 인류의 일치된 증언을 부인할 수 있겠는가?'(G96) 계속해서 데미아는 왜 인간만이 자연의 부패 과정에서 예외가 되어야 하느냐고 반문한다.

> [데미아] 필로, 내가 믿기에 온 땅은 저주를 받았으며 오염이 되었네. 모든 살아 있는 피조물들 사이에는 끝없이 전쟁이 일어나고 있네. 강하고 용맹한 자들은 궁핍, 기아, 빈곤을 두려워하지 않으나, 허약한 자들은 공포, 불안, 두려움에 떠네. 생명이 태어나자마자 신생아와 불쌍한 부모들에게는 고뇌가 따르고 나이가 들면서 질병과 노쇠함과 걱정거리가 이어지다가 마침내 극도의 고통과 공포 속에서 끝을 맺게 되네. (G96)

여기서 필로는 클레안테스의 설계 논변에 대한 멋진 패러디를 덧붙인다:

> [필로] 모든 생물의 생존을 괴롭히는 자연의 교묘한 술책을 살펴보게. 강한 자는 약한 자를 잡아먹으며 약자들을 끊임없이 두려움과 불안에 떨게 만드네. 약자들 역시 기회가 오면 종종 강한 자를 잡아먹기도 하고, 쉼 없이 괴롭히고 못살게도 하네. 동물의 몸에다 알을 까거나 주위를 날아다니며 침을 쏘아대는 수많은 종류의 곤충들을 생각해 보게. 이 곤충들은 그들

을 괴롭히는 그들보다 더 작은 곤충들이 있네. 모든 동물은 앞과 뒤, 위와 아래, 사방에서 끊임없이 자신의 불행과 파멸을 쫓는 적들로 에워싸여 있네. (G95-6)

여기서 동물을 인간으로 바꾸면 악은 더 늘어난다. 인간은 다른 동물들을 괴롭히는 모든 악들(질병, 기아, 고통, 상해 그리고 죽음) 외에도 걱정, 우울, 완전한 광기와 같은 인간에게 고유한 새로운 악들로 인해 고통을 받는다. 그러기에 데미아는 인생의 비참함은 명백한 현실이며 소위 쾌락이란 한낱 망상에 불과한 것이라고 말한다:

[데미아] 갑자기 이 세상에 떨어지게 된 낯선 이방인이 있다면 나는 그에게 악의 표본으로 질병으로 가득 찬 병원, 악당과 죄인들로 가득 찬 감옥, 시체로 뒤덮인 전쟁터, 바다 한가운데 좌초된 배들, 독재, 기근, 역병으로 고통받는 백성들을 보여줄 것이네. 내가 그에게 인생의 밝은 면을 보여주고 인생의 즐거움에 대해 알려주려면 그를 어디로 안내해야 할까? 무도회, 오페라, 궁정? 아마 그는 내가 그에게 고통과 슬픔의 다양한 모습만을 보여주고 있다고 생각할 것이네. (G98)

클레안테스는 두 사람이 염세주의에 관해 나누던 대화를 잠시 중단시킨다. 그러자 필로는 몇몇 위인들의 경우를 언급하며 다시금 세상에 대한 불평을 이어간다. 그러면서 그는 오랫동안 인생의 성공을 누린 사람들조차도 다시는 그런 삶을 살고 싶어 하지는 않는다고 말한다. 만약 필로의 말처럼 인생이 전적으로 비참한 것이라면 우리는 신의 도덕적 속성에 대해 어떻게 생각해야 하는 걸까? 필로는 클레안테스에게 여전히 신인동형론을 주장하고 있느냐고 묻는다. 다시 말해, 신이 우리가

일상적으로 사용하는 그 말의 뜻처럼 정말 자애로운 존재라고 생각하
느냐고 묻는다:

[필로] 우리는 신의 능력이 무한함을, 다시 말해 그가 원하는 것은 무엇이
나 이룰 수 있음을 인정하네. 그런데 인간이나 어떤 동물도 행복하지 않네.
그렇다면 신은 이들의 행복을 바라지 않는 것이네. 신의 지혜는 무한하네.
그렇다면 그는 어떤 목적을 이루기 위한 수단을 선택함에 있어서 결코 실
수하지 않을 것이네. 그런데 자연의 섭리는 인간이나 동물의 행복과는 거
리가 머네. 그렇다면 자연의 섭리는 이러한 목적을 위해 만들어진 것이 아
니네. 모든 인간의 지식을 동원해도 이 이상 더 확실하고 분명한 추론은 없
을 것이네. 그런데도 어찌하여 그의 자애와 자비가 인간의 그것과 닮았다
고 하는 것인가? (G100)

필로가 신의 도덕적 속성보다는 오히려 클레안테스의 신인동형론을
얼마나 주도면밀하게 공격하고 있는지 살펴보자. 그런데 그의 공격은
단지 말장난과 같다. 우리가 이미 알고 있듯이 필로는 우리가 신을 선
하고 자애로운 존재라고 말할 수는 있으나 그 말이 일상적으로 사용하
는 의미는 아니라고 말한다. 그러면서 그는 인생의 비애에 대해 끝없이
이야기를 늘어놓는다. 따라서 우리는 그가 대체 무슨 말을 하고 있는지
좀처럼 이해하기 어렵다. 한 세기 후에 등장한 존 스튜어트 밀은 그보
다는 좀 더 솔직하다. 밀은 단어를 아무렇게나 사용하는 것은 지적으로
나 도덕적으로 문제가 있다고 말한다: '내가 선하다는 말을 사람들에게
사용할 때의 그 의미대로 어떤 존재에게 사용할 수 없다면 나는 그 존
재를 선하다고 부르지 않을 겁니다. 만약 그 존재가 자신을 그렇게 부
르지 않았다고 나를 지옥으로 보낸다면 나는 기꺼이 지옥으로 갈 겁니

다.'[54]

필로에 따르면, 에피쿠로스가 던진 '오래된 질문'은 아직 답변되지 않았다. 우리는 지금 악에 관한 추론의 문제에 관심을 기울이고 있지만, 양립 가능성의 문제 또한 잊어서는 안 된다. 클레안테스와 같은 자연신학자들은 자연에는 의도나 목적이 있다고 생각한다. 이에 대해 필로는 자연신학자들의 견해가 옳다고 가정해 보자고 말한다:

> [필로] 그러면 자네에게 묻고 싶네. 자연이 모든 동물을 통해 보여준 기막힌 솜씨와 수법은 대체 어떤 목적이 있을까? 개체의 보존과 종의 번식이 유일한 목적이 아닐까? 어떤 종이 우주에서 가까스로나마 생존할 수 있다면 비록 그 종에 속한 구성원들이 행복하지 않아도 그것만으로도 자연의 목적이 될 수 있다고 보네. (G100)

필로에 따르면, 자연은 개체의 행복보다는 종의 번식에 관심을 갖는다. 18세기 대부분의 자연주의자들은 신에 의해 종(species)들이 창조되었으며 이후에는 자연의 운행(the course of Nature) 가운데 어떤 동식물도 멸종되지 않고 영속한다고 믿었다. 이 같은 사실은 자연에서 관찰되는 성교하고 안정적인 균형을 통해 확인될 수 있다. 매년 수백만 마리의 토끼가 독수리, 담비, 여우에 의해 먹힌다. 그러나 신은 믿을 수 없을 정도로 토끼의 번식력을 높였고 그 덕분에 포식 때문에 생긴 손실을 보상하고 균형을 맞출 만큼 많은 토끼가 태어난다. 그런데 19세기 초에 이르러 지질학자들은 화석의 증거를 통해 자연의 균형과 조화에 대한 이런 장밋빛 그림이 완전히 거짓이며, 우리 행성에서 진행되는 생

---

54   J. S. Mill, *Examination of Sir William Hamilton's Philosophy*, London, 1865, 102-3.

명의 역사는 거대한 멸종의 역사라는 것을 알게 되었다. 이 화석 증거
는 빅토리아시대의 사람들을 혼란에 빠뜨렸는데 이는 테니슨(Alfred
Tennyson, 1809-1892)의 애도의 시에 나오는 다음 구절을 통해 알 수
있다:

그렇다면 하나님과 자연이 다투고 있는 것일까?
자연이 그런 사악한 꿈을 꾸고 있는 걸까요?
자연은 종에만 관심이 있지 개별적인 생명에는 관심이 없는 건가요;
'그럼 종에는 관심이 있는 걸까요?' 아닙니다.
깎아지른 절벽과 채석장에서 자연은 외칩니다.
'수많은 종들이 사라졌다: 나는 아무것도 신경 쓰지 않는다,
모든 것은 사라질 것이다.'[55]

필로는 뒷부분에서 우리의 역사적인 기록들은 그리스 로마 시대 이
래로 멸종된 종에 대해서 어떤 것도 우리에게 알려준 바가 없다고 말한
다.(G109) 따라서 그는 자연은 종에 관해서는 관심이 있다는 생각을
받아들여 빅토리아시대 사람들을 혼란에 빠뜨릴 보다 더 과격한 의문
을 제기하지 않았다. 그러나 수없이 많은 개개의 생명들이 보여주는 증
거들을 통해 필로는 신이 그의 피조물을 돌보는 방식이 인간적인 의미
에서 자애롭지 않다고 말한다. 따라서 필로는 이런 기이한 혼합 현상을
이해할 수 있는 것은 이런 현상을 우리로서는 이해할 수 없는 무한히
완벽한 신의 속성으로 돌리는 '우리 신비주의자(we mystics)' 뿐이라고
결론을 내린다.(G101)

---

55 Tennyson, *In Memoriam*.

클레안테스는 필로의 현란한 말에 넘어가지 않는다. 그는 필로가 데
미아와의 오랜 동안의 전술적 동맹을 끝내고 이제 자신의 본심을 드러
냈다고 생각한다:

[클레안테스] 자네가 데미아와 그렇게 오랫동안 의견의 일치를 보인 것에
대해 사실 좀 놀라웠네. 그런데 이제 자네가 은밀히 나를 향한 공격을 준비
하고 있었음을 알게 되었네. 그래서 고백하네만 자네는 지금 반박과 논쟁
을 즐기는 자신의 취향에 잘 어울리는 주제에 뛰어들었네. 만약 자네가 현
재의 쟁점을 이해하고, 인류가 불행하거나 타락했음을 입증할 수 있다면
모든 종교는 즉시 종말을 맞게 될 것이네. 신의 도덕적 속성이 의심스럽고
불확실한 마당에 신의 자연적 속성에 대한 논의가 무슨 의미가 있겠는가?
(G101)

데미아는 필로의 견해가 흠 없이 완벽하며 정통 기독교 신앙과 일치
하기에 클레안테스가 너무 성급하게 화를 내고 있다고 생각한다. 신앙
심이 깊고 독실한 성직자들은 흔히 인생의 불행에 대해 장황한 설교를
늘어놓는다. 악은 신의 선하심과 양립하지 않는다는 주장에 관한 정통
기독교인의 답변은 다음과 같다:

[데미아] 이 세계는 우주와 비교하면 하나의 점에 지나지 않으며, 이 생애
는 영겁에 비하면 순간에 지나지 않네. 따라서 현재 악의 현상은 다른 지역
그리고 다른 미래의 시점에서 바로잡아지게 되네. 보다 넓은 시야를 지닌
눈은 일반적 법칙들 간의 전체적인 연관성을 바라보며 미로처럼 복잡하게
얽혀 있는 신의 섭리에서 흘러나오는 그의 자애와 정의를 찬미하게 되네.
(G101)

데미아는 여기서 '현관 이론(porch theory)'이란 것을 이야기하고 있
다. 현관 이론이란 우리의 현재 삶이 저승에서 참된 행복을 얻기 위해
우리가 거쳐가야만 하는 현관이나 대기실에 지나지 않는다는 것이다.
현관에 머무는 것은 비록 우리에게 고통스러운 일이지만 그 고통은 인
내와 참을성을 우리에게 가르쳐주며, 또한 그런 유한한 고통은 사후에
쉽게 보상을 받을 수 있다는 것이다. 이에 대한 클레안테스의 대답은
그가 최고의 논쟁가임을 보여준다. 흄이 『자연종교에 관한 대화』에서
그를 영웅으로 묘사한 것은 전혀 경솔한 말이 아니었다. 흄은 현관 이
론을 다음과 같이 강하게 비판하고 나선다:

[클레안테스] 클레안테스가 대답했네. 아니네, 아니야! 우리가 눈으로 확
인할 수 있기에 논란의 여지가 없는 사실과 분명히 배치되는 이런 근거 없
는 억측은 결코 인정될 수 없네. 알려진 결과가 없다면 어찌 원인이 밝혀질
수 있겠는가? 드러난 사실이 없다면 어찌 가설이 입증될 수 있겠는가? 하
나의 가설 위에 또 다른 가설을 세우는 것은 전적으로 허공 위에 집을 짓는
것이네. 이러한 억측이나 허구를 통해 우리가 기껏 얻을 수 있는 것은 우리
의 견해가 아주 낮은 가능성이 있음을 확인하는 것뿐이네. 문제는 그런 방
식으로는 가설이 참임을 입증할 수 없다는 점이네. (G101-2)

여기서 우리는 클레안테스가 흄을 대변하고 있음을 알게 된다. 그가
경험주의 원리에 대한 확고한 의지를 갖고 있기 때문이 아니라 이 문제
에 경험주의 원리를 적용하고 있기 때문이다. 『인간의 이해력에 관한
탐구』, 11절에서 회의론적 역설을 좋아하는 흄의 가상적인 친구 역시
정확하게 같은 관점을 갖고 있음을 알 수 있다:

신들이 우주를 존재하게 하고 그것에 질서를 주었다는 것을 인정하자. 그렇다면 그 신들은 그들이 보여준 솜씨에서 드러난 그만큼의 권능과 지혜와 자애를 지니고 있을 것이다. 그 이상 어떤 것도 입증될 수 없으며, 논변과 추론이 지닌 결점을 보완하기 위한 과장된 표현과 감언이설이 있을 뿐이다.[56]

흄이 『인간의 이해력에 관한 탐구』 11절에서 제기하는 문제는 우리가 사는 세계에 분배적 정의(distributive justice)가 존재하느냐 하는 것이다. 전체적으로 볼 때 덕이 있는 사람은 사악한 사람들보다 더 행복하고 더 많은 보상을 받을까? 그러나 이는 명확하지 않다. 따라서 이것에 대한 논의는 형식상 통계적이어야만 한다. 그러나 이 문제는 도덕을 위한 적절한 제재를 위해 천국에 대한 약속과 지옥에 대한 위협을 요구하는 정통 기독교 신앙에 딜레마를 야기한다. 만약 덕 있는 사람이 보다 행복한 삶을 산다는 것을 경험을 통해 알게 된다면(이는 대부분의 사람들이 바라는 것이다) 이는 도덕적인 삶에 대해 순전히 세속적인 동기를 제공하는 것이다. 한편 덕 있는 사람이 사악한 사람보다 행복하지 않다는 것을 경험을 통해 알게 된다면 신들은 우리가 선하게 사는지 관심을 갖고 있다고 추론할 근거가 없다.

클레안테스는 그의 원리(경험론)에 따라 데미아의 현관 이론을 단순한 가설 즉 어떤 경험에 의해서도 뒷받침되지 않은 근거 없는 억측으로 간주해버린다. 물론 우리는 그 이론을 반박할 수 있는 사실을 갖고 있지 않다. 따라서 데미아의 이론은 참일 수도 있다. 그러나 문제는 그 이론이 경험과 양립 가능하다고 할지라도 경험으로부터 합리적으로 추론

---

56   *Enquiry*, Section XI, 137 of the Selby-Bigge edition.

될 수는 없다는 점이다. 이점에 대한 더 분명한 이해를 위해 실례를 들겠다. 내 앞에 1000개의 검은 공과 하얀 공이 들어 있는 항아리가 놓여 있다고 하자. 내가 무작위로 100개의 공을 꺼내서 50개의 검은 공과 50개의 하얀 색 공을 뽑았다고 하자. 이 결과를 놓고 누군가가 항아리에는 950개의 하얀 공과 50개의 검은 공이 들어 있었다는 가설 H를 제시했다고 하자. 가설 H는 내가 뽑은 증거와 모순되지 않으며, 따라서 참일 수도 있다. 그러나 이것은 당연히 비합리적인 추론이다. 증거에 비추어 볼 때 H의 개연성은 매우 낮기 때문이다. 반대되는 증거가 없는 한 우리는 항아리에서 꺼낸 100개의 공이 항아리 안에 들어 있는 공의 구성비를 보여준다고 가정한다. 따라서 이 경우에는 항아리에 처음에 대략 500여 개의 검은 공이 들어 있었다고 생각하게 된다.

따라서 클레안테스가 그의 경험론의 원리에 위배함이 없이 신의 선성(goodness)을 변호하려면 데미아나 필로가 말하는 바와 같이 인생이란 전적으로 끔찍한 것이라는 사실을 부인해야만 한다. 놀랍게도 그는 이 점을 명확하게 알고 있다:

[클레안테스] 신의 자애로움을 입증하는 유일한 방법은 (그리고 내가 기꺼이 수용할 수 있는 방법은) 인간의 삶이 전적으로 비참하며 인간이 사악한 존재임을 부인하는 것이네. 자네의 말은 과장되었고, 자네의 상념은 극히 허구적이네. 그리고 자네의 추론은 사실과 경험에 배치되네. 질병이 든 경우보다는 건강한 경우가 훨씬 많고 고통보다는 쾌락이 많으며, 불행보다는 행복이 많네. 우리가 한 번의 어려움을 겪고 나면 백 개의 즐거움이 뒤따르네. (G102)

이에 필로는 만약 우리가 고통을 쾌락과 비교한다면 지속은 물론이

고 강도도 고려해만 한다고 말한다. 고통이 쾌락보다 덜하다고 할지라
도 그 강도가 몇 배나 더 강할 수 있다는 것이다. 고통은 흔히 고문 수
준의 극심한 아픔이 될 수 있으나 쾌락은 좀처럼 황홀경에 이르지 않는
다. 그렇다면 대체 고통과 쾌락 중 어떤 것이 많은 것일까? 필로는 클
레안테스에게 그의 낙관적인 생각이 종교의 토대를 위태롭게 만들고
있다고 경고한다:

> [필로] 왜 그러나! 우리가 인생에서의 행복을 인정하지 않는다면, 그리고
> 세상이 비록 고통, 질병, 괴로움, 죄악이 가득할지라도 생명을 이어가는 것
> 이 바람직하고 가치 있는 것이라고 주장하지 않는다면 종교가 존재할 수
> 있는 여지가 없네. 또한 이것(극단적 회의론)은 우리 모두의 생각이나 경
> 험과 배치되는 것이며, 그 어떤 것도 전복시킬 수 없는 (종교의) 권위에 반
> 하는 것이네. (G102)

비록 인간과 동물의 생에서 고통보다는 쾌락이 많다고 할지라도 (결
코 그렇지 않지만) 우리가 신의 전능함으로부터 기대하는 것은 이것이
아니다. 전능한 신이 존재한다면 왜 세상에 불행이 있는 것일까? 여기
서 필로는 선능하고 사애로운 신이 존재한다는 주장에 대해 에피쿠로
스 제기했던 오래된 반론을 다시 꺼낸다. 그러나 필로가 이 양립 가능
성의 문제를 다시 꺼낸 것은 그것을 한쪽으로 제쳐놓기 위해서이다. 그
는 양립 가능성의 문제는 결론을 내릴 수 없는 문제이지만 추론의 문제
는 여전히 자연신학자를 위협하고 있다고 보기 때문이다:

> [필로] 나는 인간의 고통이나 불행이 자네가 생각하는 그런 신의 전능함이
> 나 전선성과 양립 가능하다는 것을 인정하네. 그런데 내가 이것을 인정한

다고 해서 자네에게 도움이 될까? 단지 양립 가능하다는 것만으로는 충분하지 않네. 자네는 지금 뒤섞여 있는 이 혼란스러운 현상으로부터 순수하고 섞이지 않았으며, 한계가 없는 (신의) 속성을 증명해 내야 하네. 그런데 이것은 희망 사항일 뿐이네! (G103)

10부는 승리에 취한 필로의 말로 끝을 맺는다. 필로는 클레안테스에게 앞서 논쟁에서는 자신이 자연에서 지적 설계의 명백한 증거를 마주하게 되면서 회의적인 의심을 유지하기 위해 힘겨웠다고 고백한다. 그러나 이제는 클레안테스가 힘겹게 노를 저어야 할 차례라는 것이다. 다시 말해 완고한 경험 앞에서 자신의 이론을 옹호해 보라는 것이다. 자연은 도덕적으로 무관심하다는 명백한 경험적 증거가 있는데 자연의 창조주가 선한 존재임을 옹호해 보라는 것이다:

[필로] 클레안테스, 나는 이제 내 논변에 편안함을 느끼네. 내가 이겼네. 앞서 지성과 설계라는 자연적 속성에 관해 우리가 논쟁을 벌일 때 나는 자네의 손에서 벗어나기 위해 회의론과 형이상학에서 노련함이 필요했었네. 우주와 그것을 구성하는 것들, 특히 후자와 관련한 많은 견해들에서 목적인의 멋진 사례와 그 적합성은 불가항력적인 힘으로 우리에게 다가와 모든 반론(실제 참이라고 내가 믿는[57] 것)을 단순한 흠집 내기나 궤변처럼 보이게 만들었을 뿐 아니라 그런 반대에 관심을 갖는 것조차 상상할 수 없게 만들어버렸네. 인간의 삶이나 인류가 처한 상태와 관련해 어떤 결론을 내릴 수 없네. 따라서 그것을 근거로 신의 도덕적 속성을 추론할 수 없으며, 오직 믿음의 눈이 있어야만 알 수 있는 전능함과 전지함을 지닌 (신의) 무한

---

57 '어쩌면'이란 표현을 '내가 믿는'이란 표현으로 바꾼 것은 중요한 변화이다.

한 자애로움을 배울 수도 없네. 이제는 자네가 힘들게 노를 저어야 할 차례 이네. 자 그러면 명백한 이성과 경험에 맞서 자네의 철학적인 노련함 (subtilties)을 보여주게. (G103-4)

필로는 여기서 세심하게 계획한 회의론의 중립성을 포기하고 있다. 만약 우리가 그의 말을 액면 그대로 받아들인다면 그가 사실상 설계로 의 논변(the argument to design)의 요점을 수긍했다고 할 수 있다. 물 론 그것은 확실하지 않다(6-8부에서 그가 제시한 대안적 가설들은 아 직 논박되지 않았다). 그러나 제기되는 반론에도 불구하고 설득력이 있다. 지적 설계의 가설은 경쟁 가설들보다 증거에 비추어 볼 때 매우 개연적인 것으로 보인다. 그러나 자연에는 (신의) 자애에 대한 어떤 증 거도 찾아볼 수 없으며 그 반대의 증거가 오히려 더 많다. 사실 우리가 지적 설계를 옹호하기 위해 드는 증거가 역으로 자비로운 설계에 반하 는 증거로 제시될 수 있다. 살아 있는 쥐를 갖고 노는 고양이를 주목해 보라: 고양이의 예민한 감각, 민첩성, 날카로운 발톱은 놀랍도록 사냥 에 최적화되어 있다. 그러나 고양이를 설계한 존재는 쥐의 안녕을 고려 한 흔적이 없다. 피부 표면 가까이 피가 흐르는 신체 부위(예를 들어, 손목과 발목)에 많은 모기들이 모여드는 것을 보라. 모기는 포유류의 피를 감지하고 뽑아내는 데 있어 놀랍도록 최적화되어 있으나 모기에 물린 상처는 많은 통증과 가려움을 야기하고 심지어는 끔찍한 질병을 퍼뜨린다. 사하라 사막 이남의 아프리카에서 올해도 얼마나 많은 어린 이가 말라리아로 죽었는가? 학질모기와 말라리아의 원충을 설계한 존 재는 이 특별한 걸작 설계물들에 의해 야기된 이루 말할 수 없는 인간 의 고통을 고려한 흔적이 없다.

11부는 클레안테스가 상당히 의미 있는 양보를 하면서 시작된다. 5

부에서 필로가 설계 논변이 무한한 신을 입증할 수 없으며 우리는 단지 관찰된 결과(세계)에 비례하는 능력과 지혜를 지닌 원인(신)을 추론할 수 있을 뿐이라고 주장했었음을 기억할 것이다. 물론 유비로부터의 논변은 무한한 정신보다는 유한한 정신을 추론하는 데 더 적합하다. 11부에서 이제 클레안테스는 이 필로의 반론을 기꺼이 수용하고 있다. 우리가 유한한 능력을 지닌 신을 수용한다면 우리에게 신에 대한 지식을 제공해 줄 뿐 아니라 악의 문제를 해결할 수 있는 단초를 마련해 주는 유비 추론(analogy)을 버리지 않아도 된다는 것이 클레안테스의 생각이다. 이로 인해 잃게 되는 것은 말로 표현할 수 없는 무한한 존재를 향해 우리가 쏟아냈던 과장되고 공허한 말들뿐이다:

[클레안테스] 데미아, 자네가 원하는 바처럼 지금의 주제와 관련해 모든 인간적인 유비(human analogy)를 금지한다면 우리가 모든 종교를 버리게 될 것이고 우리가 숭배하는 위대한 존재에 대해 그 어떤 지식도 갖지 못하게 될 것이란 걱정이 드네. 반면에 우리가 인간적인 유비를 수용한다면 우주에 존재하는 어떤 악도 (신의) 무한한 속성과 양립할 수 없다는 것을 알아야 하네. 게다가 전자로부터 후자를 입증하는 것은 있을 수 없는 일이네. 그러나 자연의 창조주를 인간을 능가하는 유한하게 완벽한 존재라고 가정한다면 자연적이고 도덕적인 악에 대해 만족할 만한 설명을 할 수 있을 뿐 아니라 모든 설명하기 어려운 현상을 설명하고 처리할 수 있을 것이네. 이른바 보다 큰 악을 피하기 위해 작은 악을 선택하려는 것이네. 다시 말해, 원하는 결론에 도달하기 위해 껄끄러운 것을 감수하려는 것이네. 지혜롭게 베풀고 필요한 경우에는 절제하는 (신의) 자애로움이 지금과 같은 세상을 만든 것이네. (G105)

클레안테스는 그가 유한하다고 말한 신의 속성이 무엇인지 정확하게 말하지 않는다. 그러나 필요하다면 신의 능력을 제한할 수 있다고 하는 생각은 그가 적어도 전통적인 의미에서의 신의 전능함을 부인하고 있음을 보여준다. 여기서 우리는 다루기 힘든 물질과 씨름하면서 많은 제약 가운데서도 그가 할 수 있는 최선을 다하지만 상상할 수 있는 가장 최선의 세계를 창조할 수 없는 유한한 능력을 지닌 신의 모습을 보게된다. 한편 클레안테스는 신의 지혜도 제한을 할 수 있는 것인지 그것에 대해서는 아무런 이야기도 하지 않는다. 만약 제한을 할 수 있다면 신은 상상할 수 있는 가장 최선의 세계를 창조할 수 없을 것이다. 왜냐하면 신은 자신의 설계와 관련된 문제에서 최적의 해결책을 찾을 수 없을 것이기 때문이다.

필로는 이 새로운 신학적 가설이 양립 가능성의 문제(the consistency problem)와 씨름하고 있는 신학자들에게 도움이 될 수 있으나 추론의 문제(the inference problem)에는 도움이 되지 않을 것이라고 말한다. 만약 우리가 사는 이 우주가 매우 전능하며, 지혜롭고, 자애로운 신의 창조물이라고 한다면 나는 이보다 더 나은 우주를 기대할 것이다. 클레안테스가 일관되게 주장하고 있는 것처럼 만약 우리가 자연현상으로부터 신의 속성을 추론해야 한다면 추론의 문제는 여전히 해결되지 못할 것이다;

[필로] 내가 자네에게 편리하고 쾌적한 방은 물론이고 창, 문, 벽난로, 복도, 계단이 없을 뿐 아니라 건물에 소음이 있고, 정신없고, 피곤하게 만들며, 어둡고, 극도로 춥거나 더운 그런 집이나 저택을 보여주었다면 자네는 분명 더 이상 둘러보지도 않고 즉각 그 집이 잘못 지어졌다고 비난할 걸세. 그러면 그 집을 지은 건축가는 그의 노련함을 과시하면서 이 문이나 저 창

문을 개조하면 심각한 상황이 초래할 것이라고 항변할 것이네. 물론 그의
말이 맞을 수도 있네. 다시 말해 건물의 다른 부분은 그대로 둔 채 어떤 특
정 부분을 고친다면 불편함만 가중시킬 수 있네. 그러나 자네는 건축가가
솜씨가 있고 또한 좋은 집을 짓겠다는 의도가 있었다면 집의 모든 부분을
조화롭게 배치한 전체적인 설계를 통해 전혀 불편함이 생기지 않게 했을
것이라고 말할 것이네. (G106)

만약 우리가 이 가상의 건축가가 합리적인 예산과 공기, 충분한 양과
양질의 건축 자재를 갖고 있어서 자신의 형편없는 솜씨에 대해 변명할
여지가 없다는 사실을 알게 된다면 당연히 그를 비난하게 될 것이다.
그러나 신의 경우는 이것이 어렵다. 더글러스 애덤스(Douglas Adams,
1952-2001)의 『은하수를 여행하는 히치하이커를 위한 안내서(Hitch
Hiker's Guide to the Galaxy)』[58]의 4권 『안녕, 그리고 물고기들 고마워
요(So Long, and Thanks for all the Fish)』의 끝부분을 보면 신이 그의
지적 피조물에게 남긴 마지막 메시지를 볼 수 있는데 그것은 '불편을
끼쳐 드려 죄송합니다'이다. 그런데 이보다 좀 더 길게 이야기를 했어
야만 했을 것 같다. '내게 100억 년만 더 시간이 있었다면, 아니 좀 더
좋은 수소가 있었다면 훨씬 더 잘 만들었을 겁니다'라고. 그런데 신학
자들은 이런 식의 변론을 원치 않을 것이다.

따라서 필로는 유한한 신을 가정하는 가설은 이 문제를 해결하는 데
도움이 되지 않는다고 결론을 맺는다. 물론 클레안테스에게는 이 가설
을 선택해야 할 다른 이유가 있을 수 있다. 그것은 바로 인간의 정신과
신의 정신 간에 유비를 포기하지 않아도 되며 그 덕분에 신에 관한 지

---

58 [옮긴이 주] 영국 소설가 더글러스 애덤스가 1979년 런던에서 출간한 5권의 코믹
SF로 흡사 걸리버 여행기처럼 세상에 대한 많은 풍자를 담고 있다.

식을 얻을 수 있다는 점이다. 또한 이것은 악에 대한 양립 가능성의 문
제에도 도움이 된다. 그러나 추론의 문제를 해결하는 데는 도움이 못
된다:

[필로] 그럼 다시 질문을 해보겠네. 일반적으로 우리가 생각하는 세계, 다
시 말해 지금 우리가 보고 있는 세계가 나약한 존재인 인간이 전능하며, 지
혜롭고, 자애로운 신이 만들었을 것으로 기대하는 세계와 다를까? 다르지
않다고 주장한다면 이는 분명 편견에 사로잡힌 것이네. 나는 세상이 아무
리 신의 개념과 양립 가능하다고 해도 그것이 신의 존재에 관한 추론으로
이어질 수는 없다고 생각하네. 양립 가능하다는 것은 분명 받아들일 수 있
으나 그로부터 신의 존재를 추론하는 것은 받아들일 수 없네. (G107)

필로는 이어서 우리에게 일어나는 거의 모든 고통을 네 가지 상황으
로 분류한다. 물론 이들 고통이 모두 필요악이거나 또는 다른 중요한
선들과 필연적으로 연결된 것일 수 있다. 그러나 겉으로 볼 때는 그렇
지 않다. 적어도 필로가 나열하는 네 가지 상황은 우연적이며 불필요한
것으로 보이기 때문이다. 따라서 거증 책임(the burden of proof)은 자
연신학자에게 있다. 다시 말해 자연신학사는 지혜와 자애를 지닌 존재
가 왜 이와 같은 세계를 만들어야 했는지 설득력 있는 이유를 보여주어
야 한다.

네 가지 상황 중 첫 번째는 세상에 고통이 만연된 것은 자연이 동기
유발을 위해 고통을 사용하기 때문이라는 것이다. 필로에 따르면, 사람
들은 쾌락이 감소하기만 해도 음식, 물, 휴식처와 같은 것들을 찾는다.
그러나 이런 주장은 쉽게 반론에 직면하게 된다. 신학자들은 고통이 주
는 생생한 아픔이 동기 유발에 핵심이 되는 것이라고 주장할지도 모른

다. 물론 대부분의 고통은 우리에게 어떻게 행동하고, 어떤 것을 피해야 하는지를 가르쳐준다는 점에서 유용하다. 필로도 이 점을 잘 알고 있다. 그러나 때로는 지나치고, 때로는 불필요한 고통, 즉 분만통, 눈을 뜰 수 없는 두통, 관절염, 죽을 때의 고통(단말마)이 있음을 알아야 한다. 일반적으로 고통이 생물학적으로 효용성이 있음을 인정할 수는 있으나 많은 경우 고통의 유용성에 대해서는 많은 반론이 있을 수 있다.

두 번째 상황은 세계의 운행은 신의 특정한 행동이나 작용에 의해서가 아니라 일반 법칙에 따르기 때문이라는 것이다. 물론 우리 역시 일상생활에서 확립된 일반 법칙을 따른다. 그리고 이러한 상황은 일반적으로 아무 문제가 없다. 그러나 필로는 자연의 운행은 대부분 매우 복잡하며, 날씨나 인간 성격의 형성과 같은 것에는 우주의 비밀스러운 힘이 은밀하게 작동된다고 말한다. 자연의 과정에 신이 아주 조금 개입을 한다고 해도 우리 눈에 전혀 띄지 않을 수도 있다. 갑작스러운 압력 강하로 허리케인이 방향을 틀어 대도시를 피해 가고, 끊긴 신경이 다시 연결되고, 황제가 될 소년이 포악하지 않고 현명하게 자랄 수 있다. 물론 신이 그러한 개입을 하지 않기로 한 데는 그럴 만한 이유가 있을 수 있다. 그러나 자연신학자들이 무턱대고 양립 가능성을 주장하는 것은 받아들이기 어렵다. 신의 도덕적 속성을 확립하기 위해서는 자연신학자는 단순한 가설이 아니라 논변과 증거를 제시해야만 한다.

세 번째 상황은 인간과 동물에게는 필요한 힘과 기능이 주어져 있다는 것이다. 각각의 동물 종들은 생존하기에 충분한 만큼만 있었으며 역사는 멸종에 대한 명확한 증거를 보여주지 않는다. 그런 점에서 자연은 우리를 대함에 있어 관대한 부모라기보다는 엄격한 주인과도 같다. 만약 자애로운 창조주였다면 보다 적은 동물을 창조하되 그들의 수를 더 많게 했을 것이다. 인간의 경우에는 근면과 노동의 습관을 줌으로써 더 열심히 일하게 했을 것이다. 그리고 인간의 생명을 위협하는 많은 질병을 예방해 주었을 것이다.

네 번째 상황은 자연이란 거대한 기계의 작동에서 관찰되는 '꼼꼼하지 못한 솜씨'이다. 필로에 따르면, 자연의 여러 부분은 함께 작동하도록 만들어진 것처럼 보이나 그리 잘 만들어진 것처럼 보이지 않는다는 것이다. 열기와 냉기, 바람과 비는 자연의 체계를 유지하는 데 필요한 것이지만 흔히 지나치거나 모자라 자연을 파괴한다. 게다가 인간 마음의 경우 우리를 촉발하는 열정은 대체로 유익하나 때로는 파괴적이 되어 개인이나 사회를 몰락으로 이끌어간다. 이 두 사례를 보면 자연은 넘침과 부족함이 가져오는 파괴적 결과에 충분하고 적절한 예방조치를 취하지 못한 것으로 보인다.

물론 이러한 고찰이 신이 자애롭지 않다는 결정적인 증거는 아니다. 필로는 이점을 분명히 하고 있다. 자연신학자는 약간의 창의성을 발휘하고, 신과 악과의 연관성에 대한 우리의 무지를 강조하면서 양립 가능성의 문제에 대한 해결책을 생각해 낼 수도 있다:

> [필로] 그렇다면 이 문제에 대해 우리는 어떤 말을 해야 하는가? 이들 상황(악을 야기하는)은 필연적인 것이 아니며 우주의 섭리에 의해 달라질 수 있다고 말할 수 있을까? 이런 문제에 대한 결론은 무지몽매한 피조물에게는 너무 어려워 보이네. 따라서 좀 더 신중하게 생각해 보세. 신의 선함(여기서 나는 인간의 선함과 같은 것을 의미하네)을 우리가 받아들일 수 있는 선험적인 이유에서 주장할 수 있다면 이들 현상(악이 있는)이 비록 적절한 것은 아니나 그 원리를 뒤엎을 수는 없으며 한 걸음 더 나아가 우리가 알 수 없는 방식으로 쉽게 조화를 이룰 수도 있네. (G112-13)

그러나 이들 네 개의 상황은 추론의 문제를 제기한다:

[필로] 그러나 이 선함은 사전에 밝혀진 것이 아니기에 현상들로부터 추론해야만 하네. 이 우주에는 수많은 악이 존재하기에 그렇게 추론을 할 근거가 없네. 그러나 인간의 이해력이 그런 문제와 관련해 판단을 내릴 수 있다면 이들 악은 쉽게 처리가 될 수 있을 것이네. 이런 추론에도 불구하고 나는 악으로 볼 수 있는 현상이 자네가 가정하는 신의 속성들과 양립 가능할 수 있음을 인정할 수 있는 회의론자이네. 그러나 악으로 보이는 현상들로 신의 속성을 입증할 수 없음은 분명하네. 신의 속성에 대한 결론은 회의론이 아닌 현상에서, 그리고 이들 현상에서 우리가 도출한 추론에 대한 확신으로부터 나와야 하는 것이네. (G113)

따라서 흄은 2부에서 필로가 클레안테스의 주장에 맞서 결정적인 반론을 전개할 수 있도록 그의 최종 원고에서 다음과 같은 매우 수사학적인 구절을 삽입하였다. 여기서 필로도 클레안테스처럼 우리에게 사유하기보다는 눈으로 보라고 말한다:

[필로] 이 우주를 둘러보게. 이 엄청난 존재가 얼마나 생기가 있고 조직적이며, 얼마나 합리적이며 활동적인가! 이 경이로운 다양성과 풍부함에 감탄이 절로 나올 걸세. 그런데 유일하게 관심을 가질 만한 존재인 이 생명체들을 조금만 가까이서 살펴보게. 이들이 서로에 대해 얼마나 적대적이며 파괴적인지, 그것들 모두가 얼마나 행복하지 않은지, 그리고 바라보는 사람들에게 얼마나 야비하고 끔찍하게 보이는지 알게 될 걸세. 이런 사실은 거대한 생명의 원리를 지닌 맹목적인 자연이 상처받는 자신의 미성숙한 자녀를 어버이처럼 관심을 갖고 돌보아 주지 않고 자신의 무릎에서 밀쳐낸다

는 생각이 들게 하네. (G113)

생명체는 두 가지 이유에서 '유일하게 관심을 가질 만한 가치가 있
는' 존재이다. 첫 번째 이유는 오직 그것들만이 지적 설계의 존재와 설
계자의 멋진 솜씨를 보여주는 증거라는 점이고, 두 번째 이유는 그것들
만이 고통과 쾌락을 느낄 수 있다는 점이다. 그러나 우리에게 지적인
설계자와 설계를 확신시켜주는 바로 그 증거가 자연에는 부모의 보살
핌 같은 관심과 자애가 없음을 보여주는 증거가 되기도 한다. 필로는
과감하게 자연이 자상한 어머니라는 잘못된 이미지를 깨뜨리고 장애아
와 미숙아를 둔 부주의하고 무관심한 부모의 이미지로 바꾸어놓았다.
이빨과 발톱에 피를 묻힌 자연의 모습에 친숙하고 적어도 다윈주의 이
론의 대강을 알고 있는 21세기의 독자들은 이 구절이 18세기 독자들에
게 얼마나 충격적이었을지 이해하지 못할 것이다.

여기서 마니교의 교리가 떠오를 수 있다. 페르시아인인 마니(216-
77)와 그의 제자들에 따르면 우리의 세계는 빛의 신과 어둠의 신이 끊
임없이 싸우는 전쟁터라는 것이다. 마니교인들은 기독교 세계에서는
이단으로 핍박을 받았으나 그들의 음울한 교리는 완전히 지워지지 않
았다. 피에르 베일(1647-1706)의 『사전』에 실린 두 개의 유명한 글이
다시 이 교리를 주목하게 만들었다.[59] 베일은 여기서 악의 문제는 철학
또는 자연신학에 의해 해결될 수 없다고 주장한다. 이성과 경험만으로
는 우리가 사는 이 세계가 전능하고 도덕적으로 완전한 신의 창조물임
을 확신할 수 없다는 것이다. 따라서 이런 명백히 불합리한 믿음을 갖
기 위해서는 신앙의 눈이 필요하다는 것이다. (신앙이 필요하다는 베

---

59 Bayle, *Dictionary*, articles 'Manicheans' and 'Paulicans'.

일의 말을 놓고 당시에 그 말이 진심인지 논란이 일었고 이로 인해 학자들의 의견은 둘로 갈리었다.) 베일은 우리가 완벽하게 이성적 존재라면 우리가 일상적인 삶 가운데서 경험하는 선과 악의 혼재된 상황을 설득력 있게 설명하고 있는 마니교로 개종해야 할 것이라고 말한다.

필로는 마니교의 교리가 일반적인 가설보다는 더 개연성이 있으나 우리 세계가 보여주는 명백한 설계의 통일성을 설명하지 못한다는 점을 인정한다: '만약 우리가 우주의 여러 부분이 완벽한 조화와 일치를 보임을 고려한다면 자애로운 신과 악한 신이 싸우고 있다는 그 어떤 징후도 발견하지 못할 것이네.'(G113) 따라서 신은 열기와 냉기, 습함과 건조함처럼 선과 악의 대립에 무관심하다고 결론을 내리는 것이 더 자연스럽다:

> [필로] 우주의 제일원인과 관련해 생각해 볼 수 있는 여러 가설이 있네. 그것은 완벽한 선성을 지니고 있다는 것, 완벽한 악을 지니고 있다는 것, 상반된 것 즉 선과 악을 모두 지니고 있다는 것, 선도 악도 지니고 있지 않다는 것, 이상 네 가지 가설이 있네. 선과 악이 혼재된 자연의 현상은 선과 악이 혼재되지 않았다고 하는 처음 두 개의 가설을 반증하고 있네. 그리고 일반 법칙은 일관성과 안정성을 지녀야 한다는 점에서 세 번째 가설은 배제되네. 따라서 네 번째 가설이 가장 개연적으로 보이네. (G114)

비평가들은 이 논변에서 많은 소소한 결점들을 지적하고 있는데 예를 들어, 필로는 그의 논변에 추가적인 가정이 필요하다는 사실과 논변의 개연성이 낮음을 간과했다는 것 등이다. 그러나 나는 그 논변이 본질적으로 타당하며 옳다고(sound) 생각한다. 만약 우리가 편견을 버리고 경험이 보여주는 명백한 증거만을 본다면 당연히 자연의 설계자가 우리의 행복이나 고통에 무관심하다고 생각할 것이다. 필로에 따르면, 자연적인 선과 악(쾌락과 고통)에 대한 생각은 도덕적인 선과 악(덕과 악덕)에 대한 생각으로 이어진다. 그래서 많은 사람이 도덕적인 악이 도덕적인 선보다 우세하다고 생각하며 그로 인해 총체적인 도덕적 비관주의가 생겨나는 것이다. 그러나 비관주의가 옳지 않고, 도덕적 선이 더 우세하다고 할지라도 도덕적인 악에 대해서는 여전히 설명이 필요하다: '[필로] 자네는 제일원인에 호소하지 않고 그것의 원인을 밝혀야 하네. 그런데 모든 결과는 원인을 갖고 있으며, 그 원인은 또 다른 원인을 갖고 있기에 무한히 원인의 계열을 따라가든가 아니면 모든 것의 궁극적 원인인 원초적 원리에 의존해야 하네.'(G114)

  기독교인은 우리 세계의 많은 도덕적 악을 악마의 짓으로 돌린다. 그러나 악마는 신으로부터 독립한 존재일까? 아니면 그의 피조물 중에 하나일까? 이 딜레마의 첫 번째 뿔은 마니교 이단에 빠지는 것이기에 기독교인들은 두 번째 뿔을 선택해야 한다. 그럴 경우 그의 피조물 중 하나가 야기한 악에 대해 신이 책임을 회피하기 어려워진다.

  여기서 데미아는 큰 목소리로 불경스러움에 항의하며 대화에 끼어든다:

[데미아] 그만! 그만! 데미아가 외쳤네. 대체 지금 자네는 무얼 상상하고 있는 건가? 내가 자네와 한 편이 되었던 것은 신의 본성이 우리로서는 이해할 수 없는 것임을 입증하는 한편 모든 것을 인간의 잣대로 평가하려는 클레안테스의 원리를 반박하기 위함이었네. 그런데 지금 나는 자네가 저명한 회의론자나 이교도들이 떠드는 말을 하면서 자신이 겉으로 내세웠던 거룩한 대의명분을 저버리고 있음을 알게 되었네. 그렇다면 자네는 자신의 정체를 숨기고 있던 클레안테스보다 더 위험한 적이 아닌가? (G114-5)

회의론자가 신학자의 위험한 동지임을 데미아가 늦게 알아챈 것이다. 독자에 따라서는 너무 그가 너무 늦게 깨달았다고 할 수도 있다. 그래서 클레안테스는 데미아에게 '자네 친구인 필로는 우리 둘을 놀리고 있었던 것이네'라고 말한다.(G115) 물론 필로는 자신이 클레안테스의 신인동형론을 공격할 뿐 신이 '선'하고 '의로움'을, 적어도 그 말이 우리가 일상적으로 사용하는 의미가 아니라면, 확고하게 믿는다고 말한다. 그러나 여기서 사용된 회의론자의 아이러니는 쉽게 파악하기 어렵다. 필로는 기독교 신학자들이 늘 때와 청중에 따라 달리 대응해 왔다는 것을 잘 알고 있다. 악의 문제에 대해 압박을 받으면, 그들은 종종 신은 일하는 방식이 우리와 다르며, 우리의 창조주를 판단하는 것은 주제넘은 짓이라고 응수한다. 그러나 신의 행동을 인간적 잣대로 판단할 수 없다면 대체 어떤 기준을 갖고 판단해야 한단 말인가? '신은 선하다' '신은 우리를 사랑하신다'는 말이 아무런 인지적 내용도 없다는 것을, 즉 우리가 이해하고 참이라고 믿을 수 있는 어떤 명제를 진술하고 있는 것이 아니라는 것을 인정할 신학자는 거의 없다. 필로는 신비주의자와 신인동형론자 중에 어느 하나를 선택하라고 신학자들을 압박하고 있는 것이다. 만약 신비주의자의 편에 선다면 형이상학적으로는 옳으나(모든 것의 궁극적 원인은 말로 표현할 수 없다) 도덕적으로는 문제(또는 공허하다)가 있게 된다. 만약 신인동형론자의 편에 선다면 도덕적으로는 옳으나(도덕적 용어들이 인간적 기준에 맞는 의미를 지닌다) 형이상학적으로는 문제가 있게 된다(신을 인간이 사용하는 용어로 표현하는 시도를 포기해야 한다). 필로에 따르면, 기독교 성직자들은 이 점에 있어서 기회주의자였다. 그들은 시대와 청중의 다양한 기질에 따라 때론 데미아의 신학을, 때론 클레안테스의 신학을 주장했던 것이다.

자연종교에 관한 대화 11부 끝에서 데미아는 자리를 뜨고, 12부에서는 클레안테스와 필로만 남아서 대화의 결론을 내린다. 대화의 서술자인 팜필루스에 따르면, 데미아는 대화의 후반부에 흥미를 잃었고 곧 핑계를 대고 자리를 떠났다.(G115) 데미아는 왜 자리를 떴을까? 겉으로 보면 필로에게 배신감을 느꼈고 그의 놀림감이 된 것에 화가 났기 때문일 것이다. 그러나 흄이 데미아를 대화에서 퇴장시킨 데는 보다 심오한 철학적인 이유가 있다. 어떤 면에서 데미아의 주장은 반박되지 않았으며 신비주의를 반박한다는 것은 쉬운 일이 아니다. 명확하게 그가 자신의 주장을 진술하지 않는 한, 우리는 그의 주장이 잘못된 것임을 밝힐 수는 없다. 데미아는 기독교란 권위와, 그리고 그가 10부에서 언급한, 종교적 감정에 확고하게 기반을 두고 있는 것이라 말하면서 신앙주의로 쉽게 물러설 수 있다. 그러나 그가 이처럼 신앙주의로 물러선다면 그는 더 이상 말할 것이 없다. 다시 말해 그는 더 이상 클레안테스나 필로와 같은 사람들과 대화를 이어갈 수 없는 것이다. 우리는 데미아가 기독교의 권위에 대해 갖는 정서나 신앙에 공감할 수도 있고 공감하지 않을 수도 있다. 만약 공감하지 않는다면 데미아는 자신이 옳다는 것을 우리에게 설득할 수 없다. 이와는 대조적으로 클레안테스는 보편적인 인간의 경험, 공인된 귀납 추론, 정상적인 도덕적 규준에 호소하고 있다. 따라서 그의 논변은 적어도 원리적으로는 누군가를 설득시킬 수 있다. 따라서 클레안테스는 필로와의 대화를 이어갔고 데미아와는 그럴 수 없었던 것이다. 다시 말해 데미아는 더 이상 할 말이 없었기에 자리를 뜬 것이다.

질문

1. 같은 말을 사용하지만 우리가 아는 도덕적 덕목과는 전혀 다른 도덕적 덕목(정의, 자애)을 과연 이해할 수 있을까?

2. 클레안테스의 유한한 신은 창조주라기보다는 물질을 조립하는 자 (organizer)가 아닐까? 만약 그렇다면 신은 나쁜 재료로 인한 문제를 극복하기 위해 노력하는 건축자와 같은 존재이다.

3. 필로가 무관심한 신을 옹호하는 논변을 피력했을 때 그는 자신의 회의론을 완전히 포기했던 것일까?

4. 인간사와 인간의 행복에 관심이 없는 신을 믿는 경우 종교적 계율 (religioius practices)이란 것이 과연 있을 수 있을까?

IX. 12부: 흄의 결론 없는 결론

데미아가 자리를 뜬 후 분위기가 바뀐다. 클레안테스와 필로는 보다 우호적인 방식으로 대화를 이어간다. 필로는 지금까지 자신이 유신론에 대한 심각한 반론을 펼쳤다기보다는 자유로운 탐구 정신으로 자신이 이해하기 어려웠던 것을 단지 이야기했을 뿐이라고 말한다:

[필로] 클레안테스, 특별히 자네는 나와 스스럼없이 가깝게 지내온 터라 내가 비록 거침없이 말하고 기이한 논변을 늘어놓았어도 실상은 말로는 설명할 수 없는 자연의 기묘한 솜씨를 마주하면서 내가 누구보다도 마음 깊이 종교심을 갖게 되었고 신에게 신실한 경배를 드림을 알 것이네. 가장 어리석은 사람일지라도 어디서나 용도(purpose), 목적(intention), 설계 (design)를 떠올리며, 어느 누구도 이를 인정하지 않는 터무니없는 이론을 고집할 수는 없네. (G116)

어떤 해부학자가 새로운 기관을 발견한다면 그는 먼저 그것의 '용도

와 목적'을 물을 것이다. 다시 말해 그것이 무엇을 위한 것인지 알고자
할 것이다. 고대의 가장 위대한 해부학자이자 의사였던 갈렌(129-c.
200 AD)은 인간의 근육과 뼈의 복잡한 기능에 매우 깊은 인상을 받아
지적 설계에 대한 생각을 떨쳐버릴 수 없었다:

> [필로] 이러한 솜씨는 모든 다양한 동물 종에서도 찾아볼 수 있는데, 각각
> 의 종은 자연의 목적에 맞게 놀라운 다양성과 적합성을 보여주네. 당시 자
> 연과학의 수준이 낮았음에도 갈렌은 이 놀라운 현상을 보고 자신의 무신론
> 을 접었는데, 하물며 최고의 지적 존재인 신의 존재를 의심하는 이 시대의
> 철학자는 대체 얼마나 완고한 것인가? (G117)

필로는 자연이 보여주는 증거보다 더 강력한 신의 존재에 대한 증거
가 어디 있겠느냐고 말한다. 자연에서 관찰되는 기묘한 솜씨는 배운 사
람이나 못 배운 사람 모두에게 설계를 떠올리게 한다. 사람들은 고양이
가 쥐를 사냥하는 것을 보고 고양이가 쥐를 사냥하기에 적합하게 되어
있음을 보고 감탄해 생명의 다양한 형태에 찬미를 보낸다. 그리고 해부
학자는 관련된 모든 복잡한 생명공학적 지식을 동원해 그것을 상세히
설명할 수 있다. 클레안테스는 필로의 갑작스러운 반전에 놀라울 징도
로 침착한 모습을 보이면서 자신의 입장을 이야기한다. 그는 말하기를
유신론은

> [클레안테스] 이해하기 쉬운 완벽한 유일한 우주 기원에 관한 가설로서 우
> 리가 매일 보고 경험하는 것과 강력한 유비를 보여주네. 우주와 인간이 만
> 든 기계를 비교하는 일은 지극히 자연스러운 것으로서 자연에 존재하는 수
> 없이 많은 질서와 설계의 사례들은 이를 정당화해 주네. 그리하여 자연과

기계의 유비는 모든 우려를 일거에 종식시키고 보편적으로 승인을 받게 되네. (G118)

클레안테스는 계속해서 회의론자는 의심과 반론을 제기할 수 있으나 그가 주장하는 판단중지를 지속할 수는 없다고 말한다:

[클레안테스] 그러나 이런 마음의 상태(판단중지)는 그 자체가 불만족스러운 것이어서 우리를 끊임없이 종교적인 가설로 몰고 가는 놀라운 현상에 맞서서 견고하게 유지될 수가 없네. 인간의 본성은 편견을 갖고 있어 거짓인 터무니없는 가설을 고집과 끈기로 붙잡고 있을 수 있네. 하지만 어떤 가설이 강하고 명백한 이성, 자연적 성향, 그리고 조기교육에 의해 뒷받침되는 이론과 배치되는 경우에는 그것은 절대로 유지되거나 옹호될 수 없네. (G118)

그런데 클레안테스는 여기서 논점을 약화시키는 주장을 하고 있다. 그는 이 구절에서 인류의 대다수가 이런저런 유형의 유신론자가 되는 이유를 세 가지 요인으로 설명하고 있다. 조기교육의 영향은 분명하다. 아이들이 부모의 종교를 통해 양육된다는 것은 명백한 사회학적인 사실이다. 그러나 이것은 유신론이 대중들이 지닌 편견 그 이상의 것임을 보여주는 증거일 수는 없다. 우리는 무신론자인 부모에게 다음과 같이 물을 수 있다. 당신은 ⓐ 자녀에게 모든 종교는 쓰레기라고 가르침으로써 자녀들을 독선적인 무신론자로 양육합니까? 또는 ⓑ 자녀를 교육할 때 종교에 대해서는 가르치지 않습니까? ⓒ 자녀에게 냉정하고 객관적인 방식으로 세계종교의 교리를 가르치고, 그들이 스스로 결정하도록 합니까? ⓐ의 경우라면 무신론을 조기교육의 탓이라고 설명할 수 있다. 그러나 이 경우에도 조기교육은 무신론의 원인(cause)이지 이유 (reason)는 아니다. 그런 독선적인 교육으로는 신앙이든 불신앙이든 그것에 대한 정당화를 제공할 수 없다. 철학자들의 관심을 끄는 클레안 테스의 다른 두 개의 요인은 '강력하고 명백한 이성'과 '자연적인 성향' 이다.

인류학자들은 자연의 다양한 측면을 의인화하는 인간의 성향에 오랫 동안 주목해 왔다. 흄도 그의 『종교의 자연사』에서 이 같은 사실을 언 급하고 있다:

> 인류는 모든 존재를 자신과 같은 존재로 생각하며, 자신에게 익숙하고 친 숙한 속성들을 모든 사물에 부여하는 보편적인 성향을 지니고 있다. 달에 서 인간의 얼굴을, 구름 가운데에서 인간 군상을 발견하며, 경험과 반성에 의해 교정되지 않는 자연적 성향에 의해 모든 사물에는 악의와 선의가 있 어 우리에게 해가 되거나 유익을 준다고 생각한다. (G141)

유신론의 가설은 그 자체 자연적인 성향의 산물이기에 인간 본성에 깊은 뿌리를 두고 있어서 심리적인 지지(유신론의 증거라 할 수는 없 지만)를 받을 수 있다. 『자연종교에 관한 대화』에 대해 어떤 연구자는 유신론은 외적 세계나 자연의 일양성에 대한 우리의 믿음과 같은 이른 바 자연적 믿음(natural belief)일 수 있다고 말한다. 여기서 우리는 구 분을 할 필요가 있다. 유신론이 어떤 의미에서 자연적 믿음임은 명백하 다. 인간은 분명 신(God)이나 또는 신들(gods)을 믿는 주목할 만한 매 우 광범위한 성향을 지니고 있다. 인간에 대한 경험적 연구(인류학, 역 사 심리학, 사회학)들은 모두 이 명백한 논제를 뒷받침할 것이다. 그래 서 약한 의미에서 유신론이 자연적 믿음이라는 주장은 논란의 여지가 없다. 그러나 이것은 인식론적으로 의미가 없다. 회의론자는 우리가 유신론에 빠져드는 성향을 갖고 있음을 인정하지만 이 성향이 통제될 수 있을 뿐 아니라 당연히 통제되어야 하는 자연적인 취약점(natural frailty)이라고 주장한다. 그리고 믿음이 우리 본성에 깊게 각인되어 있어 좀처럼 (진지하게) 의문시될 수 없는 경우 이것은 흄이 말하는 강한 의미에서 자연적 믿음이다. 회의론자가 외적 세계의 실재성, 타인의 마음이 존재함, 귀납의 신뢰성에 대해 마땅히 의심을 해야 한다고 말할 경우 흄은 여기서 '마땅히'란 말은 공허하게 들린다고 말할 것이다. 왜냐하면 우리는 이런 상식의 토대가 되는 것들을 의심할 수 없기 때문이다.

위 구절에서 클레안테스는 이유에 대한 질문(question about reason)과 원인에 대한 질문(qeustion about cause)을 혼동해 자연적 성향과 함께 '강력하고 명백한 이유'라는 말을 쓰고 있다. 겉으로 보면 이것은 혼동처럼 보인다. 종교적인 믿음이 오직 약한 의미에서 자연적이라고 한다면 이는 철학자들에게는 아무 의미가 없는 사실이다. 우리가 자연적 성향을 신뢰할 만한 어떤 이유나 근거를 갖고 있지 않는 한 자연적 성향은 (종교교육처럼) 단순히 인과적 요인일 뿐 증거가 되지 못한다. 그러나 자연적 믿음에 관한 흄의 이론에는 12부에서 필로의 반전을 깔끔히 설명해 줄 숨겨진 이야기가 있다. 필로는 설계 가설을 옹호하는 클레안테스의 논변을 분석하여 그것에 문제가 있음을 발견한다. 그럼에도 불구하고 그는 클레안테스의 지적 설계에 대한 믿음을 받아들인다. 따라서 설계는 우리가 자연을 생각할 때 자연스럽게 떠오르는 것임을 알 수 있다. 다시 말해 지적 설계에 대한 믿음은 세심한 추론의 산물이 아니라 일종의 감각과 같은 것이다. 설계를 믿는 우리의 자연적 성향이 강한 의미에서 자연적 믿음이라고 한다면 그것은 인식론적으로 중요한 의미를 갖는다. 왜냐하면 그것에 대한 의심이란 결코 현실적이지 않으며, 판단중지는 엄밀히 말해 불가능하기 때문이다.

　그런데 유신론을 외적 세계, 타인의 정신, 자연의 일양성 등에 대한 우리의 믿음과 더불어 흄이 말하는 강한 의미의 자연적 신념에 포함시켜야 할 이유가 있을까? 유신론이 과연 정상적인 삶을 영위하기 위해서 모든 사람이 수용해야 할 어떤 것일까? 『종교의 자연사』 그리고 흄의 삶과 그가 보낸 서간들을 보면 흄은 이 질문에 부정적이다. 『종교의 자연사』 서문에서 흄은 유신론이 사회에 매우 폭넓게 확산되어 있다고 말하면서도 다음과 같은 단서를 달고 있다:

　눈에 보이지 않는 지성적인 신에 대한 믿음은 모든 장소와 시대를 뛰어넘어 모든 인류에게 매우 일반적으로 퍼져 있다. 그러나 어떠한 예외도 없을 만큼 그렇게 보편적이지는 않으며, 그것이 제시한 내용 또한 상당 부분 동일하지 않다. 여행자나 역사가들의 말을 믿는다면 종교라 할 수 있는 것을 전혀 갖고 있지 않은 민족도 있으며, 사람이나 국가나 정확하게 일치하는 동일한 종교를 갖고 있지 않다. 따라서 이런 믿음은 원초적인 본능이나 자연에 대한 일차적인 인상으로부터 생겨난 것이 아닌 것으로 보인다. 왜냐하면 이러한 종류의 본능은 모는 나라와 시대를 초월해 절대적으로 보편적인 것이기 때문이다 … 최초의 종교적 원리는 이차적인 것임이 분명하다. (G134)

　교육과 같은 이차적 원인은 강력한 의미의 자연적 믿음에 아무런 영향을 미치지 못한다: 우리는 아이들을 버클리식의 관념주의자(Berkeleyan Idealist), 귀납적 회의론자(inductive sceptics), 유아론자(solipsist)로 교육할 수 없다. 자연이 이성보다 훨씬 강하기 때문이다: 다시

말해, 관념론자, 귀납적 회의론자, 유아론자의 논변이 아무리 강력하다
해도 그것은 우리에게 확신을 주지는 못한다. 이와는 대조적으로 교육
과 본을 보이는 것은 종교적 신념 형성에 중요한 역할을 한다. 어떤 사
람들은 무신론자임을 자처한다ㅡ흄은 파리에 있는 돌바크 남작의 악
명 높은 살롱에 방문했었다[60]ㅡ그리고 그들의 말이 진실임을 의심할
이유는 없다. 또한 여행가들에 따르면 종교가 없는 사회도 있다. 유신
론이 강한 의미에서 자연적 믿음이라면 이런 일은 불가능하다.

　이 논제와 관련된 흄의 관심사는『종교의 자연사』뿐 아니라 그의 서
신에서도 분명히 드러난다. 1751년『자연종교에 관한 대화』를 집필하
는 동안 그는 자신의 친구인 길벗 엘리엇과 이 문제를 놓고 토론을 벌
였다. 그는 서간을 통해『자연종교에 관한 대화』를 자연적 믿음으로 해
석하는 것에 반대하고 있다. 흄은 유신론에 대한 우리의 자연적인(약
한 의미의) 성향이 증거적 가치를 지닌다는 것에 반론을 제기하면서
유신론이 강한 의미에서의 자연적 믿음이라는 것에 대해 분명한 의문
을 제기하고 있다.

　그것[설계]을 믿는 성향이 우리의 감각과 경험을 믿는 것만큼 강하고 보편
　적이지 않다면, 유감스럽게도 그것은 의심스러운 것이 될 것이네. 우리는
　이 성향이 구름 속에서 우리 자신의 모습을, 달에서 우리의 얼굴을, 그리고
　심지어는 무생물에서 열정과 감정을 찾는 우리의 성벽(inclination)과는 다
　르다는 것을 입증해야만 하며, 그러한 성벽은 제어될 수 있으며, 따라서 당
　연히 제어되어야 하며, 결코 합법적인 동의의 근거가 될 수 없네.[61]

60　Mossner, 483 and Berman, 101-2를 참고하라.
61　*Letters*, Vol. 1, 155 (G26).

자연을 의인화하는 우리의 성향은 자연과학에서 수없이 많은 오류를 야기한 유감스러운 근원이었다. 예를 들어, '자연은 진공을 싫어한다' 는 중세적인 생각은 대기압의 단순한 기계적 결과인 진공 현상에 대한 오도된 거짓 설명으로 밝혀졌다. 과학자들이 이런 유(類)의 오류를 피하고자 한다면 마음을 단련하는 법을 배워야 하며, 믿음이 형성되는 과정을 확고하게 통제해야 한다. 만약 유신론에 대한 믿음이 유감스럽게도 자연적인 취약성(예를 들어 신인동형론)에서 생겨난 것이라면 그것이 어찌하여 광범위한 호소력과 대중성이 있는지 설명이 되며 동시에, 적어도 철학자들의 경우에는, 이런 오류에 빠져들지 않기 위해 정신의 훈련이 요구된다. 흄은 약한 의미의 단순한 자연적 성향은 동의를 끌어내는 합법적 근거가 될 수 없다고 말한다.

우리는 이 문제에 관한 최고의 논의를 개스킨(J. C. A. Gaskin)의 저서 『흄의 종교철학(Hume's Philosophy of Religion)』에서 찾아볼 수 있다.[62] 개스킨은 흄이 말하는 자연적 믿음의 4가지 핵심 특성 또는 기준을 나열하고 있다. 그것은 다음과 같다:

(a) 일상에서의 상식적인 신념들 (사색이나 이론에 대립하는)
(b) 회의론적인 반론에 직면해 합리적 정당화가 불가능함(정당화를 시도할 경우 순환적이 되거나 아니면 논점 회피가 된다)
(c) 일상적인 삶에서 없어서는 안 되는 것
(d) 사람들이 보편적으로 갖고 있음(어떤 의심도 진실하지 못함)

우리가 외적인 세계, 타인의 마음 그리고 자연의 일양성에 대한 믿음

---

62   Gaskin, 109.

의 경우를 보게 되면, 위에서 언급한 4가지 기준에 들어맞는다. 우리는 이들 믿음에 대해 의심하지 않는데 그것에 대해 의심할 수 없기 때문이다—판단중지는 불가능하다. 하지만 유신론은 문제가 있다. 겉으로는 네 가지 기준 중 어느 것도 충족시키지 못한다. 그것은 탁자와 의자, 나무와 집의 존재에 대한 우리의 일상적인 믿음과는 달리 경험과는 거리가 먼 사변(speculation)이다. 그것은 (대부분의 유신론자들의 명확한 증언에 따르면) 합리적이며 설득력 있는 논변에 의해 뒷받침되고 있다. 또한 보편적이지도 필수불가결한 것도 아니다. 돌바크 남작과 그의 추종자들의 무신론 고백이 진실이 아니었다거나 무신론 고백으로 인해 그들이 삶을 영위하기 어려웠다고 생각할 하등의 이유가 없다. 따라서 개스킨처럼 유신론은 흄이 말하는 강한 의미에서의 자연적 믿음이 아니라고 결론을 내릴 수 있다.

『자연종교에 관한 대화』는 12부에서 필로가 보여준 반전으로 인해 결론이 났다고 생각할 수 있다. 결국 필로는 클레안테스가 주장해 온 모든 것을 인정하고 있는 것이 아닌가 하는 생각이 들게 된다. 물론 우리는 필로가 왜 그의 마음을 바꾸었는지 정확하게 이해하지 못한다. 필로는 그가 제기해 왔던 모든 의문과 반론에도 불구하고 클레안테스의 논변에 설득된 것일까? 그는 자신이 제기한 모든 의문이 한낱 트집 잡기에 불과하다고 믿은(그가 고백한 것처럼) 걸까? 또는 동물의 기관들에서 설계의 흔적을 봄으로써 강한 믿음의 충동을 느끼게 되어 더 이상 비판적인 생각을 갖지 않게 된 것은 아닐까? (이것은 내가 의심이 불가능한 '강한 의미'라고 부르는 것과 적절한 의심이 가능한 '약한 의미'라고 부르는 것 사이의 중간에 속하는 자연적 믿음이다.) 그러나 어떤 이유로 필로가 마음을 바꾸어서 자연에 설계가 있음을 진지하게 받아들였다고 해도 이것으로 인해 『자연종교에 관한 대화』가 결론이 났다고 말할 수 있을까? 분명 아니다. 자세히 살펴보면 클레안테스에게 한 필로의 고백은 겉으로 드러난 것이 전부가 아니다.

필로는 여기서 전체적인 논쟁이 단지 언어의 문제일 수 있음을 암시하고 있다. 자연신학자는 자연물과 인공물 간에 유사성 또는 유비를 강조하나 반면에 회의론자는 차이점을 부각한다. 그리고 어느 쪽도 상대방이 주장하는 것을 부인하지 못한다. 요컨대 우리는 유사성이나 차이점의 정도를 이야기하면서 그것에 나름의 의미를 부여한다. 그러나 여기에는 판단을 규율하는 어떤 합의된 규칙이나 기준 같은 것이 없기에 논쟁은 지속될 수밖에 없다. 어떤 중요한 사실이 숨겨져 있어서가 아니라 게임의 규칙이 없기 때문에 논쟁은 해결되지 않는 것이다. 이것은 흡사 사전에 기준을 정해놓지 않은 채 누가 '가장 위대한 영국인'인지, 어떤 것이 '가장 훌륭한 영화'인지 논쟁하는 것과 같다. 필로에 따르면 유신론자와 무신론자의 논쟁은 다음과 같다:

[필로] 나는 유신론자에게 신의 정신은 무한하기에 인간의 정신과 신의 정신 간에는 헤아릴 수 없이 큰 차이가 있음을 받아들이지 않느냐고 묻겠네. 그가 경건한 사람일수록 더 쉽게 긍정적으로 답변할 것이며, 또한 그 차이를 더 크게 말할 것이네. 더 나아가 그 차이를 아무리 확대해도 지나치지 않다고 말할 것이네. 다음에는 명목상으로만 무신론자이고 진심으로는 그렇지 않은 무신론자에게, 이 세계의 모든 구성 요소들이 보여주는 질서와 명백한 조화를 돌아볼 때 자연의 모든 작용들 사이에는 모든 상황, 모든 시대를 통해 유비가 가능한 것이 아닌지, 그리고 순무의 부패, 동물의 생식, 인간의 사유는 서로 먼 유비가 가능한 기운(energy)이 아닌지 물어보겠네. 그는 이를 부인하지 못하고 쉽게 인정할 것이네. 그의 동의를 얻으면 나는 그를 계속 밀어붙일 것이네. 그래서 그에게 다시 물을 것이네. 이 우주에

처음으로 질서를 부여하고 지금도 그것을 유지하고 있는 원리가 자연의 다른 작용들, 그중에서도 인간의 정신이나 사상의 작용과 우리로서는 상상할 수도 없는 어떤 먼 유비가 가능한지 물어보겠네. 그는 마음이 내키지 않지만 동의할 걸세. 그러며 나는 이 두 논쟁자(유신론자와 무신론자)에게 큰 소리로 외칠 것이네. 자네들이 논쟁을 벌이고 있는 주제가 대체 무언가? (G120)

우리가 유사성의 정도에 대해 논쟁을 벌인다면 정확한 의미도 없고 명확한 해결책도 없는 논쟁에 발을 들여놓는 것이다. 왜 끝없이 말싸움만 하는 것인가? 이는 클레오파트라가 얼마나 아름다운지, 그리고 뉴턴이 얼마나 똑똑한지, 아름다움과 똑똑함에 대해 그 어떤 합의된 척도도 없이 논쟁을 벌이는 것과 같다.

다시 한번 우리는 필로의 현란한 말솜씨에 주목할 필요가 있다. 그는 세상에서 무신론을 사라지게 했다. 그러나 그 말을 사라지게 한 것이지 무신론을 사라지게 한 것은 아니다. 모든 것이 그 밖의 모든 것과 어떤 점에서 어느 정도 닮았기에(사유가 순무와 닮았듯이) 모든 사람은 자연이 만든 것(the works of Nature)과 인간이 만든 것(the works of Art) 간에 매우 먼 어떤 유비 관계가 있음을 (불합리하다 생각하면서도) 인정해야만 한다. 무신론자들은 이를 부인할 필요가 없다. 자연과 예술(또는 기술)은 우리 인간들이 설계의 산물로 간주하는 작품들을 생산한다. 어떤 무신론자도 이를 부인할 필요가 없다. 이것은 무신론자들도 마땅히 인정해야 하는 유사성이다. 따라서 필로가 무신론자에게서 얻어낸 자랑스러운 양보는 사실상 공허할 정도로 빈약하다.

필로와 클레안테스는 이제 '참된 종교'와 '저속한 미신'을 구분하는 것을 놓고 긴 여담을 시작한다. 필로는 전자에 대해서는 마음에서 우러

나오는 존경을 표하나 후자에 대해서는 혐오감을 표한다. 그가 무엇을
'저속한 미신'이라고 부르는지는 아주 분명하다. 기독교를 포함해 현존
하는 종교의 믿음과 관습을 말하는 것으로 특히 정치적 권력을 잡고 이
를 행사하기 위한 성직자들의 시도를 가리킨다. 필로가 말하는 '참된
종교'가 무엇인지는 그리 분명하지 않다. 흄이 윌리엄 뮤어[63]에게 보낸
초기 편지를 보면 그의 생각이 무엇인지 이해하는 데 도움이 된다: '그
논변에 관한 것이라면 나는 리크만 씨[64]가 도덕의 실천과 신이 존재한
다는 명제에 대한 동의를 제외한 헌신, 기도 그리고 우리가 종교라고
부르는 그 밖의 모든 것에 대한 나의 반대에 답변을 해줄 것으로 기대
하고 있습니다.'[65] 이것은 기본에 충실한 종교다. 이 종교는 '신이 존재
한다'는 하나의 존재론적 주장을 하고 있는데 그 정확한 의미는 의도적
으로 불분명하게 남겨져 있다. 그리고 도덕적으로 행동하라는 명령이
있다. 즉, 이웃을 대함에 있어서 자애로우며, 정의로우며, 동정심을 가
지라는 것이다. 중요한 사실은 우리에게는 예배의 형식을 고안하거나
우리에게 무엇이 자애롭고 정의롭고 동정적인 행동인지를 알려주는 성
직자가 필요하지 않다는 점이다. 클레안테스는 필로의 견해에 동의해
'종교의 적절한 임무는 도덕을 가르치는 것'이라고 말한다.(G122) 그
러나 기독교가 인간과 사회에 미치는 도덕적 영향은 은밀하다고 말한
다. 필로가 미신과 편협함의 모든 폐해를 강조하고 정치적 권위가 권력
에 굶주려 음모를 꾸미는 성직자들의 손에 넘어가는 것이 위험함을 경
고하는 데 반해 클레안테스는 신앙인들의 양심과 마음에 끼치는 기독

---

63   [옮긴이 주] Caldwell의 윌리엄 뮤어로 1718년에 출생해 흄이 사망한 같은 해인
1776년에 사망한 스코틀랜드의 변호사이자 정치인이다.
64   [옮긴이 주] 리크만(William Leechmann 1706-1785)은 스코틀랜드의 목사이자
글래스고대학의 신학교수였다.
65   Letter to William Mure of Caldwell, June 1743, *Letters*, Vol. 1, 50.

교의 선한 영향력을 강조한다. 여기서 우리는 계몽주의 시대에 뜨거운 논쟁이 되었던 여러 주제 중 하나를 만나게 된다. 기독교의 지적 옹호자들은 진리와 효용을 근거로 하여 기독교를 옹호했다.[66] 기독교의 적인 자유사상가들은 기독교의 교리가 거짓(혹은 적어도 비이성적이고 정당하지 않다는 점)이라는 데는 의견의 일치를 보였지만 기독교의 효용 문제에 대해서는 의견이 갈렸다. 우리는 기독교에 관한 흄의 입장이 무엇인지를 밝혀야 한다. 흄은 역사에 관한 저술에서는 기성종교(organized religion)가 사회의 평화와 안전에 가하는 위협에 대해 반복해서 경고했다. 그리고 윤리학에 관한 저술에서는 도덕을 위한 근거나 제재(보상과 벌)를 마련하기 위해 종교가 필요한 것은 아니라고 주장했다. 이어서 그는 종교는 적어도 도덕적인 선의 원천이 되어왔던 만큼이나 인류 역사상 도덕적인 악의 원천이 되어왔다고 말한다. 『자연종교에 관한 대화』 12부에서 필로는 이런 흄의 핵심 주장들을 기성종교에 대한 비판으로 받아들이고 있다.

끝으로 자연신학의 문제로 돌아가서 토론의 말미에 자연신학이 손상을 입지 않았는지 자연스럽게 묻게 된다. 따라서 필로는 독자들을 위해 지금까지 이루어진 토론을 요약한다:

[필로] 만약 자연신학의 전 체계가, 몇몇 사람들이 주장하는 것처럼, 우주의 질서의 원인 또는 원인들은 아마도 인간 지성과 먼 유비의 관계를 갖고 있다는 애매하고 분명하지 않은 명제로 환원된다면, 만약 이 명제가 확장되거나 변경되거나 좀 더 구체적으로 설명될 수 없다면, 만약 그것이 인간의 삶에 영향을 주거나 또는 행동이나 관용의 원천이 될 수 없다면, 그리고 만약

---

66 예를 들어, 기독교의 진리보다는 효용에 대해 더 많은 것을 이야기하고 있는 버클리의 『알키프론』을 참조하라.

불완전한 그 유비가 인간 지성에만 적용될 수 있고 어떤 형태로든 정신의 다른 속성에는 적용될 수 없다면, 만약 이 모든 것이 사실이라면, 가장 호기심이 많고, 사색적이고 종교적인 사람이 그 명제에 대해 기회 있을 때마다 자주 분명하게 철학적 동의를 하고, 그 명제가 근거하고 있는 논변이 반론을 넘어선다는 것을 믿는 것 외에 달리 무엇을 할 수 있겠는가? (G129)

위에서 언급한 요점들을 하나씩 검토해 보자. 우주의 질서의 원인 또는 원인들은 아마도 인간 지성과 먼 유비의 관계를 갖고 있다. 다신교를 부인하고 일신교를 옹호하는 증거는 없다. 따라서 우리는 이 점에 있어서 판단을 중지해야 한다. 만약 여기서 주장하는 것이 '인간 지성과 먼 유비 관계를 지니고 있다'는 것이라면 이것은 어떤 것도 배제하지 못할 것이다. 따라서 썩은 순무는 인간의 정신 작용과 어떤 유사 관계를 지니고 있다는 것이다. 이 명제는 확장되거나 변경되거나 좀 더 구체적으로 설명될 수 없다. 다시 말해 우리는 이 신이나 신의 본성에 대해 더 이상 아무것도 말할 수 없다―이 명제는 어떤 종류의 신앙이나 종교적 교리와도 부합하지 않는다. 그것은 인간의 삶에 영향을 주거나 행동이나 관용의 원천이 될 수 없다. 즉 이런 자연종교는, 예를 들어, 우리가 어떻게 살아야 하고 어떻게 살지 말아야 하는지에 대한 어떠한 가르침도 주지 않는다. 다시 말해 자연종교에는 기도, 단식, 제의에 대한 근거가 없으며 또한 세속적인 도덕을 바꾸어야 할 정당한 근거도 없다. 그 유비는 인간 지성에만 적용될 수 있고 어떤 형태로든 정신의 다른 속성에는 적용될 수 없다. 우리가 인간의 정신 또는 지성과 같은 어떤 것을 추론한다 해도 그것은 우리의 정신처럼 열정과 염려 그리고 도덕적 속성을 지닌 정신은 아니다. 우리는 기회가 있을 때마다 자주 그 명제에 대해 분명하게 철학적 동의를 해야 한다. 즉 우리 모두는 '신이 존재한다'는 것에 동의

하나 이 말이 무엇을 의미하는지 분명하지 않다. 여기서 우리가 동의하는 것은 세계 질서의 원인 또는 원인들과 우리에게 친숙한 인간의 예술과 기술에서의 질서의 원인(즉 지적 설계) 간에는 '어떤 먼 유비 관계'가 있다는 것이다.

필로는 계시를 향해 회유적인 태도를 보이며 끝을 맺는다: 자연신학이 알려주는 것이 별로 없다면 우리 인간은 자연히 더 많은 것을 갈망할 것이다:

[필로] 그러나 나를 믿게 클레안테스. 좋은 성품을 지닌 사람이 이 경우에 느끼게 될 자연스러운 감정은 신이 인류에게 특정한 계시를 주어 우리 신앙의 신성한 대상이 어떤 본성과 속성 그리고 작용을 하는지 알려줌으로써 이러한 무지를 해소하거나 덜어줄 거라는 간절한 욕망과 기대이네. 자연적인 이성이 불완전함을 올바르게 깨닫고 있는 사람은 계시적 진리에 열광적으로 빠져들 것이네. 반면 철학의 도움만으로 신학의 전 체계를 세울 수 있다고 생각하는 오만한 독단주의자는 어떤 도움도 뿌리치고 타인의 가르침도 거절하네. 교양인이 건전하고 신실한 기독교인이 되는 첫걸음이자 가장 본질적인 단계는 철학적 회의론자가 되는 것이네. 이것은 내가 팜필루스에게 들려주고 싶었던 말이네. 클레안테스, 내가 학생을 교육하고 지도하는 자네의 방식에 대해 이의를 제기했는데 용서해 주기 바라네. (G 130)

우리는 필로가 보여준 신앙주의로의 퇴각을 얼마나 진지하게 받아들여야 할까? 필로는 단순히 반어적인 표현을 하고 있는 것이 아닐까?[67] 다시 말해, 그는 자신의 동료인 자유사상가들의 풍자적인 조소를 끌어

흄의 아이러니를 현명하게 사용하는 것에 대해 알고 싶다면 John Price의 책을 참조하라.

내기 위해서 음흉한 농담을 하는 것이 아닐까? 그렇다면, 그것은『자연
종교에 관한 대화』에서 사용된 또 하나의 기교적인 방법일까, 아니면
진심일까? 그러나 결과적으로 보면 놀랍게도 아무 차이가 없다. 자연
신학에서의 우리의 무지를 알게 되었을 때 우리는 자연스럽게 계시의
도움을 청하게 된다. 그러나 우리는 그런 도움을 받을 수 있다고 기대
하지 않는다. 누군가 계시를 받았다고 하면 필로는 가장 먼저 계시의
신뢰성에 의문을 제기할 것이다. 신의 계획과 목적에 대해 특별한 지식
을 가지고 있다고 주장하는 권력에 굶주린 광신도들이 세상에는 얼마
든지 있다. 필로가 회의론자로서의 그의 재능과 사제직의 위험에 대한
그의 정치적 두려움 중 어느 하나를 포기했다고 볼 아무 근거가 없다.
설혹 계시에 대한 그의 희망이 참이라고 할지라도 그는 신성한 계시가
있을 것이라거나 또는 계시에 관한 기존의 주장이 참이라고 말하지는
않을 것이다.

　『자연종교에 관한 대화』는 팜필루스가 대화를 요약하는 것으로 끝을
맺는다. 이 청년은 이 대화보다 그의 마음에 더 깊은 인상을 준 것은 없
었다고 고백한다. 그는 누가 이겼다고 생각할까? 물론 클레안테스에게
승리의 종려나무가 수여된다. '고백하건대 전체의 대화를 진지하게 돌
아볼 때 필로의 원리가 데미아의 원리보다 더 개연적이나 클레안테스
의 원리가 진실에 더 가깝다고 생각하지 않을 수 없네.' (G130) 여기서
흄은 그의 모델인 키케로를 따라서 이러한 요약을 했을 뿐만 아니라 설
계 논변을 옹호하는 사람에게 승리를 안겨준다(키케로는『신들의 본성
에 관하여』에서 설계 논변을 옹호한 스토아 철학자 발부스의 편에서
내용을 요약한다[68]). 그러나 이미 살펴보았듯이 팜필루스의 판단을 근

68　Cicero, 235.

거가 있거나 결정적인 것으로 받아들일 만한 어떤 타당한 이유도 없다; 그는 단지 자신의 선생을 잘 따르는 학생일 뿐이다.

질문

1. 필로의 반전을 어떻게 보아야 할까? 우리는 그가 불성실하다거나 그가 모순에 빠졌다고 말하지 않으면서 이를 설명할 수는 없을까?
2. 필로는 유신론자와 무신론자는 우주의 질서에 대한 원인과 인간 지성 간에 단지 유사성의 정도에 대해서만 불일치를 보인다고 말한다. 그들의 논쟁을 이같이 단순히 말장난이라고 할 수 있을까?
3. 칸트가 주장하는 것처럼 목적인에 대한 믿음이 생물학에서 규제적 믿음일까? 즉, 그것이 사실이라고 믿지 않더라도 유기체를 마치 설계의 산물인 것처럼 생각하며 연구를 해야 하는 것인가?
4. 내가 '강한 의미'라고 부르는 것과 '약한 의미'라고 부르는 것 사이에 중간적 의미의 자연적 신념이 있을 수 있을까? 만약 있다면 유신론은 그런 자연적 믿음일까?
5. 필로가 계시에 대한 그의 희망을 표현했을 때 그가 보여준 신앙주의자에 대한 양보가 교활한 농담 이상의 것이었을까?

4장

『자연종교에 관한 대화』를 보는
다섯 가지 관점

『자연종교에 관한 대화』에는 저자가 말하고 싶은 메시지가 들어 있나? 있다고 해도 독자나 연구자들이 그것을 찾는 것이 불가능하다는 사실은 이미 수 세기를 걸친 노력을 통해 입증되었다. 이 작품은 초판이 나온 이래 현재까지 수많은 상반된 해석을 불러일으켜 왔고 학문적 논쟁의 대상이 되어왔다. 이 책의 해석에 관해 본격적으로 논의에 들어가기 전에 우리는 그릇된 이해를 막기 위해 중요한 구분을 해야 한다. 그것은 세상에 존재하는 다양한 기성종교에 대한 철학적 주장과 유신론에 대한 철학적 주장이 다르다는 것이다. 우리는 이 구분에 유념해야 한다. 흄은 유럽의 기성종교(기독교)에 대해 거의 모든 면에서 적대적인 견해를 갖고 있었는데 그런 점에서 그는 반성직적(anti-clerical)이었다. 그는 기독교의 신경(creed)과 신조(dogma)를 거부했고, 기적에 대한 믿음에 의문을 표했으며, 그의 친구들에게 자신은 죽음과 더불어 소멸될 것이라 생각한다고 말했다. 또한 그의 윤리적 저작을 통해 수도자의 덕목인 기도, 금식, 독신을 공격했고, 역사적 저작을 통해 성직자의 지나친 권력을 비난하였다. 그러나 반성직적이라는 사실이 곧 그가 반유신론적(anti-theistic)임을 의미하는 것은 아니다. 볼테르와 같은 이신론자는 말로나 작품으로 확고하게 자신이 반성직적임을 밝히면서도 창조주 하나님에 대해 확고한 믿음을 가지고 있음을 고백하였다. 문헌을 처음 접하거나 비판적인 구별에 익숙하지 않은 학생들은 때때로 기

독교에 대해 보인 흄의 명백한 적대감이 그가 무신론자였음을 보여준
다고 생각한다; 하지만 그런 추론은 잘못된 것이다.

먼저 우리는 『자연종교에 관한 대화』에서 언급된 증거주의(eviden-
tialims)의 범주와 관련해 이야기해야 할 것이 있다. 지혜로운 사람은
증거에 비례해 믿음을 갖는다고들 말한다. 그러나 역사학, 법학, 자연
과학에서 이 준칙(maxim)은 당연한 이야기다. 어떤 가설 h가 문제가
될 때 관련 재판관들은 찬반양론으로 증거를 따져보고, 마침내 찬성,
반대, 판단 보류라는 평결을 내린다.(유죄, 무죄 외에 '입증되지 않음'
이 있는 스코틀랜드 법이 영국법보다 인식론자들의 입장에서는 더 나
은 모델이다.) 따라서 평결에는 가설에 대해 찬반양론의 증거를 따져
본 판사들의 견해가 반영되어야 한다. 이런 관점에서 볼 때 흄이 수용
하고 있는 증거주의는 완벽하지도 보편적이지도 않다. 믿음을 입증하
는 증거의 문제 때문이 아니라 강한 의미의 자연적 믿음에 속한 명제들
이 있어서 그것들에 대해서는 의심할 수 없기 때문이다. 이들 명제에
대해 우리가 마땅히 의심을 해야 한다거나 판단을 보류해야 한다고 말
하는 것은 한마디로 쓸데없는 것이다. 외적 세계, 타자의 정신, 그리고
자연의 일양성에 대한 우리의 믿음은 강한 의미에서의 자연적 믿음이
다. 만약 유신론이 자연적인 믿음이라면 클레안테스와 필로 간의 논쟁
은 재평가되어야 한다. 클레안테스는 유신론을 옹호하려고 한 것이 아
니라 단지 적절한 사례들을 들어 필로의 자연적 신념을 끌어내리려고 했
던 것이고, 필로는 유신론을 반대하는 것이 아니라 (사실과는 다르게)
유신론이 합리적인 논쟁의 문제라고 한다면 그것이 증거에 의해 뒷받
침되지 않는다는 것을 보여주려고 했을 뿐이라고 볼 수 있다.

I. 자연적 믿음이라는 해석

『자연종교에 관한 대화』를 자연적 믿음에 대한 논쟁으로 보는 해석
은 1950년에 나온 로날드 버틀러(Ronald Butler)의 유명한 논문으로
거슬러 올라가는데[1] 최근에는 스텐리 트위만(Stanley Tweyman)이 이
해석을 옹호하고 있다.[2] 『자연종교에 관한 대화』의 해석에 자연적 믿음
을 끌어들이는 이유가 무얼까? 무엇보다 흄은 자연의 여러 측면을 의
인화하는 인간 심리의 자연적 성향에 주목했는데, 이것이 바로 『종교
의 자연사』의 핵심 주제였다. 의인화 성향이 인간의 취약점(우리가 통
제할 수 있고 또 당연히 해야만 하는)인지 아니면 강한 의미의 자연적
믿음인지는 논란의 여지가 있다. 그러나 자연적 믿음으로 해석할 경우
텍스트에서 이해하기 어려운 부분들을 해석하는 데 도움이 된다. 그것
은 클레안테스가 든 생생하고 인상적인 예시와 그것에 대한 그의 부연
설명을 납득할 수 있게 해준다. 클레안테스는 우리에게 어떤 고대 그리
스 철학자가 운동의 존재를 부인했음을 상기시킨다. 만약 내가 그런 철
학자와 가까이 지내게 된다면 논변을 통해서나 운동의 사례를 들어 그
를 설득할 수 있을까? 자연에서 설계를 관찰하는 경우 주의력이 있고
아무런 편견이 없는 사람이라면 '이것은 지적 설계를 보여준다'는 생각
이 문득 머리에 떠오를 것이다. 따라서 '자연적 믿음'을 끌어들인 해석
은 3부의 이해하기 어려운 부분을 이해하는 데 도움을 준다.

이 해석은 또한 12부에서 필로가 보여준 반전도 설명해 준다. 필로
는 클레안테스의 논변을 비판하면서도 유기체 내에 지적 설계가 존재
한다는 클레안테스의 믿음을 공유한다. 3부에서 클레안테스가 했던 것

1   Ronald Butler.
2   Tweyman, *Scepticism and Belief*.

처럼 필로는 즉시성과 수동성의 언어를 사용한다: '가장 부주의하고 어리석은 사람에게도 목적(의도, 설계)이 있다는 생각이 떠오른다.'(G116) 이것은 복잡한 추론이나 전문적인 지식의 문제가 아니다. 고양이의 타고난 사냥 능력을 감탄하기 위해서라면 갈렌의 지식과 기술을 갖춘 해부학자가 될 필요는 없는 것이다. 이 해석은 또한 필로가 왜 이전에 했던 자신의 반론을 철회하고 그것이 무엇이 문제였는지를 밝히기보다는 그것이 한낱 트집 잡기에 불과했다고 말하게 되었는지를 설명해 준다. 이 해석을 받아들이게 되면 필로의 반전은 충분히 이해가 되며, 그것이 합리적인 처신이었음이 밝혀진다. 따라서 필로의 반전은 더 이상 연구자들에게 이해하기 어려운 이변은 아니다.

그러나 유신론은 흄이 말하는 강한 의미의 자연적 신념이 아니다. 흄이 의인화에 대한 우리의 성향을 우리가 통제할 수 있고 또 그래야만 하는 자연적 취약성을 넘어선 어떤 것(즉 자연적 믿음)으로서 간주했다고 생각할 하등의 이유가 없다. 유신론의 가설은 최종적으로 의인화 성향이 야기한 부산물 중의 하나일 뿐이다. 참된 자연적 믿음(외적 세계, 타인의 정신, 자연의 일양성에 대한)과 비교해 보면 유신론은 개스킨이 말하는 4개의 핵심 기준을 만족시키지 못한다. 그러나 유신론이 자연적 믿음이 아니라면 그것은 증거주의의 범주에 들어오며 따라서 증거의 정도에 따라서 우리의 마음을 결정해야 한다.

II. 불가지론

우리가 확고하게 증거주의를 따르고 유신론이 특별한 지위 즉 증거주의에서 예외가 되어야 할 하등의 이유가 없다고 본다면 하나의 가설로

서 유신론에 대한 찬반양론의 증거를 주의 깊게 살펴보아야 한다. 만약
어느 쪽이 되었든 뚜렷한 증거가 없다고 한다면 우리는 판단을 보류해
야 하며, 유신론에 대한 판단중지를 불가지론이라고 한다. 이 단어의
기원은 빅토리아 시대로 거슬러 올라간다. 1869년경 토마스 헨리 헉슬
리(Thomas Henry Huxley)가 사용한[3] 이 단어는[4] (그 말의 기원이 된
사원이 있던 아테네의) 언덕만큼이나 오래되었다. 제임스 낙슨은 불가
지론을 『자연종교에 관한 대화』의 핵심 메시지로 보는 것이 자연스러
운 해석이고 주장한다.[5] 필로의 '약화된' 또는 온건한 회의주의에 따르
면, 상식과 일상의 경험은 경험과는 거리가 먼 사변적인 문제와 구분해
야만 한다. 일상의 경험과 관련된 영역에서는 행동을 하기 위해 믿음이
필요하기에 믿음에 관한 판단중지가 가능하지 않기 때문이다. 그러나
사변적인 영역에서는 판단중지가 가능하며 더 나아가 합리적인 것으로
요청되기까지 한다. 결국 불가지론이란 유신론의 가설에 약화된 회의
주의를 적용한 것에 지나지 않는다.

　『자연종교에 관한 대화』를 불가지론적 관점에서 보는 해석은 확실하
고 분명한 장점을 지니고 있다. 그것은 주제의 어려움과 모호함을 일깨
워주는 필로의 견해를 수용한다는 점이다. 자연종교와 관련된 문제에
대해 필로는 8부의 서두에서 클레안테스에게 다음과 같이 경고하고 있
다: '수많은 모순된 견해들이 불완전한 유비를 사용하고 있으며, 그로

3　Pyle (ed.) and Lightman을 참고하라.
4　[옮긴이 주] 일반적으로 사물의 궁극의 실재; 절대자, 무한자, 신은 알 수 없다고
주장하는 입장을 가리킨다. 영어로는 agnosticism. 이 말 중의 〈알 수 없다(agnostic)〉
라는 말은 T. H. 헉슬리가 1869년 한 강연에서 『사도행전』에서 바울이 아테네의 〈알
수 없는 신에게(agnōstō theō)〉라고 새겨진 제단에 대해 언급한 것을 놓고 이야기한
데서 이 용어가 전문용어로 사용되기 시작했다.(종교학대사전, 1998. 8. 20.)
5　Noxon.

인해 온갖 날조가 이루어지고 있네.' 경쟁 가설이 많은데 그것들을 가릴 원칙이 없다는 것이다. 이뿐만이 아니다. 사실 상황은 이보다 훨씬 더 나쁘다. 필로는 클레안테스의 유신론에 대해 당황스러울 정도로 다양한 대안적 가설을 제시하고 있다. 그러면서 그는 다음과 같이 말한다. '자네나 나의 가설이 참일 가능성은 천분의 일이나 백만분의 일일 것이네.'(G84) 만약 우리가 합리적이라면 잡동사니 가설(catch all hypothesis), 즉 현재 검토하고 있는 가설들 중에는 참인 가설이 없다는 것을 선택했어야 한다는 것이다.

그런데 『자연종교에 관한 대화』를 이런 식으로 해석할 경우 12부에서 필로가 보여준 반전을 설명하는 데 문제가 생긴다. 필로는 그의 회의론적인 신념, 즉 '우리는 정말 모른다'는 점을 거듭 강조하며 결론을 내렸어야만 한다. 유신론은 자연적 믿음이 아니기에 증거주의를 따라야 한다. 그러나 증거로는 유신론의 진위를 결정할 수 없기에 우리는 판단을 보류해야만 한다. 그런데 필로는 판단 보류를 주장하지 않았다. 그러므로 그의 반전은 겉으로 보는 것처럼 급격하거나 갑작스러운 것이 아닐 수도 있다. 다시 말해 유신론에 대해 보인 그의 양보는 말뿐일 수도 있다. 하지만 표면적으로는 필로의 최종적인 입장이 유신론과 무신론 사이의 중립적인 입장으로 보이진 않는다. 그는 동물의 신체에서 설계의 흔적을 보고 깊은 인상을 받았다고 말하고 있고 또한 유신론의 가설은 이 설계의 흔적을 설득력 있게 설명해 주기 때문이다. 그런데 설계에 관해 비유신론적 설명을 하고 있는 경쟁 가설(예를 들어, 에피쿠로스학파)들이 유신론의 가설만큼 그럴듯하다거나 설득력이 있다는 인상을 주지 못한다. 여기서 우리는 설계 가설을 받아들이는 경향이 우리에게 있다는 사실을 알게 된다.

이것은 또 다른 문제를 야기한다. 하나의 가설이 다른 가설보다 내게 더 그럴듯하게 보인다면 그렇게 보는 나의 주관적인 판단을 어떻게 신뢰할 수 있느냐 하는 것이다. 그렇다면 선입견이나 편견이 있었는지 찾아보고 이를 제거하기 위해 면밀한 조사를 해야 하는 게 아닐까? 그러나 내가 경쟁 가설인 에피쿠로스학파의 우연 가설과 지적 설계의 가설이 모두 확률적으로 낮음에도 불구하고 전자보다 후자에 높은 주관적 확률을 부여해도 전혀 문제가 되지 않는다. 어느 가설에도 동의하지 않으면서 클레안테스의 설계 가설에 0.1(10분의 1)의 주관적 확률을, 그리고 에피쿠로스의 우연 가설에 0.01(100분의 1)의 주관적 확률을 부여할 수가 있기 때문이다. 불가지론과 유신론 사이에, 중립적이지 않으며(경쟁 가설들 중에서 유신론을 선호하는 경향이 있기에) 유신론으로 기울지도 않는(유신론에 할당되는 주관적 확률이 0.5 이하이기에) 어떤 타당한 입장이 있을 수 있다. 『자연종교에 관한 대화』를 불가지론적 관점에서 보는 이런 식의 해석은 그럴듯하고, 타당해 보인다.

III. 이신론

증거주의의 규칙에 따라 냉정하고 편견 없는 방식으로 증거를 따져볼 때 부적절한 가설들 중에서 지적 설계의 가설이 그나마 가장 나은 것일 뿐만 아니라, 실제로 우리의 동의를 이끌어내기에 충분히 설득력이 있다고 결론을 내린다고 가정하자(0.5보다 큰 주관적 확률은 동의를 의미한다고 가정하자). 이 경우 필로가 제기한 많은 의문과 반론은 심각하지 않은 것으로 생각될 수 있다. 그래서 클레안테스는 이들 의문과 반론에 대해 힘들여 답변하고자 하지 않았다. 그리고 이것은 문제가 되지 않았다. 필로 자신도 여러 곳에서 그렇게 말하고 있다. 예를 들어,

10부 말미에서 그가 제기한 지적 설계에 대한 반론이 진지한 것이 아니라 단순한 트집 잡기나 또는 궤변에 지나지 않는다고 말한다.(G104) 이와는 대조적으로 자애로운 설계에 대한 그의 반론은 진지한 것이며 근거가 있는 것이다. 필로는 '합리적이며 공정한 사람이라면 지적 설계를 옹호하는 논변에 설득이 될 것이다(회의적인 반론과 반대 가설에 영향을 받지 않을 것이다). 그러나 자연의 창조주가 배려심이 있고 자애롭다는 근거 없는 비합리적인 가정을 받아들이지 않을 것이다'라고 말한다.

이 점에 있어서 필로와 클레안테스는 '약한 이신론(weak deism)'이라고 말하는 입장으로 점차 의견이 수렴되고 있다. 약한 이신론이란 자연이 지적 설계의 산물임을 설계로의 논변(the argument to design)에 근거하여 다소 확고하게 이성적으로 수용하는 것을 말한다. 이 같은 이신론은 지적 설계가 있다는 단순한 주장을 넘어 세부적인 부분에 대해서는 거의 또는 아무런 언급이 없다. 『자연종교에 관한 대화』에 대한 이 같은 해석(약한 이신론)은 개스킨이 그의 저서 『흄의 종교철학』[6]과 다수의 논문에서 피력한 주장이다. 개스킨은 흄이 유신론을 자연적 믿음으로 보았다는 해석을 받아들이지 않는다. 그 이유는 우리가 이미 살펴보았듯이 유신론은 흄이 말하는 강한 의미에서의 자연적 믿음이 되기 위한 기준들을 만족시키지 못하기 때문이다. 개스킨은 또한 필로의 의심스러운 반전이 과장된 것이라고 생각한다. 만약 설계 가설에 대해 제기된 회의론적 반박이 단순한 트집 잡기에 지나지 않는 것이라면 설계 가설은 타격을 받지 않을 것이다. 우리는 지적 설계 가설에 대해 0.95의 주관적 확률로 시작해서 6부에서 8부까지 대안을 찾아본 후 약

---

6   Gaskin, *Hume's Philosophy of Religion*, Chapter 7.

간 낮은 0.9의 주관적 확률로 끝을 맺는다.(여기서 숫자는 예시이다.) 8
부 서두에서 필로가 약간 과장을 해서 우리가 참일 가능성 있는 가설을
만날 확률은 천분의 일이나 백만분의 일에 지나지 않는다고 한 말을 귀
담아 들을 필요가 있다. 맞는 말이다. 그가 취하는 전략이나 성품에 비
추어 볼 때 그가 『자연종교에 관한 대화』에서 한 모든 말이 일관된 것
이라면 이는 매우 놀라운 일이다.

　이런 해석은 독자들로 하여금 『종교의 자연사』에서 나온 설계 논변
에 대한 거침없는 진술을 액면 그대로 받아들이도록 하는 이점이 있다.
'자연의 전 체제는 지적 창조주를 보여준다; 따라서 이성적인 탐구자라
면 진지하게 생각해 본 후 참된 유신론과 종교의 주요한 원리들에 관하
여 한순간도 그의 믿음을 보류할 수 없다.'(G134) 이 진술은 『자연종교
에 관한 대화』의 12부에서 필로가 보여준 반전과 잘 들어맞으며 또한
증거에 관한 흄의 솔직한 의견을 반영하고 있다. 우리는 흄이 '참된 유
신론과 종교의 주요한 원리들'로 무엇을 생각하고 있는지 알고 싶다.
그러나 흄은 우리에게 이것에 대해 말하지 않았다. 그리고 『종교의 자
연사』를 '모든 것이 수수께끼이고, 난제(aenigma)이며, 설명할 수 없는
신비이다'(G185)라는 회의론적 신조(sceptical credo)로 끝을 맺는다.
따라서 유신론에 대한 공개적인 진술을 액면 그대로 받아들이지 않도
록 주의해야 할 필요가 있다. 이것이 텍스트를 제대로 읽는 방법이다.

　개스킨의 해석은 뜻하지 않게 리차드 도킨스(Richard Dawkins)로
부터 지지를 받고 있다. 도킨스에 따르면, 어떤 사람들은 흄이 설계로
의 논변을 뒤집어엎고 무신론으로 가는 길을 열었다고 말한다. 그러나
이는 전혀 사실이 아니다.

　데이비드 흄에 대해 말하자면 그 위대한 스코틀랜드 철학자는 다윈이 오기

한 세기 전에 설계로의 논변을 폐기 처리했다고 전해진다. 그러나 흄이 한 것은 자연에 존재하는 명백한 설계의 흔적을 신을 입증하는 긍정적 증거로 사용하는 논리를 비판한 것이다. 흄은 명백한 설계의 흔적에 대해 어떤 다른 설명을 하지 않았으며 그 문제를 그대로 남겨놓았다. 흄을 추종하는 다윈 이전의 무신론자는 이렇게 말했을 수 있다: 나는 복잡한 생물학적인 설계에 대해 아무런 설명도 할 수 없다. 내가 아는 것은 신은 좋은 설명이 되지 못하기에 누군가 더 나은 설명을 해주기를 기다려야 한다는 것뿐이다. 나는 그런 해석이 논리적으로는 건전하지만 만족스럽지 못하다는 느낌을 지울 수 없다. 다윈 이전에는 무신론이 논리적으로만 옹호될 수 있었다면 다윈은 무신론자가 지적으로 성공을 거두는 것을 가능하게 만들어주었다.[7]

명백한 설계의 흔적에 대한 다른 경쟁적 설명(에피쿠로스학파에 대한 대략적인 암시를 제외하고)이 없는 상황에서 설계 논변은 심리적으로 관심을 끌 뿐 아니라 객관적이라 할 수 있는 이성적 지지를 받고 있다. 최선의 설명을 하는 추론은 적절한 과학적 방법론으로 폭넓게 수용되고 있으며 클레안테스와 같은 유신론자는 그런 추론을 토대로 하여 설계 가설을 수용한 좋은 사례이다.

IV. 신앙주의

기독교 신앙주의의 언어와 정신은 『자연종교에 관한 대화』 곳곳에서 찾아볼 수 있다. 1부는 필로가 데미아의 교육 수칙을 칭찬하고 기독교

---

7   Dawkins, *Blind Watchmaker*, 6.

신앙을 옹호하는 최선의 방법으로 회의주의를 추천하는 데서 시작한
다. 12부는 필로가 자연신학의 전체를 하나의 모호하며 분명치 않은 명
제로 요약하고, 다시 한번 철학에서 회의론은 기독교를 향한 최선의 입
장이라고 주장하며, 신의 본성과 목적에 대한 우리의 완벽한 태생적 무
지를 떨쳐버리게 해줄 진리의 계시를 바라는 그의 희망으로 끝을 맺는
다. 표면상 『자연종교에 관한 대화』는 피에르 베일(Pierre Bayle)의 저
작에 나올 뿐 아니라 계몽주의 철학자들에게 친숙한 회의적인 신앙주
의자(sceptical fideist)의 입장을 표명한 것으로 해석된다.

　그렇다면 (내가 아는 한) 연구자들은 왜 텍스트에 대한 문자 그대로
의 단순한 해석을 옹호하지 않는가? 왜 그들은 필로의 신앙주의적인
결론이 진실한 것이며 또한 그것이 흄의 결론이라고 생각하지 않는가?
그것은 당시에는 저자들이 자신의 불신앙을 가리기 위해 신앙인들이
쓰는 언어를 자주 사용하였기 때문이다. 검열과 박해의 시대였기에 불
신자라면 글을 쓸 때 자신의 의견을 표현하는 데 있어 신중을 기해야
했다. 개신교 국가였던 스코틀랜드에서 목사는 정치적 권력이 없었다.
흄은 비록 불신자라는 세간의 소문으로 인해 대학에서 자리를 얻을 수
없었지만 그에게 더 이상의 불운은 따르지 않았다. 그러나 1766년 파
리시 의회는 쉬발리에 드 라 바레(Chevalier de la Barre)를 신성모독
의 죄로 참수형시켰다. 이 사건으로 흄은 공포에 떨었고 볼테르는 격분
했다.[8] 신앙주의는 불신앙을 감추기 위한 이상적인 위장 수단이었다.
만약 기적이라 여겨지는 것이 거짓이고, 인간의 영혼이 가사적(mor-
tal)이라고 생각한다면 그것을 드러내놓고 말해 탄압을 받던가 아니면

8　흄의 반응을 알고 싶다면 Letter to the Marquise de Brabentane, 29 August
1766, Letters, Vol. 2, 85를 참조하라. 흄은 '나라를 위해 이보다 더한 것은 없다'고 말
하고 있다.

신앙주의의 언어를 사용해 위장을 해야 한다; 신앙심이 없으며 심지어
는 신앙에 대한 부정적 증거가 있음에도 불구하고 기적이나 영혼의 불
사성을 믿는다고 말해야 하는 것이다. 때로는 믿음을 옹호하는 논변에
대해 비판할 수 있으나 그것은 어디까지나 기독교 신앙 안에서 믿음과
이성의 적절한 역할을 강조할 때뿐이었다.

　흄은 종교 관련 그의 저작들 여러 곳에서 이런 전술을 사용하고 있
다. 예를 들어, 『인간의 이해력에 관한 탐구』에 들어 있는 유명한 기적
에 관한 에세이는 신앙에 관한 노골적인 관심으로 끝을 맺고 있다. 기
적에 관한 모든 현존하는 보고의 신뢰성을 합리적으로 비판한 후에 흄
은 자신이 기독교를 위해 봉사한 것을 축하하면서 다음과 같이 끝을
맺고 있다.

> 나는 여기서 사용한 추론 방식에 매우 만족한다. 왜냐하면 나는 그것이 지
> 금까지 인간 이성의 원리에 입각해 기독교를 옹호해 온 기독교에 위험한
> 친구나 위장된 적을 좌절시킬 수 있다고 생각하기 때문이다. 우리의 가장
> 신성한 종교는 이성이 아닌 믿음에 기반을 두고 있다. 그리고 이 같은 사실
> 은 결코 감내할 수 없는 시련에 처할 때 확실히 알게 된다.[9]

　기독교의 기적을 믿는 사람은 누구나 그 자체가 일종의 기적인(그런
믿음에 반하는 압도적인 합리적인 사례가 있다는 점에서) 신앙 때문에
그렇게 한다; '신앙으로 인해 기적을 받아들이는 사람은 누구나 그의
모든 이해력의 원리를 전복시키고, 관습과 경험에 반하는 것을 믿게 하
는 어떤 기적이 그 자신의 인격 안에 지속하고 있음을 알게 된다.'[10] 아

9　*Enquiry*, Section X, 129-30 in the Selby-Bigge edition.
10　*Enquiry*, Section X, 131 of the Selby-Bigge edition.

무도 이 구절을 이해할 수 없고 흄의 말에 대해 의심할 수도 없다. 그는
선량한 기독교인으로서 신앙의 행위로 기적을 믿는다고 말한다. 그러
나 합리적이며 편견이 없는 사람이라면 (증거에 입각해) 한순간도 기
적을 믿지 않을 것이다.

　'영혼의 불멸성에 관하여'라는 유명한 에세이는 흄이 신앙주의를 불
신앙을 가리기 위한 위장으로 사용한 또 다른 사례이다. 그것을 불멸에
대한 믿음에 대항하는 강력한 논변을 제공한다. 그러나 이것이 그 에세
이의 표면상 주제는 아니다. 그것의 논제는 다음과 같다: '이성의 빛만
으로는 영혼의 불멸성을 입증하는 것이 어려워 보인다. 영혼의 불멸성
을 옹호하는 논변은 형이상학적인 문제나 또는 도덕적이거나 자연과학
적인 문제를 다루면서 나왔다. 그러나 생명과 불멸성을 밝힐 수 있는
것은 복음이며, 오직 복음뿐이다.'[11] 여기서 우리는 흄이 개인의 불멸에
대해 확고한 믿음이 없었음을 분명하게 알게 된다. 그는 이 점을 그의
친구들에게 분명하게 말했으며 그의 병상을 방문한 제임스 보스웰
(James Boswell)에게도 거듭 밝혔다.[12] 기적에 관한 에세이에서처럼 이
경우에도 흄의 견해에 대해 의심할 수 없다. 만약 불신앙을 숨기기 위
한 위장막으로 자신의 저작들에서 신앙주의의 언어를 사용했다면『자
연종교에 관한 대화』에서 그것을 사용하지 않을 이유가 없다. 1776년
부터 지금까지『자연종교에 관한 대화』를 읽어본 사람 중에서 과연 필
로가 말한 신앙주의를 액면 그대로 받아들인 사람이 있을까?

11　Hume, *Essays*, 590ff.
12　보스웰이 임종이 다가온 흄을 방문한 이야기를 알고 싶으면 Mossner, 597-8이나
Kemp Smith, pp. 76-9를 참조하라.

V. 무신론

학생들은 흔히 흄이 무신론자였으며, 『자연종교에 관한 대화』는 무신론적 저작이라고 말한다. 표면상, 이것은 이중 오류처럼 보인다. 흄은 결코 무신론자란 칭호를 수용하지 않았고, 평소 무신론을 생각조차 하지 않았으며, 그것은 도를 넘어선 것이기에 진지하게 생각해 볼 필요가 없다고 생각했다. 아마도 그는 보편적 동의를 받고 있다는 사실이 유신론을 입증하는 핵심 증거가 아닌지 물었을 수 있다. 그러나 이 논변의 전제가 참이라고 한다면 유신론으로 개종해야 할 무신론자 자체가 없을 것이다.[13] 『자연종교에 관한 대화』에서 세 명의 등장인물 모두 자신들이 유신론자라고 말하고 있으나 유형이 다르다. 그들 중 어느 누구도 신이 존재하지 않는다는 논제를 입증하기 위해 명확한 논변을 제시하지 않았다. 그런데 어떻게 해서 유신론을 고백하는 세 사람의 논쟁이 무신론을 옹호하는 논거가 되었을까?

 『자연종교에 관한 대화』를 무신론적인 저작으로 보기 위해서는 상당 부분 행간을 읽어야 한다. 텍스트는 우리에게 도움이 되는 단서와 출발점을 제공한다. 무신론적 해석을 뒷받침하는 세 가지 핵심 증거가 제시될 수 있다. 첫 번째는 신에 대한 필로의 첫 번째 정의와 그의 유신론에 대한 마지막 진술이 모든 사람을 신자에 포함시킬 만큼 너무 탄력적이라는 사실이다. 두 번째는 클레안테스의 유신론에 맞서기 위해 자연주의적인 가설을 옹호하고 있는 필로의 논변을 진지하게 받아들여야 한다는 것이다. 세 번째는 필로(그리고 흄)가 데미아와 클레안테스 사이에서 유신론자를 딜레마로 몰아넣고 있다는 것이다. 이것은

---

13   David Berman, Chapter 4, 'The Suppression of "Atheism"'을 참조하라.

흄이 이 작품을 대화 형식으로 쓴 중요한 부수적인 이유이다: 그는 독자들이 그의 도움 없이 딜레마를 보고 스스로 결론을 내기를 원했다고 할 수 있다.

『자연종교에 관한 대화』 2부에서 필로는 신의 존재와 속성을 구분하는 데미아를 옹호하고 있다. 필로는 신의 존재는 자명하다고 말한다. 그러나 여기서 '신'은 (그것이 무엇이 되었든) '우주의 원초적 원인'으로서만 정의되고 있기에 이 정의에 따르면 사실상 모든 사람이 유신론자가 된다. 만약 인과의 공리에 대한 믿음이 흄이 말하는 또 다른 자연적 믿음으로서 보편적이자 회의적인 의심의 대상이 되지 않는다고 한다면 우리 모두는 우리의 우주가 어떤 원인을 갖고 있음을 믿게 될 것이다. 이로써 필로는 철학의 영역에서 무신론자를 제거했다. 그러나 현실에서 무신론자를 제거한 것은 아니다. 12부에서 자연신학을 하나의 명제로 표현한 최종진술로 인해서 필로가 자신의 입장을 바꾸어 클레안테스의 유신론을 수용했다고 생각할 수 있다. 그러나 이것은 사실이 아니다. 필로는 우주 질서의 원인 또는 원인들은 인간 지성과 어떤 먼 유비 관계를 갖고 있다고 결론을 내린다. 그러나 모든 것은 그 밖의 모든 것과, 심지어는 사유와 썩은 순무의 경우조차도 어떤 먼 유비 관계를 갖고 있다. 만약 내가 오래된 세계가 냄새나는 배추처럼 썩게 되고, 이 썩은 물질에서 새로운 세계가 새싹처럼 나온다고 믿는다면, 과연 일상적인 의미에서의 유신론자일 수 있을까? 『자연종교에 관한 대화』에서 보여준 필로의 전략은 적어도 일상적인 의미에서의 무신론자라고 할 수 있는 사람들을 포함해 모든 사람을 유신론이라 이름 붙여진 빅텐트 안에 포함시키려는 것으로 보인다. 물론 이것이 필로나 흄이 무신론자라는 것을 보여주지는 않는다. 따라서 유신론에 대한 그들의 고백을 주의 깊게 살펴볼 필요가 있다.

『자연종교에 관한 대화』에서 다루어진 형이상학에 관한 다양한 논점과 관련해 필로는 자연주의와 유물론에 대한 분명한 편향성을 보여준다. 2부에서 그는 사유를 '뇌의 작은 동요'로 기술하고 있다.(G50) 회의론자로서 필로는 정신을 설명함에 있어서 이원론자와 유물론자 사이에서 엄격한 중립을 지켰어야만 했다. 그러나 그는 유물론에 대한 매우 분명한 자신의 선호를 보여주었다. 이것은 순간적인 실수일까 아니면 마음 깊이 숨겨진 자신의 생각을 드러낸 것일까? 4부에서 필로는 물리적 세계의 원인을 밝히기 위해 선험적인 이상 세계를 끌어들이는 무한후퇴를 감행하기보다는 이런 탐구 자체를 그만두어야 한다고 말한다.(G63-4) 6부에서 필로는 세계와 동식물 간에 유비를 전개하며 이런 유비가 지닌 한 가지 중요한 장점은 '신체 없는 정신'처럼 상식적인 경험에 어긋나는 개념을 없애주는 것이라고 말한다.(G73) 7부에서 필로는 이성(지성)이 생식(성교)에 의해 생겨나지만 그 반대의 경우는 결코 있을 수 없다는 것을 입증하기 위해 경험에 호소하고 있다.(G81) 9부에서는 스피노자를 추종하는 필로가 우리 우주의 질서는 형이상학적으로 필연적인 것이기에 선택이나 설계의 산물이 아니라고 말한다.(G93) 물론 이 모든 경우에 필로는 회의론적인 전략 가운데 자연주의와 유물론을 옹호하는 논변을 내놓고 있다. 회의론적인 입장에서 볼 때 필로는 자신은 자연주의와 물질주의에 대한 긍정적인 논변을 전개하고 있는 것이 아니라 단지 반대편에 만연되어 있는 편견이나 선입견을 바로잡아 다른 사람들이 원하는 판단 보류를 할 수 있도록 돕는 것이라고 말할 수 있다. 그러나 이러한 주장은 지탱되기 어려울 뿐 아니라 유신론과 양립할 수 없는 또 하나의 형이상학적 견해일 뿐이다.

우리는 이 연구를 시작하면서 철학자가 작품을 쓸 때 대화체 방식을 선택해야만 하는 이유를 물었었다. 이것에 대해 여러 가지 이유를 이야

기했는데 이것들 모두가 흄이 『자연종교에 관한 대화』를 쓴 이유가 될
수 있다. 대화체 형식을 사용하는 한 가지 이유를 아직 말하지 않았는
데 그것은 바로 대화체가 독자들로 하여금 어느 등장인물도 말하지 않
은 결론을 내릴 수 있게 해준다는 점이다. 『자연종교에 관한 대화』가
보여준 훌륭한 대화가 바로 그런 경우라고 생각한다. 나는 필로가 유신
론자를 딜레마로 몰고 가서 신의 정신과 인간의 정신 간에 유비를 받아
들일지 거부할지를 선택하게 하려고 했다고 생각한다. 만약 그 유비를
받아들인다면(클레안테스처럼) 의인화 즉 신인동형론에 빠지게 될 것
이며, 만약 그 유비를 거부한다면(데미아처럼) 공허하고 무의미한 말
로 가득한 신비주의에 빠지게 된다. 신학자라면 둘 중에 어느 하나를
선택해야만 한다. 그러나 이 두 가지 유형의 유신론 모두가 바람직한
것일 수 없다. 따라서 유신론자에게는 선택할 것이 없다. 텍스트 어디
에서도 우리는 유신론에 반대하는 논변을 찾아볼 수 없다. 그러나 필
로가 클레안테스로 하여금 데미아를 논박하게 하고, 데미아로 하여금
클레안테스를 논박하게 한 흄의 영리한 방법을 이해한다면 『자연종교
에 관한 대화』에 대한 무신론적 해석에 관해 제대로 평가할 수 있을 것
이다.

5장
반향

I. 하만과 칸트

『자연종교에 관한 대화』에 대한 첫 번째 중요한 반응 중 하나는 동 프러시아, 쾨니히스베르크의 반합리론자인 독일사상가 요한 게오르크 하만(Johann Georg Hamann, 1730-88)에게서 찾아볼 수 있다. 그는 기독교를 합리화하려는, 즉 종교를 신앙과 헌신보다는 입증과 논변의 문제로 만들려는 철학자들의 시도에 시종일관 적대적이었다. 하만은 매우 경건한 사람이었지만 흄이 설계로의 논변을 공격한 것을 반겼다. 하만은 일단 흄의 회의주의라는 강한 처방을 통해 잘못된 논변이 제거되고 나면 사람들이 신앙의 구원을 자유롭게 받아들이게 될 것이라고 생각했다. 그의 작품은 키르케고르(Kierkegaard)에게 영향을 주었으며 그를 통해 실존주의 운동에도 영향을 끼쳤다. 하만에게 있어 신앙주의는 『자연종교에 관한 대화』를 통해 흄이 의도했던 메시지는 아니었으나 독자들이 그 책에서 얻어가야 할 메시지였다. 논변에서는 필로가 승리했다. 그러나 우리가 찬미하고 따라야 하는 것은 데미아의 불합리한 신앙이라는 것이다. 하만은 『자연종교에 관한 대화』를 독일어로 번역함으로써 개인적으로는 친구이나 철학적으로는 적이라 할 수 있는 임마누엘 칸트(Immanuel Kant, 1724-1804)가 이 책에 관심을 갖게 만든 장본인이었다.

설계로의 논변에 대한 칸트의 반응은 주의 깊고 사려 깊은 것이었다. 그의 유명한 『순수이성비판』(초판 1781년, 재판 1787년)에서 보여준 '비판철학'은 인간의 지식을 자연과학의 영역인 현상계에 국한시켰다. 자연의 현상 뒤에 존재함으로 결코 경험의 대상이 될 수 없는 어떤 것 (신)을 논변하려는 시도는 불합리(illegitimate)하며, 따라서 설계로의 논변은 초자연적인 존재를 입증하는 완결적 증명이 될 수는 없다는 것 이다. 그러나 이 논변에 대한 칸트의 비판은 깊은 유감의 뜻을 표하며 이루어졌다. 그는 다음과 같이 말하고 있다. '이 증명'은,

> 항상 존중받을 가치가 있다. 가장 오래되었고, 가장 분명하며, 가장 인류의 상식적 이성과 조화를 이룬다. 이 증명은 마치 그것 자체가 자연에 존재하 며 그 원천으로부터 새로운 활력을 얻듯이 자연에 관한 연구에 활기를 불 어넣어 준다. 이 증명은 우리의 관찰로는 탐지할 수 없는 목적과 의도가 있 음을 말하며, 자연의 외부에 있는 특별한 통일성이라는 지배적 개념은 자 연에 대한 우리의 지식을 확장해 준다. 이 지식은 다시 그것의 원인, 즉 그 것을 가져온 관념에 반응하며, 거부할 수 없는 확신으로 자연을 창조한 최 고의 창조주에 대한 믿음을 갖게 한다.[1]

칸트에 따르면, 우리는 동식물이 초자연적인 지적 설계의 산물임을 알 수 없다. 이것을 알기 위해서는 우리는 물질이 스스로 만들어지는 것(self-organizing)일 수 없으며, 우리 또한 그러함을 입증해야만 한 다. 그러나 우리는 유기체가 초자연적인 설계의 산물이 아님을 알 수 없다. 만약 우리가 살아 있는 존재에 대해 명상을 할 때 설계자의 관념

---

1 Kant, *Critique of Pure Reason*, Kemp Smith translation, 520.

이 자연스럽게 머리에 떠오른다면 그리고 그 설계자의 관념이 목적론적 가설을 제안하고 생물학에서 그것의 가치가 입증된다면, 이러한 사고방식을 고수할 충분한 이유가 있고 그것을 포기할 이유가 없다. 우리는 유기체를 지적 설계의 산물처럼 생각하며, 생물학에서 목적론적으로 사유하는 것을 당연하게 받아들인다. 따라서 칸트는 『판단력 비판(Critique of Judgment, 1790)』에서 목적론은 생명과학에서 규제적 가정이라고 주장하고 있다. 우리는 그것이 옳다는 것을 입증할 수 없으나 마치 그것이 옳은 것임을 이미 알고 있는 양 목적론적으로 사유하고 있기 때문이다.[2]

그러나 신학에서 설계로의 논변은 중요한 점에서 결함이 있다. 명확하게 인정한 것은 아니지만 흄에 대한 칸트의 부채는 분명하다. 칸트는 인간의 기교나 기술과의 유비는 신이 단지 물리적 우주를 조립하는 존재가 아니라 물리적 우주의 창조주라는 것을 결코 입증할 수 없다고 주장한다. 어떤 인간 장인도 자신이 사용하는 재료를 창조할 수는 없다. 칸트에 따르면, 창조를 입증하기 위해서는,

인간의 기교와의 유비가 아닌 다른 증명이 필요하다. 논변이 입증할 수 있는 존재는 기껏해야 작업에서 사용되는 건축자재로 어려움을 겪는 세계의 건축가이지, 모든 것을 마음먹은 대로 만들어낼 수 있는 세계의 창조주는 아니다. 이 논변은 우리가 바라는 바인 모든 것을 갖춘 원초적 존재를 입증하기에 부적합하다. 물질 자체의 우연성을 입증하기 위해 우리는 선험적 논변(transcendental argument)에 의존해야만 하는데 이것은 우리가 피하고자 했던 것이다.[3]

2   Kant, *Critique of Judgment*, 280-3.
3   Ibid, 522.

칸트는 또한 설계로의 논변이 종교의 토대가 될 만한 신에 관한 정보를 제공하지 못한다는 사실을 (흄이 이미 보여주었듯이) 간파했다:

> 내가 믿기로는 어느 누구도 그가 관찰한 세계의 규모와 신의 전능함, 세계의 질서와 신의 지혜, 세계의 조화와 창조주의 절대적 조화의 관계를 이해한다고 감히 고백할 수 없을 것이다. 따라서 물리신학(physico-theology)은 세계의 최고 원인에 대해 명확한 개념을 제공할 수 없으며, 따라서 그 자체로 종교의 기초를 형성하는 신학의 토대가 될 수 없다.[4]

칸트의 최종적 결론은 설계로의 논변은 의심할 여지없는 심리적 호소력을 지니고 있음에도 불구하고 기독교와 같은 유일신교에 대해 신학자들이 바라는 증거적 지지를 제공하지 못한다는 것이다. 우리가 동식물을 설계의 산물로 보는 것이 자연스럽고 유용하다고 생각한다는 사실은 그것이 (자연에 대해) 객관적인 것을 말해 준다기보다는 주관적인 것을 말해 주는 것이다. 그러므로 유비로부터의 논변을 비판적으로 본다면 그것이 기성종교의 신을 입증해 준다고 생각할 수 없다.

II. 페일리

영국에서 『자연종교에 관한 대화』에 대해 나온 즉각적인 반응은 긍정적이지 않았다. 초기 이 책에 대한 논평가들은 흄을 대변하는 것이 클레안테스가 아니라 필로라고 생각했다. 조지프 프리스틀리(Joseph

---

4   Ibid, 523.

Priestley, 1733-1804)는 그의 저서『철학적 무신론자에게 보내는 편지 (*Lettrs to a Philosophical Unbeliever*)』(1780)에서 필로가 마지막에 보여준 반전은 그 동기를 찾아볼 수가 없으며, 따라서 '대화에서의 승자는 분명 무신론자이다.'라고 말했다.[5] 토마스 헤이터(Thomas Hayter, 1747-1799)는『흄의 대화편에 대한 논평(*Remarks on Mr. Hume's Dialogues*)』(1780)에서 클레안테스가 대화의 주인공이라는 공식적 표현은 명백히 거짓이며, 클레안테스가 아니라 필로가 흄을 대변하고 있음은 의심할 수 없는 사실이라고 말했다.[6]『월간 리뷰』(1780)에서 익명의 투고자는 '필로가 그 작품의 주인공임을 확신하면서 필로는 믿을 수 없을 만큼 정교하고 교묘하게 자신의 반론을 펼치고 있다'고 말했다.[7] 이들 평론가들의 증언은 '필로가 흄의 입장을 대변하고 있다'는 켐프 스미스(Norman Kemp Smith, 1872-1958)[8]의 견해를 지지하고 있다.

　그러나 이들 초기 평론가들은『자연종교에 관한 대화』를 철학에서 주류에 속하는 저작으로 간주하지 않았다. 그들은 이 책을 종교철학에 경험주의 원리를 진지하게 적용하려는 시도나 또는 설계로의 논변에 대한 깊이 있는 면밀한 비판으로 평가하지 않았다. 그들은 유신론자들에게 제기되는 벗어나기 어려운 심각한 딜레마, 즉 클레안테스의 신인동형론과 데미아의 신비주의 중 하나를 선택해야 하는 딜레마를 외면하고 있었다. 그들은 필로가 제기한 다양한 자연주의적 가설들이 참일 수 있는 가능성을 고려하지 않았다. 대신에 흄을 허영심이 많은 세속적

5　Tweyman (ed.), *Hume on Natural Religion*, 81.에서 인용하였다.

6　Tweyman (ed.), 57.

7　Tweyman (ed.), 40.

8　[옮긴이 주] 흄과 칸트에 대한 연구로 세계적인 명성을 얻은 철학자로서 프린스턴대학과 에든버러대학의 교수를 역임했다. 특히 1905년에 발표한 '흄의 자연주의'라는 논문으로 흄에 대한 자연주의적 해석의 단초를 제공한 것으로 유명하다.

인간으로서 자신의 문필가로서의 명성을 얻기 위해 케케묵은 반종교적 논변을 되풀이하고 있다고 비난했다. 『월간 리뷰』의 논평가들은 '그 어떤 덕망 있는 아버지도 아들에게 이 책을 읽어보라고 추천하지 않을 것입니다. 작문을 가르치기 위해서라면 모를까.'[9] 흄은 허영심 많고 세속적인 사람들로부터 박수갈채를 받기 위해서 거룩한 목적(신앙)을 버렸다는 비난을 받았다. 프리스틀리는 '흄은 자신이 진리에 대한 사랑보다는 문필가로서의 명성에 이끌렸음을 시인했다. 이 대화록의 목적은 독자들을 가르치기보다는 즐겁게 하기 위한 것이다.[10] 그러나 종교의 문제와 관련해 회의적인 의문을 제기하는 것은 단순히 슬기롭지 못한 것이 아니라 위험하며 무책임한 것이다. 사람들은 그들의 신앙 안에서 위로와 위안을 찾는다.'라고 말한다. 헤이터는 이렇게 묻는다. '회의론 철학이 경건한 마음을 위로해 주는 어떤 향기를 지녔는가, 아니면 종교적으로 힘들어하는 영혼에 생기를 불어넣어 줄 어떤 치료제라도 갖고 있는가?'[11]

19세기 초 영국에서 흄의 『자연종교에 관한 대화』가 크게 주목을 받지 못했던 것은 페일리의 『자연신학(Natural Theology)』(1802)이 엄청난 인기를 끌었기 때문이다. 페일리의 책은 영국 대학들에서 표준 교과서가 되었으며 특히 케임브리지대학에서는 찰스 다윈을 포함해 학부생들의 필독서였다. 페일리는 직접적으로 『자연종교에 관한 대화』를 언급하지 않았으나 설계 논변에 대해 제기한 흄의 회의론적 의문은 잊혀지지 않고 있었다. 『자연신학』 1장에서 페일리는 처음으로 시계는 시계공이 필요하다는 유명한 말을 하며 (설계 논변에 대해 제기된) 일련의

---

9   Tweyman (ed.), 56.

10   Tweyman (ed.), 80-1.

11   Tweyman (ed.), 78.

반론에 대해 답변을 했다. 이들 답변들을 보면 페일리가 『자연종교에 관한 대화』의 3부에 나오는 클레안테스보다 좀 더 장황하고 독선적인 주장을 피력하고 있음을 보여준다. 페일리는 시계 내부의 장치는 지적 설계를 보여주는 징표라고 주장하면서 이 추론은 사람들의 지지가 필요치 않다고 주장한다; '우리가 시계를 만드는 것을 본 적이 없다거나, 우리가 시계를 만들 수 있는 기술자를 본 적이 없다거나, 우리가 시계를 만들 수 있는 기술이 없다거나, 시계가 어떤 식으로 작동되는지 이해하지 못한다고 해서 이 추론이 문제가 되지는 않는다.'[12]

그의 주장은 3부에서 나온 설계 논변을 다른 방식으로 언급한 것이며, 2부에서 나온 필로의 반론(우리는 신이 이 세계나 유기체를 만드는 것을 본 적이 없다)에 대해 답변을 한 것이라 할 수 있다. 페일리는 시계는 그 자체가 시계공을 증언한다는 주장이 경험으로부터의 일반화가 필요 없는 명백한 사실이라고 생각한다. 따라서 사소한 의심과 회의주의적인 트집 잡기로 이 추론에 대한 우리의 확신을 결코 흔들어서는 안 된다는 것이다.

2장에서 페일리는 이 논변을 유기체에 적용시키면서 유기체가 스스로 번식할 수 있는 놀라운 능력을 갖고 있다는 사실로부터 지적 설계가 있다는 결론을 끌어내야 한다고 말한다. 시간이 잘 맞을 뿐만 아니라 스스로 새로운 시계를 생산할 수 있는 시계를 발견했다고 가정해 보자. 그 시계 안에 재생산을 위해 '어떤 시스템, 예를 들어, 시계 생산을 위해 필요한 주형, 선반, 파일 및 기타 도구의 복잡한 장치'가 내장되어 있다고 하자.[13] 페일리는 이 발견이 시계로부터 시계 제조자를 추론해 내던 사람에게 어떤 영향을 미칠지를 묻는다. 그에 따르면, 이것은 지

---

12   Paley, 5.
13   Paley, 11.

적 설계에 대한 추론을 약화시키기보다는 오히려 강화한다는 것이다:

> 첫 번째 영향은 그 고안물(contrivance)을 보고 감탄해 마지않을 것이며 그
> 것을 만든 사람이 완벽한 기술을 가졌을 것이라는 확신을 갖게 될 것이다.
> 그가 이 대상을 독특한 장치, 복잡하지만 많은 부분이 각기 제 역할을 수행
> 하는 지적인 기계장치로 간주할지 여부와는 무관하게 그는 이 새로운 관찰
> 을 통해 자신이 이미 했던 말, 즉 시계의 제작은 설계와 뛰어난 기술 덕분
> 이라는 언급을 또다시 하게 될 것이다.[14]

첫 번째 시계가 '어떤 의미에서' 두 번째 시계의 제작자이지만 우리
가 어떤 지적인 원초적 원인을 가정하지 않는 한, 두 시계에 존재하는
명백한 고안의 흔적에 대해서는 설명하지 못한다. 살아 있으며 복제 능
력을 지닌 시계라는 가상 시나리오하에서도 지적 (원초적) 설계에 대
한 추론은 전혀 영향을 받지 않는다:

> 이제 우리가 발견한 어떤 특정한 시계가 장인의 손에 의해 직접적으로 만
> 들어졌을 가능성은 없다고 해도 이러한 변화로 인해 장인이 이 시계의 생
> 산에 최초에 관여했으리라는 추론에는 변화가 없다. 설계로부터의 논변은
> 예전과 다를 게 없으며, 설계와 고안의 흔적이 이전보다 더 잘 설명되지도
> 않았다.[15]

물론 이 사고실험은 『자연종교에 관한 대화』의 3부에 나오는 클레안
테스의 살아 있는 도서관의 상이한 버전일 뿐이다. 클레안테스처럼 페

---

14   Paley, 11.
15   Paley, 13.

일리는 동식물에 지적 설계가 있다는 추론은 동식물이 스스로 번식한
다는 사실로 인해 전혀 영향을 받지 않는다고 생각한다. 내가 갖고 있
는 뉴턴의 프린키피아 사본이 이전 사본의 사본이고, 그 이전 사본은
그것에 앞선 사본의 사본이라고 할 경우 내 사본의 의미를 설명할 수
없듯이 고양이에게서 드러나는 명백한 고안의 흔적(contrivance)을 그
부모 고양이에게서 찾는 식으로 고양이의 족보를 거슬러 올라갈 경우
우리는 그 고양이의 명백한 고안의 흔적을 설명할 수 없다. 페일리는
두 경우 모두에서 우리에게는 지적인 최초의 원인이 필요하다고 말한
다. 지적인 계획의 흔적이 책보다 고양이에서 더 강하다면 지적 설계에
대한 추론은 더 강해질 것이다.

　『자연신학』의 대부분의 내용은 생물학에 대한 이러한 접근 방식을
풍부하고 상세한 사례를 곁들여 확장한 작업에 지나지 않는다. 우리는
유기체를 지적 설계의 산물로 간주하며 그들의 다양한 특성은 그들의
라이프 스타일에 적응하기 위한 것으로 생각한다. 물론 사소한 문제와
변이가 있다. 정확한 기능이 무엇인지 모르는 기관, 설계에서의 명확한
실수나 결함 등 사소한 문제와 이상이 있지만 이는 매우 드물기 때문에
설계 논변에 의해 이루어진 축적된 사례에 대한 우리의 전반적인 신뢰
는 흔들리지 않는다.

III. 다윈

페일리의 자연에 대한 개념은 19세기 초 영국에서 정통 학설이었다. 설
계 논변에 대한 흄의 반론은 기발하나 깊이가 없는 것으로, 즉 진지한
사상가의 학구적인 의심이라기보다는 영리한 논쟁가의 트집 잡기로 여

겨졌다. 이런 인식은 두 가지 상반된 관점에서 설명될 수 있다. 하나는 페일리를 옹호하고 흄에 대해 반감을 갖는 편견과 여론이고, 다른 하나는 동식물에서 설계의 징표가 명백히 드러나기에 합리적이며 편견이 없는 관찰자라면 그렇게 생각하지 않을 수 없을 것이라는 우리의 생각이다. 실제로 『자연종교에 관한 대화』는 8부에서 성의 없고 설득력 없게 에피쿠로스의 철학을 언급한 것을 제외하고는 유기체에 대해 신뢰할 만한 대안적 설명을 제공하지 못했다.

이 같은 상황은 찰스 다윈이 『종의 기원(Origin of Species)』(1859)을 출간하자 급속히 변화하게 된다. 그 당시 진화 이론은 새로운 것은 아니었다. 찰스 다윈의 조부인 에라스무스 다윈(Erasmus Darwin, 1731-1802)은 장 바티스트 라마르크(Jean-Baptiste Lamarck, 1744-1829)가 제시한 것과 유사한 이론을 제안했다. 『종의 기원』의 목적은 유기적 진화의 과정을 가능하게 하는 합리적인 메커니즘—자연 선택(natural selection)—을 제시함으로써 자연신학자들이 주목하고 있던 적응(adaptation)을 설명하는 것이었다. 다윈 이후에도 생물학자들은 설계와 고안에 대해 이야기를 했으나 초자연적인 지성을 끌어들이지는 않았다. 다윈의 이론은 유기체에 대해 생각할 때 현상 뒤에서 작용하고 있는 지성이나 섭리(forethought)를 끌어들이지 않으면서 엔지니어들의 언어와 개념을 사용할 수 있게 해준다. 우리는 제비갈매기나 제비의 날개가 보여주는 비행 적응력을 보고 경탄하면서 그러한 적응력이 날지 못하는 그들 선조로부터 수백만 년에 걸친 자연선택의 결과로 생겨난 것이라고 설명할 수 있다. 다윈은 적응이 생물학의 핵심 개념이라는 페일리의 주장을 받아들이고 그 개념에 순수하게 자연주의적인 의미를 부여한 것이다.

다윈의 이론은 또한 페일리와 자연신학자들을 당황하게 만든 변이

(anomaly)를 설명할 수 있었다. 신이 무로부터 모든 새로운 유기체의 종들을 설계했다면 필로와 같은 회의론자는 '왜 신의 설계가 그리도 진부하고 상상력이 빈곤한지' 묻지 않을 수 없을 것이다. 자연에서 관찰되는 수많은 상동관계(homology)(예를 들어, 새의 날개와 파충류의 앞다리 간의 관계)는 지적 설계 이론으로는 전혀 설명이 되지 않으나 다윈의 이론으로는 공통 조상을 보여주는 징표라고 쉽게 설명이 된다. 또한 필로는 '왜 신이 인간의 맹장이나 동굴에 사는 물고기의 보이지 않는 눈처럼 쓸모없는 장기를 지닌 동물을 창조했는지' 묻지 않을 수 없을 것이다. 이것들은 진화론적인 측면에서 볼 때는 조상들이 지니고 있던 형체에서 유래한 유물이지만(그것들은 과거에 기능을 했을 것이다) 창조적인 측면에서 볼 때는 전적으로 불필요한 것이다. 수많은 사람이 맹장 없이도 건강하고 행복한 삶을 살고 있지 않은가? 척추동물의 눈처럼 기능적인 관점에서 보면 설계가 매우 잘 되어 있는 것으로 보이지만 실제로는 완벽하지 않다는 사실이 밝혀졌다. 다윈에 따르면, 눈은 자연선택에 의한 진화로 설명하기 어려운(설명이 불가능하지는 않지만) 가장 완벽한 기관이다.[16] 다윈과 동시대인으로서 독일인이었던 헤르만 폰 헬름홀츠(Hermann von Helmholtz, 1821-1894)[17]는 척추동물의 눈을 자세히 관찰해 본 결과, 심각한 시력상의 결함을 지니고 있음을 발견하였다. 만약 우리가 우리의 눈을 설계한 설계자에게 점수를 준다면 기껏해야 B + 정도 될 것이다.

　다윈주의 이론은 설계로의 논변을 반박하는 것일까? 여기서 우리는 답변에 조심해야 한다. '네'라고도 할 수 있고 '아니오'라고도 할 수 있

16　Darwin, *Origin*, 217.

17　[옮긴이 주] 독일의 의사이며 생리학자이자 물리학자로서 생리광학과 생리 음향학 분야를 개척하였으며, 물리학자로서 열역학 이론 분야에서도 많은 업적을 남겼다.

다. 다윈의 이론은 오직 지성만이 복잡한 설계를 설명할 수 있다는 자
연신학자들의 핵심 주장에 대해서 자연주의자들이 강력한 반론을 전개
할 수 있게 해준다. 다윈주의자는 이렇게 말할 것이다. '나에게 아주 간
단한 유기체와 적절한 환경조건이 주어진다면, 나는 현재 지구에 존재
하는 매우 복잡한 동식물의 기원에 대해 설명해 줄 수 있다.' 이는 세상
을 만든 어떤 초자연적인 지성을 가정할 필요가 없다는 말이다. 여기서
사용된 논리는 에피쿠로스학파의 논리(유기체는 생존하고 번식하기
위해 환경에 적응해야 한다)이다. 그러나 다윈주의 이론은 오래된 에
피쿠로스학파의 가설과는 비교할 수 없을 정도로 더 많은 경험적인 근
거를 갖고 있다. 하지만 다윈주의 이론은 생명의 기원에 대해서는 설명
하지 못한다. 그런 점에서 신이 존재할 작은 여지가 남아 있다. 그러나
다윈주의가 원시 수프로부터 최초의 유기체가 출현했다는 이론으로 보
강이 된다면 자연주의를 한 단계 진전시키는 계기가 될 것이다. 하지만
어떤 자연주의적 설명이든 두 가지, 즉 최초의 조건과 자연법칙을 전제
로 해야 한다. 설계 논변을 옹호한 근대사상가들은 다윈의 이론을 받아
들이면서도 생명의 진화를 가능하게 하는 초기조건을 만들거나 법칙을
미세 조정하는 것(또는 둘 다)을 신의 역할이라고 생각했다. 찰스 킹즐
리(Charles Kingsely, 1819-1875)[18]와 같은 자유주의 신학자는 이런 방
식으로 과학과 종교를 조화시키는 방법을 수용했다. 그러나 설계 논변
을 고집한 것은 그들의 신앙을 지키고자 하는 희망일 뿐이다. 오늘날
우리는 지구상의 생명을 설명하기 위해서는 지성을 끌어들여야 한다고
했던 페일리의 주장 대신에 과학의 진보에도 불구하고 어딘가 신의 역
할이 있을 것이라는 자유주의 신학자들의 소망을 마주하게 된다.

---

18   [옮긴이 주] 영국의 목사, 작가, 역사가로서 기독교 사회주의를 주창하였다.

자신의 이론이 지닌 종교적 함축에 대해 보인 다윈의 태도는 진화를 조종하는 역할이 신에게 있다고 함으로써 다윈주의와 유신론을 조화시키고자 했던 그의 친구인 미국인 식물학자 아사 그레이(Asa Gray, 1810-1888)[19]에게 보낸 편지에서 잘 나타나고 있다. 그의 편지에는 기성종교에 대한 그의 의구심과 거리감, 자연적인 악에 대한 그의 생생한 인식과 깊어지는 불가지론이 드러난다:

> 그 문제에 대한 신학적 관점과 관련해 그것은 항상 나에게 고통스럽네. 나는 무신론적으로 책을 쓸 의향이 없네. 그러나 나 역시 다른 사람들처럼 우리 삶의 모든 면에서 (신의) 설계와 자애의 증거를 보기 원하나 그럴 수가 없네. 세상에는 불행이 너무 많은 것 같아. 나는 자애롭고 전능한 하나님께서 처음부터 맵시벌이 애벌레의 살아 있는 몸 안에서 기생하도록 만드셨다거나 또는 고양이가 쥐를 갖고 놀도록 만드셨다고는 생각할 수 없네. 그러기에 나는 눈이 명확하게 설계의 산물이라고 믿을 수가 없네. 그렇다고 해서 이 멋진 우주와 특히 인간을 보면서 이 모든 것이 자연의 힘이 보여준 결과라고 결론을 짓는 것에도 만족할 수가 없네. 나는 이 모든 것이 신이 만든 법칙의 결과라고 보고 싶네. 그러면서도 세부적으로는 긍정적이던 부정적이든 우리가 우연이라고 부르는 것이 그것에 작용했다고 생각하고 싶네. 이런 생각도 나를 만족시켜주지 않기에 나는 이것이 인간의 지성으로 풀기에는 너무 심오한 주제라는 느낌을 받네. 개가 어찌 뉴턴의 마음을 헤아릴 수 있겠는가.[20]

---

19 [옮긴이 주] 미국의 식물학자로 북아메리카 식물분포를 연구했으며 다윈의 진화론을 지지하였다.

20 *The Correspondence of Charles Darwin*, eds Frederick H. Burkhardt, Sydney Smith *et al.*, Vols 1-12(1821-64), Cambridge, Cambridge University Press, 1983-2001, Vol. 8, 224.

IV. 존 스튜어트 밀

흄의 『자연종교에 관한 대화』의 쟁점을 다룬 인물들 중 다음으로 살펴
볼 중요한 경험주의 철학자는 존 스튜어트 밀(John Stuart Mill, 1806-
1873)이다. 밀의 사후인 1873년에 발간된 『종교에 관한 세 편의 소론』
에 들어 있는 소론 중 하나인 「유신론」에서 밀은 흄에 필적할 만한 냉
정함과 객관성을 갖고 쟁점을 다루고 있다. 흄의 『자연종교에 관한 대
화』는 명확하게 언급되지 않았으나 그것의 영향력을 『종교에 관한 세
개의 소론』에서 엿볼 수 있다. 밀은 신의 존재를 증명하는 선험적 논변
뿐 아니라 대부분의 다른 경험적 논변도 받아들이지 않았으나 설계 논
변이 지닌 과학적 특성을 높게 평가했다.[21] 설계 논변은(오직 설계 논변
만이) 증거를 통해 검증할 수 있는 적절한 과학적 가설의 형태를 지니
고 있다고 본 것이다. 밀은 페일리(그리고 클레안테스)가 제시한 논변
과 그것에 대한 필로의 반론을 검토하고 최근의 견해(다윈주의)가 내
놓은 증거적 관련성을 논의한 후에 경험적 증거는 유신론을 옹호하고
있다고 결론을 맺었다:

> 이 놀라운 생각이 발견의 진보를 이룰 수 있는지 모르겠으나 우리 지식의
> 현 상태에서 볼 때 자연에서 찾아볼 수 있는 적응은 지성에 의한 창조에 더
> 높은 개연성을 제공한다고 생각한다. 그러나 이것은 단지 개연성일 뿐이
> 며, 우리가 지금까지 고려한 자연신학의 다양한 여러 논변은 그보다 개연
> 성이 높지 않았음이 확실하다.[22]

---

21   Mill, 167.
22   Mill, 174.

자연을 창조한 지적 창조주의 속성과 관련해 밀은 신의 전능성을 추론할 이유가 전혀 없다고 생각한다. 밀은 자연이 보여주는 증거는 설계자가 외부의 제약을 받으며 작업을 하고 있음을 보여준다고 말한다. '자연신학적인 논의만으로는 신에게 전능함(Omnipotence)을 부여할 수 없다.'[23] 밀은 형이상학적인 이유뿐 아니라 도덕적인 이유에서 유한한 신이 더 나을 수 있다고 말한다. 신이 전능한 존재라면 우리 우주에 가득한 수없이 많은 다양한 악들이 직접적으로 신의 책임이 된다. 그러나 신이 능력에 있어 유한한 존재라면 이런 결론은 도출되지 않는다. 「자연」이란 소론에서 밀은 도덕적으로 선하고 전능하여 전적으로 완벽한 존재라 할 수 있는 신에 대한 가설을 반증하는 증거들을 제시하고 있다. '종교적 또는 철학적 광신주의로 인해 형성된 가장 왜곡되고 축소된 선(good)의 개념에서도 자연의 운행을 선하고 전능한 존재의 작업이라고 볼 수 없다.'[24]

밀의 이론은 『자연종교에 관한 대화』 11부에서 클레안테스가 말한 유한한 신의 가설과 유사하다. 밀과 같은 빅토리아 시대의 선한 사람의 눈으로 볼 때 이 이론이 지닌 가장 큰 장점은 그것이 우리의 도덕적 노력에 자극을 준다는 점이다. 우리가 전능한 신을 섬긴다면 우리는 게으르게 살면서 기도만 할지도 모른다. 그러나 신의 힘이 한정되어 있다면 신도 우리의 도움이 필요할지 모른다. 물론 신은 완벽한 선을 이루기 위해 최선을 다할 것이다. 그러나 그가 다루어야 하는 소재의 불완전함이나 함께 일해야 하는 사람의 마음과 정신 상태로 인해 그의 이상적인 설계를 실현하지 못할 수 있다. 밀은 하나님은 우리가 그의 일을 돕기 원하며 또한 우리의 도움이 필요하다고 말한다. 그러면서 이것이 바로

---

23 Mill, 180.
24 Mill, 38.

기독교의 핵심적인 도덕적 메시지라고 강조한다. 그러나 그의 주장은
전능에 대한 믿음과는 완전히 모순된 것이다.

V. 오늘날의 『자연종교에 관한 대화』

『자연종교에 관한 대화』는 오늘날 문학적으로나 철학적으로나 하나의
걸작으로 인정받고 있다. 심지어 어떤 흄 학자들은 이 책이 흄의 최고
의 작품이라고 말한다. 이 책은 위트와 문체 그리고 경험주의라는 진지
한 철학적 메시지를 전한다는 점에서 찬사를 받아왔다. 흄은 설계로의
논변은 경험주의의 핵심 원리를 존중하는 방식, 즉 어떠한 편견과 선입
견도 없이 우리의 경험에 주어진 것으로부터 논변하는 방식으로 제시
되어야 하고 또 그렇게 평가되어야 한다고 주장한다. 그리고 이런 방식
으로 전개된 설계 논변이 정통 유신론에 아무런 영향도 미치지 못하고
도움도 되지 못한다는 사실을 알게 된다면 있는 그대로 받아들여야 한
다.

후기 다윈주의 시대에 『자연종교에 관한 대화』를 돌아보는 것은 유
익하다. 자연 세계를 탐구하는 여느 학자들처럼 흄은 동식물의 기관에
서 명확히 드러나는 기능에 따른 구조의 적응에 감명을 받았다. 그는
처음에 지적 설계로의 추론으로 이끌렸으나 그의 습관적인 회의는 그
로 하여금 이것이 단순한 의인적 편견에 근거한 잘못된 설명이 아닌가
하는 의심을 갖게 만들었다. 설득력 있는 대안을 제시하지 못하자 그는
다양한 자연주의 가설을 검토했다. 그러나 그는 그것들 중 어느 하나를
지지하지 않으며, 명백해 보이는 설계에 대한 유신론적 설명과 자연
주의적 설명 모두를 계속해서 의심했다. 만약 그가 다윈 가설을 알았더

라면 그는 그것을 받아들였을 것이다. 왜냐하면 그것은 윤리학과 인식론 같은 분야에서 흄이 보여준 자연주의적인 철학적 입장과 매우 잘 부합하기 때문이다.

오늘날 우리는 『자연종교에 관한 대화』에 대한 새로운 용도를 찾아볼 수 있다. 미국에서 지적 설계를 옹호하는 지지자들은 그들의 가설이 소위 말하는 다윈주의의 '맹목적 우연(blind chance)'보다 유기체의 적응에 대한 최선의 과학적 설명을 제공한다고 주장한다. 이런 주장에 대해 반대하는 사람들은 지적 설계의 옹호자들이 과학과 종교의 경계를 흐리게 만든다고 비난하며, 그들이 실제로 원하는 것은 신을 과학의 영역으로 끌어들이는 것이라 말한다. 여기에다 흄의 『자연종교에 관한 대화』를 근거로 하여 두 개의 추가적 반론을 덧붙일 수 있다. 하나는 지적 설계를 옹호하는 사람들이라면 4부 끝부분에서 찾아볼 수 있는 설계 가설의 설명력에 대한 필로의 문제제기를 진지하게 받아들일 필요가 있다는 것이다. 그것은 유기적 복잡성(동식물에서 보이는 적응)을 설명하기 위해 계획된 복잡성(신의 정신)을 가정하는 것은 우리에게 전혀 도움이 되지 못한다는 것이다. 다른 하나는 우리가 확신하는 지성은 종교의 신과는 거리가 멀 수도 있다는 것이다. 우리가 선입견 없이 자연으로부터만 추론을 하는 경우 그리 똑똑하지 못하며, 고루하며, 상상력이 부족할 뿐 아니라 자신의 피조물이 고통을 받는 것에 대해 철저히 냉담하고 무관심한 설계자를 도출해 낼 수 있다. 따라서 지적 설계를 옹호하는 사람들의 진짜 동기가 유신론을 옹호하는 것이라면 정직하게 현상으로부터만 추론을 하는 경우 자신들이 원하는 신에 도달하지 못한다는 사실을 알게 된다는 것이다.

더 읽을거리

원전에 대하여

『자연종교에 관한 대화』는 여러 판본이 있는데 그중에서 가장 유용한
것은 다음 판본이다:

David Hume, *Principal Writings on Religion*, including *Dialogues concerning
Natural Religion* and *The Natural History of Religion*, edited with an in-
troduction and notes by J. C. A. Gaskin, Oxford World's Classics, Ox-
ford University Press, 1998.

다른 판본들:

David Hume, *Dialogues concerning Natural Religion*, edited with an intro-
duction by Norman Kemp Smith, Library of Liberal Arts, Indianapolis,
Bobbs-Merrill, 1947.

David Hume, *Dialogues concerning Natural Religion* and the posthumous es-
says *Of the Immortality of the Soul* and *Of Suicide*, edited with an intro-
duction by Richard Popkin, Indianapolis, Hackett, 1980.

David Hume, *Dialogues concerning Natural Religion*, edited with an introduc-
tion and notes by J. M. Bell, London, Penguin, 1990.

David Hume, *Dialogues concerning Natural Religion in focus*: a new edition
with an introduction and notes by Stanley Tweyman, London, Rout-

ledge, 1991.

흄의 기타 관련 저작

David Hume, *A Treatise of Human Nature*, edited with an introduction and notes by L. A. Selby-Bigge, revised text by P. H. Nidditch, Oxford, Clarendon Press, 1978.

David Hume, *Enquiries concerning Human Understanding and concerning the Principles of Morals*, with an introduction and index by L. A. Selby-Bigge, Oxford, Clarendon, 1975.

David Hume, *Essays Moral, Political and Literary*, edited by Eugene F. Miller, Indianapolis, Liberty Classics, 1985.

흄 철학에 관한 주요 이차 문헌

David Fate Norton (ed.), *The Cambridge Companion to Hume*, Cambridge and New York, Cambridge University Press, 1983.

Georges Dicker, *Hume's Epistemology and Metaphysics: An Introduction*, London, Routledge, 1988.

Barry Stroud, *Hume*, London, Routledge, 1977.

Stephen Buckle, *Hume's Enlightenment Tract: The Unity and purpose of an Enquiry concerning Human Understanding*, Oxford, Clarendon, 2001.

Peter Millikan (ed.), *Reading Hume on Human Understanding*, Oxford, Clarendon, 2002.

흄의 종교철학에 관한 이차 문헌

David O'Connor, *Hume on Religion*, London, Routledge, 2001.

J. C. A. Gaskin, *Hume's Philosophy of Religion*, 2nd edn, London, Macmillan, 1988.

Stanley Tweyman (ed.), *David Hume: Critical Assessments, Volume V, Religion*, London and New York, Routledge, 1995.

Keith Yandell, *Hume's 'Inexplicable Mystery': His Views on Religion*, Philadelphia, Temple University Press, 1990.

배경 지식 1 : 흄의 생애와 서신

Ernest Campbell Mossner, *The Life of David Hume*, Nelson, 1954, reprinted Oxford, Clarendon Press, 1970.

J. Y. T. Greig (ed.), *The Letters of David Hume*, 2 vols, Oxford, Clarendon Press, 1932.

배경 지식 2 : 스코틀랜드 계몽주의

Alexander Broadie, *The Scottish Enlightenment: The Historical Age of the Historical Nation*, Edinburgh, Berlinn, 2001.

Alexander Broadie (ed.), *The Cambridge Companion to the Scottish Enlightenment*, Cambridge, Cambridge University Press, 2003.

배경 지식 3 : 경험론

Margaret Atherton (ed.), *Critical Essays on Locke, Berkeley and Hume*, Lanham, Maryland, Rowman & Littlefield, 1999.

Roger Woolhouse, *The Empiricists*, Oxford, Oxford University Press, 1988.

A. J. Ayer, *Language, Truth and Logic*, London, Penguin, 1974.

배경 지식 4 : 자연신학

John Hedley Brooke, *Science and Religion: Some Historical Perspectives*, Cambridge, Cambridge University Press, 1991.

Richard Samuel Westfall, *Science and Religion in Seventeenth-Century England*, University of Michigan Press, 1973.

주제 1. 대화체

Christine Battersby, 'The Dialogues as Original Imitation: Cicero and the Nature of Hume's Scepticism', in *McGill Hume Studies*, ed. David Fate Norton, Nicholas Capaldi and Wade Robison, San Diego, Austin Hill Press, 1979, 239-52.

Cicero, *On the Nature of the Gods*, trans. Horace C. P. McGregor, with an introduction by J. M. Ross, Harmondsworth, Penguin, 1972.

Peter S. Fosl, 'Doubt and Divinity: Cicero's Influence on Hume's Religious Scepticism', *Hume Studies* XX (1994), 103-20.

Michel Malherbe, 'Hume and the Art of Dialogue', in *Hume and Hume's Connexions*, ed. M. A. Stewart and John P. Wright, 1995, 201-23, University Park, Pennsylvania University Press.

William Lad Sessions, *Reading Hume's Dialogues: A Veneration for True Religion*, Bloomington and Indianapolis, Indiana University Press, 2002.

주제 2. 회의론

Julia Annas and Jonathan Barnes, *The Modes of Scepticism: Ancient Texts and Modern Interpretations*, Cambridge, Cambridge University Press, 1985.

Richard Popkin, *The History of Scepticism from Erasmus to Spinoza*, Berkeley,

Los Angeles and London, University of California Press, 1979.

Richard Popkin, 'David Hume: His Pyrrhonism and His Critique of Pyr-rhonism', in *The High Road to Pyrrhonism*, San Diego, Austin Hill Press, 1980.

Sextus Empiricus, *Outlines of Scepticism*, trans. and ed. Julia Annas and Jonathan Barnes, Cambridge, Cambridge University Press, 2000.

주제 3. 설계로의 논변

Richard Bentley, *A Confutation of Atheism*, London, 1692.

Robert Boyle, *Works*, 6 volumes, ed. Thomas Birch, London, 1772.

J. C. A. Gaskin, 'The Design Argument: Hume's Critique of Poor Reason', in Stanley Tweyman (ed.), *David Hume: Critical Assessments*, Vol. V, London and New York, Routledge, 210–26.

Robert H. Hurlbutt III, *Hume, Newton, and the Design Argument*, Lincoln, Nebraska, University of Nebraska Press, 1965.

Colin Maclaurin, *An Account of Sir Isaac Newton's Philosophical Discoveries*, Edinburgh, 1748.

J. L. Mackie, *The Miracle of Theism*, Oxford, Clarendon Press, 1982, Chapter 8, 'Arguments for Design', 133–49.

Richard Swinburne, *The Existence of God*, Oxford, Clarendon Press, 1991, Chapter 7, 'Teleological Arguments', 133–51.

Richard Swinburne, 'The Argument from Design', in Stanley Tweyman (ed.), *David Hume: Critical Assessments, Volume V, Religion*, London and New York, Routledge, 197–209.

주제 4. 비규칙적 설계 논변

George Berkeley, *Alciphron*, in Berkeley's *Works*, 4 vols, ed. Alexander Campbell Fraser, Oxford, Clarendon, 1871, Vol. II.

B. Logan, 'The Irregular Argument in Hume's Dialogues', in Stanley Tweyman (ed.), *David Hume: Critical Assessments*, Vol. V, London and New York, Routledge, 227–43.

D. Hansen Soles, 'Hume, Language and God', in Stanley Tweyman (ed.), *David Hume: Critical Assessments*, Vol. V, *Religion*, London and New York, Routledge, 1995, 244–53.

John Toland, *Christianity not Mysterious*, London, 1696. New edition with text and critical essays, ed. Philip McGuinness, Alan Harrison and Richard Kearney, Dublin, Lilliput, 1997.

Stanley Tweyman, *Scepticism and Belief in Hume's Dialogues concerning Natural Religion*, Dordrecht, Kluwer, 1986, Chapters 4 and 5.

주제 5. 설계 논변은 종교에 도움이 될까?

J. C. A. Gaskin, 'Religion: The Useless Hypothesis', in Peter Millican (ed.), *Reading Hume on Human Understanding*, Oxford, Clarendon Press, 2002, 349–69.

John Stuart Mill, *Three Essays on Religion*, reprinted Bristol, Thoemmes Press, 1993, Essay Three, 'Theism', Part Two, 'Attributes', 176–95.

주제 6. 가능한 대안들

Lucretius, *On the Nature of Things*, trans. Sir Ronald Melville, with an introduction and notes by Don and Peta Fowler, Oxford World's Classics,

Oxford University Press, 1999.

Norman Kemp Smith, 'Bayle on Strato's Atheism', in the introduction to his edition of the *Dialogues*, 80-86.

George J. Nathan, 'Hume's Immanent God', in V. C. Chappell (ed.), *Hume*, New York, Macmillan, 1966, 396-423.

George J. Nathan, 'The Existence and Nature of God in Hume's Theism', in Stanley Tweyman (ed.), *David Hume: Critical Assessments, Vol. V, Religion*, London and New York, Routledge, 1995, 97-125.

주제 7. 선험적 논변

Samuel Clarke, *A Demonstration of the Being and Attributes of God* (the Boyle Lectures for 1704), Cambridge, Cambridge University Press, 1998.

Edward J. Khamara, 'Hume Versus Clarke on the Cosmological Argument', *The Philosophical Quarterly* 42 (1992), 34-55.

John Mackie, *The Miracle of Theism*, Oxford, Clarendon Press, 1982, Chapter 5, 81-101.

Baruch Spinoza, *Ethics Demonstrated in Geometrical Order*, in *A Spinoza Reader*, ed. Edwin Curley, Princeton NJ, Princeton University Press, 1994.

Richard Swinburne, *The Existence of God*, Oxford, Clarendon Press, 1991, Chapter 7, 116-32.

주제 8. 악의 문제

Marilyn McCrord Adams and Robert M. Adams (eds), *The Problem of Evil*, Oxford, Oxford University Press, 1990.

Pierre Bayle, *Historical and Critical Dictionary*, trans. with introduction and notes by Richard Popkin, Library of Liberal Arts, Indianapolis, Bobbs-Merrill, 1965. See the articles 'Manicheans', 144-53 and 'Paulicans', 166-93.

John Stuart Mill, *Three Essays on Religion*, reprinted Bristol, Thoemmes, 1993.

Nelson Pike, 'Hume on Evil', in Stanley Tweyman (ed.), *David Hume: Critical Assessments, Vol. V, Religion*, London and New York, Routledge, 300-14.

Stanley Tweyman, 'Hume's Dialogues on Evil', in Stanley Tweyman (ed.), *David Hume: Critical Assessments, Vol. V, Religion*, London and New York, Routledge, 315-22.

주제 9. 흄의 결론 없는 결론

J. C. A. Gaskin, 'God, Hume and Natural Belief', in Stanley Tweyman (ed.), *David Hume: Critical Assessments, Vol. V, Religion*, London and New York, Routledge, 1995, 150-63.

W. A. Parent, 'Philo's Confession', *The Philosophical Quarterly* 26 (1976), 63-8.

Terence Penelhum, 'Natural Belief and Religious Belief in Hume's Philosophy', in Stanley Tweyman (ed.), *David Hume: Critical Assessments, Vol. V, Religion*, London and New York, Routledge, 1995, 164-80.

Stanley Tweyman, *Scepticism and Belief in Hume's Dialogues Concerning Natural Religion*, Dordrecht, Kluwer, 1986, Chapter 8, 121-56.

『자연종교에 관한 대화』를 보는 다섯 가지 관점

Shane Andre, 'Was Hume an Atheist?', *Hume Studies* XIX (1993), 141-66.

David Berman, *A History of Atheism in Britain*, London, Routledge, 1988, Chapter 4, 'The Suppression of "Atheism"', 93-109.

Ronald J. Butler, 'Natural Belief and the Enigma of Hume', *Archiv für die Geschichte der Philosophie* 42 (1960), 73-100.

J. C. A. Gaskin, 'Hume's Attenuated Deism', *Archiv für die Geschichte der Philosophie* 65 (1983), 160-73.

Bernard Lightman, *The Origins of Agnosticism*, Baltimore and London, Johns Hopkins University Press, 1987.

James Noxon, 'Hume's Agnosticism', *The Philosophical Review* 73 (1964), 248-61.

John Price, *The Ironic Hume*, Austin, University of Texas Press, 1965.

Andrew Pyle (ed.), *Agnosticism*, Bristol, Thoemmes, 1995.

Stanley Tweyman, *Scepticism and Belief in Hume's Dialogues Concerning Natural Religion*, Dordrecht, Kluwer, 1986, Chapter 4, 47-65 and Chapter 8, 121-56.

반향

Charles Darwin, *The Origin of Species by Means of Natural Selection* (1st edition of 1859), London, Penguin, 1968.

Richard Dawkins, *The Blind Watchmaker*, London, Penguin, 1988.

James Fieser (ed.), *Early Responses to Hume's Writings on Religion*, 2 vols, Bristol, Thoemmes, 2005.

Immanuel Kant, *Critique of Pure Reason*, trans. Norman Kemp Smith, London, Macmillan, 1976, 'The Impossibility of the Physico-Theological Proof', 518-24.

Immanuel Kant, *Critique of Judgment*, translated with an introduction by Werner S. Pluhar, Indianapolis, Hackett, 1987.

John Stuart Mill, *Three Essays on Religion*, reprinted Bristol, Thoemmes, 1993.

William Paley, *Natural Theology*, 2 vols, London, Charles Knight, 1836.

Michael Ruse, *Darwin and Design: Does Evolution have a Purpose?* Cambridge MA, Harvard University Press, 2003.

Stanley Tweyman (ed.), *Hume on Natural Religion*, Bristol, Thoemmes, 1996.

찾아보기